사회복지프로그램

개발과 평가

곽미정 김정훈 홍희석 김재원 박연희 성시한 이영희 장원태 공저

Development and Evaluation of Social Welfare Programs

양 성 원

머리말

현대사회는 각종 기관을 통하여 지역사회를 통한 사회복지실천이 활발히 일어나고 있다. 지역사회복지의 기관이 활성화될 때 사회복지의 성장과 발전이 가능하다. 개인과 집단은 상호 영향을 주며 발전한다. 따라서 궁극적인 사회복지의 목적은 인간의 성장과 이를 위한 복지사회의 달성이 될 것이다. 이를 위해 사회복지 프로그램이 필요하며, 개인의 권리와 욕구를 반영하는 다양한 사업의 진행이 요구되며 모두가 잘 사는 웰빙의 사회가 구현될 필요가 있다. 지역사회를 통한 개인의 발전은 사회에도 영향을 주며 상호 선순환적인 영향을 주고받게 된다. 따라서 지역사회복지활동의 토대는 사회적 욕구를 반영하여 집단들 간의 의사소통의 장이 되어야 한다. 그동안 전통적인 사회복지실천은 개별사회사업에서 집단사회사업으로, 그리고 현대사회에서는 대상과 지역사회가 하나로 통합되는 지역사회의 조직이 보다 활성화되고 있다. 이는 여러 사회문화적 요인들을 고려하여 생태학적 관점과 통합적 관점을 지향하여 나아가는 과정을 중요시하는 관점이다. 사회복지실천을 위해서는 사회치료(social treatment), 사회복지실천(social work practice), 임상사회사업(clinical social work), 사례관리(case management) 등이 활용되며, 이를 통하여 복합적이고 다양한 욕구를 지닌 클라이언트에게 다양한 지원을 하게 된다.

이러한 가운데 가장 많이 활용될 수 있는 것이 바로 상담과 함께 진행될 수 있는 사회복지 프로그램의 실천분야이다. 현대사회는 생태학적 관점을 지향하여 환경적 요인(person-in-environment) 즉, 인간이 환경의 영향을 받으며 상호작용하는 것을 중요시하는 관점이 설득력을 얻고 있다. 또한 통합적 관점에서 볼 때, 다양한 욕구를 갖고 있는 클라이언트의 문제를 해결하기 위하여 사회복지사들의 전문성을 확립하고 사회복지실천에 대하여 기본적으로 사회기관의 사회 프로그램이 진행된다. 그런데 이러한 사회복지실천의 근간이 되는 3대 요소인 지식과 기술, 그리고 가치는 바로 사회복지 프로그램의 개발과 적용과 평가의 곳곳에서 필수적으로 적용되고 끊임없이 반추되게 된다. 사회복지 프로그램이야말로 인간의 자유와 존엄을 존중하는 궁극적 가치와 함께 인간을 위한 바람직한 결과를 이끄는 결과 우선의 가치, 그리고 인간을 다루는 바람직한 도구로 인간의 개별성과 자율성 도구적 가치를 모두 구현할 수 있는 핵심활동이다.

이러한 중요한 과목인 프로그램 개발과 평가에서는 사회복지라는 학문에 입문하는 학생들이 보다 쉽고 핵심적인 내용을 학습하며, 스스로 프로그램 안을 직접 분석하고 설계할 수 있도록 하는 것에 주안점을 두고 교재를 개발하였다. 따라서 본 교재의 활용은 처음부터 학생들이 함께 기획과 평가까지 작성하고 분석해볼 수 있도록 기본적인 사항을 충실히 담았다. 부디 본 교재가 학생들에게 본 과목을 보다 쉽게 이해하고 유용하게 적용할 수 있는 기본 지침서로 활용되어, 사회복지실천분야에서 보다 적극적이고 참신한 아이디어를 접목하는 것에 대한 기본실력을 착실히 다져가는 것에 도움이 되었으면 한다. 특히, 본 교재의 부록은 학생들의 활용이 용이한 부분들을 발췌하여 수록하였다. 본 교재가 있기까지 그동안 함께 해주신 분들께 감사의 인사를 올린다.

2019년 1월

저자 곽미정

차 례

PART 4 사회복지 프로그램 평가 및 보고

PART 1

사회복지 프로그램 개발의 기초

Chapter

1 사회복지 프로그램에 대한 이해

제1절 사회복지 프로그램의 개념

1. 사회복지 프로그램의 의미

사회복지 프로그램은 거시적으로는 사회복지정책, 하위적으로는 사회복지실천 현장에서 필요로 하는 계획과정과 점검과정의 총체적 지침이다. 따라서 각종 정부 및 민간 지원과 후원을 바탕으로 하는 소중한 재원을 보다 효과적이며 효율적으로 관리해나가기 위한 조직의 서비스 생산이라는 거시적 목적달성을 위해 반드시 고려되어야 하는 과정인 것이다. 따라서 사회복지조직은 외부환경을 고려하여 다양한 전략과 수단을 통해 인간에게 유익이 되고 현대시대의 웰빙을 구현하는 방법으로 투명하게 운영되고 상위목표와 목적이 달성될 수 있도록 조직적으로 관리되어야 한다.

이를 위해서는 인간의 다양성과 개별성을 존중하는 무형의 가치와 이념과 환경이 생태학적으로 혹은 체계이론적으로 조화를 이루는 관점에서 초기부터 결과의 피드백 과정까지 끊임없이 다각적인 검토와 점검이 요구되며 이를 통하여 다수의 의견합의가 반영되어야 한다. 사회복지 프로그램의 개발은 사회복지실천을 실현하는 가장 핵심적인 수단의 하나가 될 것이다.

2. 사회복지 프로그램의 의의

삶의 질과 관련된 사회 및 개인의 문제해결은 클라이언트의 삶과 무관하지 않다. 사회복지 프로그램은 이를 반영한 서비스를 제공하도록 이끌어져야 하며 이에는 공공선의 구현이라는 사회적 가치가 반영된다. 이를 위해 사회복지사는 사회복지실천 윤리뿐만 아니라 사회적 가치, 자신의 가치, 클라이언트의 가치관을 고려하여 삶의 질 향상을 위한 프로그램을 기획하고 실천하게 된다. 사회복지학은 실천을 전제로 하는 학문이며 사회복지의 실천이란 인간과 사회를 대상으로 그 행복과 안녕을 증진하기 위한 활동이라 할 수 있으므로 이를 위해 사회복지 전문가가 자신의 기술과 지식이 사회복지 프로그램을 통해 구현되게 된다.

3. 사회복지 프로그램의 과정

사회복지 프로그램은 사회복지 서비스 전달을 위한 도구이며, 정책이 의도하는 변화를 실천에 옮기는 모델로 다음과 같은 과정을 거치게 된다. 일반적으로 사회복지 프로그램 작성의 과정은 ① 사회문제의 발견 ② 기획 ③ 평가 ④ 조정 및 모니터링 ⑤ 피드백 및 환류의 과정을 거치게 된다. 이를 살펴보면 다음과 같다.

1) 문제의 발견

문제의 발견 단계에서는 사회문제를 진단하고 아젠다를 형성하는 과정을 거치게 된다. 사회적으로 이슈화하고 공론화하며 네트워크 하는 과정은 하버마스가 이야기한 담론의 과정을 통하여 사회가 공동으로 대처해야 하는 과제를 도출하게 하고 이를 사회적 차원에서 해결하고자 하는 노력을 가능하게 하므로 문제의 발견 단계는 사회복지프로그램의 시작이라고 할 수 있다.

2) 기획

클라이언트의 대상과 목적 집단을 위한 광범위하고 구조화된 계획을 수립하는 과정으로 기획의 목적은 구조화된 과정을 체계적으로 구상하는 것에 있다. 따라서 클라이언트와 대상집단이 제시한 문제 이외에도 다양한 자원 및 사회적 지지 그리고 환경적인 욕구도 파악해야 한다.

3) 평가

평가의 단계는 기획을 바탕으로 하여 사회복지 프로그램을 통한 서비스 제공방법과 시기, 및 목표달성에 대한 효과성 및 효율성 등을 점검하는 단계이다. 이 단계에서는 프로그램을 실시하는 내부평가자와 외부평가자 그리고 직접적 프로그램의 수혜자와 같이 다양한 사람이나 조직이 참여하게 되며 평가를 통하여 더 나은 사회복지 프로그램의 개발에 환류되게 된다.

4) 조정 및 모니터링

조정 및 모니터링의 단계에서는 사회복지실천에 있어서 더 효과적이며 효율적인 프로그램이 구현될 수 있도록 모니터링을 통하여 적절한 수정과 반영이 요구되는 단계라고 할 수 있다.

정리

이러한 단계에서는 클라이언트의 문제해결에 적합한 방식이 수행되었는가, 클라이언트의 변화의 과정에 적절한 자원투입이 이루어졌는가, 예산의 편성이 효과적인가, 투명하게 일련의 과정이 진행되며 투입된 인원의 관리가 가능한가 등이 고려되게 된다.

5) 피드백

조정과 모니터링의 목적은 피드백을 통한 반영에 있다고 할 수 있다. 따라서 이러한 과정에서 클라이언트의 신체, 인지, 심리 등의 상태에 효과적인 프로그램의 적용이 이루어졌는가, 책무성의 차원에서 재원의 사용이 투명하고 적절하게 이용되었는가, 프로그램의 참여자에 대한 만족도는 어떠한가와 같은 차원에서 다양한 평가가 피드백을 통하여 반영되게 된다.

6) 환류

환류(feed back)는 기존에 제공되었던 서비스의 전 과정에서 서비스의 계획과 실천이 올바로 적용되었는가 하는 것에 초점이 있다. 즉, 서비스가 적절한가, 서비스의 질이 어떠한가, 서비스가 클라이언트의 욕구를 충족하고 있는가에 관하여 환류하는 것이다. 사회복지 프로그램의 기획가는 이러한 목적을 달성하기 위해 노력의 요소, 적정성, 질적 요인, 결과적 요인들을 자기보고식 차원, 관리 차원, 전문가의 평가를 통하여 다시 프로그램에 반영하게 된다.

7) 총체적 평가

총체적 평가를 위하여 다음과 같은 요인들이 점검될 수 있다.

① 자기보고식 점검

클라이언트 스스로 프로그램의 수행을 통하여 얼마나 만족하고 있는지, 프로그램을 통한 소기의 목적의 성취를 위해 정해진 스스로의 준수사항은 적정한지, 이러한 활동들을 통하여 클라이언트의 욕구를 충족시키고 있는지에 관한 사항을 살펴보게 된다.

② 상호관리의 점검

사회복지 프로그램은 다양한 자원과 연결될 때 보다 효과적으로 수행될 수 있다. 따라서 클라이언트의 사회적 지지망, 자원제공자 및 구성원들이 클라이언트의 서비스와 지원목표의 달성을 위해 기여하고 있는 정도에 점검사항을 둘 수 있다. 따라서 사회복지 프로그램의 기획 및 평가자는 사회적 지지망, 자원제공자 및 계획 참가자들의 일정 목표의 충족을 위해 적절히 자신의 과업을 이행하고 있는지 체크하여 점검하는 것이 필요하다.

③ 전문가 점검

전문가 관리의 점검의 핵심은 사회복지 프로그램이 기획한대로 적절한 방식으로 수행되고 있는지에 관하여 전문가로서 계획된 활동에 근거해서 적절한 타당한 서비스를 수행 여부와 이러한 활동이나 서비스를 통해 클라이언트의 욕구충족이 이루어지는 정도를 점검하게 된다. 즉, 전문가로서 서비스 제공에 있어서 양적 및 질적 측면과 성과 측면 그리고 클라이언트의 욕구충족에 공헌하는 정도의 여부에 초점을 두어 점검활동을 수행하게 된다.

8) 평가

클라이언트의 상황과 기능의 변화에 대하여 당초에 세운 계획의 목적과 비교하여 서비스 전달 이후의 차이 혹은 변화가 발생하였는지 알아보기 위해 클라이언트의 삶의 질에 기여한 프로그램의 목적달성 여부가 평가를 통하여 이루어지게 된다. 이에 대해서는 차츰 살펴보기로 하겠다.

제2절 사회복지 프로그램의 성격

1. 사회복지 프로그램의 성격

사회복지 프로그램 기획자의 전문적 기반은 사회복지사의 역할 수행에 대한 근거로 이에 대한 유능성이 발휘되는 예술적이며 창조적인 영역이라고 할 수 있다. 따라서 현재의 사회문제가 발생하는 사회적 조건과 그 사회문제에 관한 지식과 사회정책과 사회적 프로그램에 관한 지식, 그리고 사회적 현상 및 클라이언트에 대한 지식과 사회복지 전문직에 관한 지식과 이론 및 실천적 기술 및 경험이 사회복지 프로그램을 통하여 구현되게 된다. 따라서 사회복지 프로그램의 성격은 이러한 일련의 다양한 영역이 총체적으로 발휘되는 과정이라고 할 수 있을 것이다.

2. 사회복지 프로그램의 가치

사회복지 프로그램의 궁극적 가치로는 기본적으로 인간의 인권 및 인간존엄성, 사회정의 등의 시대에 따라 불변의 내용으로 적용되는 가치를 기반으로 하는 문화의 이해가 필요하다. 이러한 거시적 가치를 달성하기 위한 수단적 가치로는 목적달성을 위해 요구되는 수단으로 활용될 수 있는 행동지침이나 윤리로써의 자기결정권, 비밀보장 등이 고려될 수 있다. 이를 영역별로 살펴보게 되면 차원에 따른 가치로 개인적 가치는 개인의 환경에 따라 다르게 형성되는 가치가 있는데, 가족 · 문화 · 사회의 가치에서 비롯되는 가치를 예로 들 수 있다. 사회적 가치로는 시대의 변화에 따라 변하며 문화와 역사적 경험에서 비롯하는 가치가 있다. 이를 실천하기 위한 기관의 가치로는 기관의 역기능, 책임에 따른 고유한 가치가 있을 수 있다.

Key Point

1 목적은 달성하고자 하는 상위개념으로 이를 설정한 뒤에는 구체적인 목표를 설정하고 세부 목표 설정에 들어간다.

2 서비스의 체계에는 실시 기관을 통해 동원될 수 있는 프로그램 안에 인적 · 물적 자원 등이 포함될 수 있으며 서비스의 성격과 인적자원 및 재원 등에 의한 범위 등이 고려되어야 한다.

3 프로그램의 실시는 일련의 순환적인 과정으로 산출과 투입과 피드백의 연속적 과정으로 기획되어 실시되는 과정이라 할 수 있다.

생각해 보기

프로그램의 기획의 특성을 요약하면 대상과 환경과 접근성 및 재원을 고려하여 사전작업과 실시 그리고 사후작업을 통한 일련의 연속과정임을 알 수 있다. 우리사회에서는 어떤 대상으로 어떠한 프로그램이 적용될 수 있는지 생각해 보자.

Chapter

2 사회복지 프로그램 개발 이론과 모형

제1절 사회복지 프로그램의 구조

1. 사회복지 프로그램의 구조

사회복지 프로그램은 개인과 사회의 관계 속에서 거시 정책 목적을 달성하기 위하여 조직적이며 논리적인 프로그램의 적용을 통하여 수행되게 된다. 즉, 사회복지 프로그램의 적용은 다양한 자원을 활용하여 거시적 목적을 달성해가는 과정으로 논리적이며 체계적인 과정으로 이에는 다양한 의사소통 방식이 활용되고 있다고 할 수 있을 것이다.

프로그램 구조의 설정은 새로운 프로그램들에 대한 필요성을 확인하거나 기존 프로그램들의 중복과 비효율성을 확인할 수 있다.[1] 이에 대하여 미국의 유나이트웨이(UW)에서 사회프로그램의 구조를 4가지 체계로 다음과 같이 구분하였다.

1) 김병식 외(2003), 사회복지행정론, 창지사, pp.207-208.

1) **목적** (goal)	전체 사회적 목적으로 정책적인 목적
2) **서비스체계** (service system)	전체 정책인 상위 목적들을 이루기 위한 하위 서비스체계
3) **구체적 서비스** (service)	서비스체계를 직접 실행하는 서비스
4) **프로그램** (program)	서비스를 실행하는 직접적인 프로그램

[그림 2-1] 사회복지 프로그램의 구조(UW) 참조

제2절 사회복지 프로그램 개발의 접근방법

다음은 사회복지 프로그램 개발의 접근에 앞서서 사회복지기관의 사업수행에 있어서의 기본사항을 통하여 실천적 프로그램의 접근방식과 의사결정에 관해서 살펴보고자 한다. 지역사회의 기관은 종합적인 사회복지사업을 제공할 수 있으며, 지역사회문제를 예방 및 치료하고 지역사회 및 주민의 연대감을 조성할 뿐 아니라 지역사회구성원의 복지증진을 수행할 수 있다.

1. 지역사회의 대표기관의 점검사항

1) 지역사회복지관 사업의 수행에 있어서 점검되어야 할 10가지 사항

① 전문성 : 전문적 지식과 기술을 통하여 전문인력에 의해 사업이 수행되어야 한다.

② 시설성 : 사회복지실천에 필요한 기준 시설을 확보해야 한다.

③ 복지성 : 사회복지관에는 정치활동, 영리활동, 특정 종교활동이 직접적으로 개입할 수 없다. 수혜인에게는 자존과 인간의 존엄성 등이 유지되면서 서비스가 제공되어야 한다.

④ 자주성 : 사회복지기관은 수혜인이 당면한 욕구와 지역사회의 실정과 특수성에 따라서 사회복지관의 사업이 발생하고 이에 준하여 운영되어야 한다.

⑤ 종합성과 연계성 : 치료적 차원과 예방적 차원의 사업이 연계적으로 수행되어야 한다.

⑥ 주민참여의 원칙 : 자조정신에 입각하여 주민 스스로도 참여하여 해결해 나갈 수 있도록 한다.

⑦ 다목적성 : 지역사회 주민의 문제는 상호 연계되어 있으므로, 사업의 연계적인 운영에 의해 종합적으로 반영되어야 한다.

⑧ 잠재적 자원활용의 원칙 : 주민 욕구의 다양성에 따라서 다양한 기능인력과 자원을 필요로 하게 되므로, 사회잠재자원을 동원할 수 있도록 하며 이를 활용해야 한다.

⑨ 민주주의적 원칙 : 모든 서비스는 가능한 민주주의적인 방법으로 진행되어야 한다.

⑩ 예산 및 평가의 원칙 : 모든 서비스는 지속적으로 평가되어야 하며, 예산배정의 적정성과 피드백의 원리가 지속적으로 적용되어야 한다.

2) 지역사회의 사회복지관의 역할

① 사회서비스센터의 역할 : 주민의 욕구와 문제에 부응하여 조정하고 통합하여 효과적인 서비스 체계를 수립하는 것이 필요하다.

② 공동이용센터 : 지역사회의 주민이 모여 집단활동을 하거나 토론을 할 수 있도록 한다. 그 밖에도 다양한 활동의 장이 되도록 지역사회의 구심점이 된다.

③ 직업안정센터 : 직업훈련과 부업의 알선 및 중개를 하는 매개체가 되도록 한다.

④ 사회교육센터 : 각종 취미활동을 가능하게 하고 이를 통하여 주민욕구를 반영한다.

⑤ 주민통합의 장 : 지역사회를 통한 통합이 가능하도록 한다.

⑥ 레크리에이션센터의 운영 및 지역사회 조사 및 평가 등의 역할을 수행할 수 있다.

2. 의사결정

대표적인 의사결정의 모형으로는 합리모형, 점증모형, 혼합관조모형, 쓰레기통모형이 있다. 사실 최적화된 초합리모형은 존재하지 않으며, 보통 점증모형이 프로그램 개발에서 피드백을 통하여 활용되게 된다. 그러나 경우에 따라 극단적인 불확실 상태에서는 랜덤형식이라고 볼 수 있는 쓰레기통모형(의사결정이 우연성에 의해 채택)이 발언권이 강한 구성원에 의하여 채택되는 경우도 있다. 조직의 의사결정을 위해서는 먼저 문제로부터 출발하여 해결책이 제시되기까지 문제가 무엇인지 파악되어야 한다. 그러나 해결책이 서로 연결되지 않는 경우로 의사결정에 관계되는 조직 내의 제반요인(문제, 해결책, 참가자, 선택기회)이 문제 자체가 지니고 있는 복합적인 속성과 해결책이 지니고 있는 또 다른 문제 및 참가자들의 이질성 및 참가자들 간의 정치성, 선택기회의 우연성과 의사결정자에게 부과되는 외부의 압력과 같은 요인들로 적절한 선에서 타협될 수도 있다.

이러한 과정에서 유용하게 활용될 수 있는 모형이 사고모형으로, 이는 인간이 경험하는 현상들을 이해하는 체계 또는 준거의 틀로 작용할 수 있으며, 인간의 철학적 기반에 해당할 수 있다. 이러한 개인의 사고의 틀은 개인과 조직의 사고체계 및 행동양식에 간접 및 직접적인 영향을 미치게 된다. 또한 이러한 철학적 기반을 부단히 성찰하는 것은 새로운 사고의 전환을 도모할 수 있게 한다.

아울러 공유비전으로 조직이 추구하는 방향이 어떠하며, 그것이 왜 중요한지에 관해 조직구성원의 공감대 형성이 중요하다. 그런데 이러한 비전은 개인이나 소수집단에 의하여 제시되는 것이 아니라, 리더와 구성원 간의 합의된 방식으로 형성되는 것이 바람직하다. 비전이 형성되면 팀 학습을 통하여 팀 구성원들이 바람직한 결과를 얻기 위해 체계적이며 지속적인 학습행위가 필요한데, 결론의 도출과정에서 타인의 관점이나 의견존중을 통한 상호작용이 중요하며 민주적 의사결정이 기본이 되는 것이 바람직하다.

3. 지역사회 이해를 위한 준거 틀과 접근방식

지역사회의 이해를 위한 준거 틀로는 표적집단의 특성과 지역사회의 인식에 관한 이해를 위한 표적집단의 확인이 필요하다. 이를 위해서는 지역사회의 특성을 이해하여 표적집단에 영향을 미치는 사회문제를 분석하고, 표적집단에 영향을 미치는 지배적인 가치를 이해하는 것이 중요하다. 이에 대한 사정의 종류는 다음과 같은 것이 있다.

① 문제중심의 사정 : 전체 지역사회와 관련되나 지역사회의 중요 문제에 보다 초점을 둔 사정을 의미한다.

② 하위체계의 사정 : 지역사회의 특정 부분이나 일면을 중심으로 조사하는 것을 뜻한다.

③ 자원의 사정 : 권력이나 전문기술, 재정이나 서비스 등 자원 영역을 중심으로 검토한다.

④ 협력중심 사정 : 지역사회 참여자들이 파트너로서 조사계획, 참여관찰, 분석과 실행 등에 관계하여 지역사회에 수행하는 사정을 뜻한다.

다음은 접근방식으로써 대표적인 욕구사정을 위한 자료수집방법으로 질적 조사방법과 양적 자료수집방법을 들 수 있다.

1) 질적 조사방법

질적 조사방법으로는 생애사연구, 사례관리, 델파이기법, 명목집단 기법, 핵심정보제공자 기법, 인터뷰, 민속학적 방법 등이 있다. 이에 적용되는 연구방법으로는 현상학적 방법, 네레이션 방법, 근거이론의 적용 등이 있다. 이 중 델파이 기법은 전문가의 의견을 우편이나 이메일을 통해서 질문의 형식으로 수행될 수 있는 기법으로, 전문가 중심의 주요 정보제공자들을 활용하는 방법이다. 이는 설문지를 통한 반복 또는 통제된 환류를 정보수집과정의 여러 단계에서 제공하게 된다.

2) 양적 자료수집방법

양적 자료수집방법으로는 사회지표분석, 구조화된 서베이, 프로그램 모니터링, 지역사회 집단 접근, 실험연구 등이 해당할 수 있다. 연구방법으로는 회귀분석, 다변량분석, 에이모스 등 다양한 방식이 있다. 이를 위해서는 신뢰도, 타당도를 비롯하여 내적 타당성과 외적 타당성 등이 확보되어야 한다.

4. 프로그램 개발을 위한 사고력의 훈련

사회현상을 단선적이고 평면적으로 이해하는 것이 아니라, 시스템적인 사고로 전체를 보고 전체에 포함된 부분들 사이의 순환적이며 동태적 인과관계를 이해하는 문제해결의 수단으로 활용될 필요가 있다.

제3절 사회복지 프로그램 개발의 이론적 모형

이번 절에서는 사회복지 프로그램 개발에 앞서 이에 적용할 수 있는 분석 틀 및 이론적 모형을 익히고, 이를 적용해 보도록 한다. 물론 사회복지 프로그램 개발의 이론적 모형은 다양하며, 이곳에서는 한 가지 분석 틀을 먼저 제시하고자 한다.

1. Mazmanian과 Sabatier(1981)의 분석 틀

Mazmanian과 Sabatier(1981)의 일반정책집행 분석 틀은 문제의 용이성, 집행구조화 능력, 정책이나 프로그램의 집행에 영향을 미치는 비법률적 변수, 집행의 과정단계에 관한 점검을 통하여 점검 및 평가를 하고 있다. 각각의 지표구성요인으로는 문제의 용이성에 대하여 활용가능성, 요구되는 변화범위, 대상 집단 등이 있으며, 집행구조화 능력으로 명백하고 일관성 있는 목표, 적절한 인과이론, 재정적 자원, 의사결정원칙,

집행담당자의 충원 등이 있다. 또한 정책집행에 영향을 끼치는 비법률적 변수로는 문제에 대한 언론 등의 관심, 대중적 지지, 주권자로부터의 지지 등이 있으며, 집행과정에서는 정책산출물의 영향, 인지된 영향 등을 바탕으로 피드백에 의한 수정이 이루어진다. 이를 정리하여 다음과 같이 나타낼 수 있다. 이것은 한 가지 예로써 프로그램이 적용될 때 고려되어야 하는 사항과 점검되어야 하는 사항을 나타내주고 있다.

❙ 참고 ❙

정책이나 프로그램의 분석틀은 전체적 과정의 중요한 부분을 한눈에 살펴보는 것을 용이하게 한다.

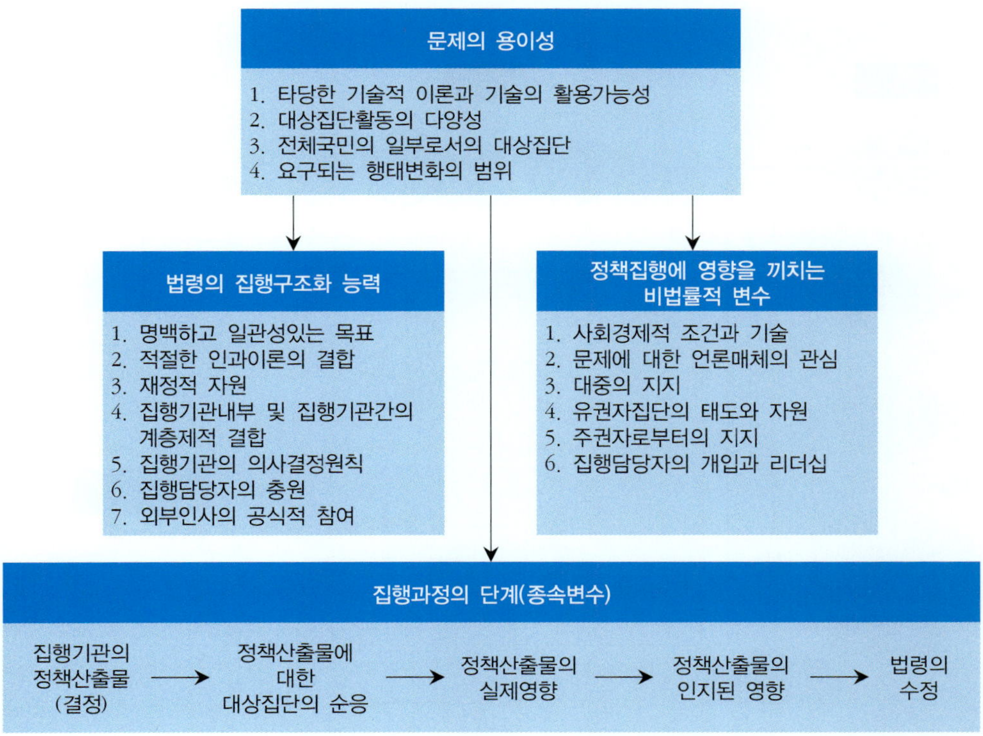

[그림 2-2] Mazmanian & Sabatier의 일반정책집행 분석 틀[2)]

2) Daniel A. Mazmanian & Paul A. Sabatier(1981), "The Implementation of Public Policy: A Framework

2. 제도 및 프로그램 적정성 점검을 위한 Flow Chart

제도 및 프로그램 적정성 점검을 위한 지표의 체계 검토에 있어서, 정책의 적정성을 점검하기 위해서는 다음과 같은 3단계의 검토가 필요하다. 먼저 제1단계로는 제도의 필요성을 점검하는 단계를 거쳐야 한다. 다음 2단계로는 제도의 운영에 따른 제도준수, 목표달성 정도, 목표성취 정도, 제도에 대한 만족도 등의 운영차원의 검토가 필요하며, 마지막으로는 제도의 유지를 위한 제도 자체의 적정성과 제도운영의 효율성 점검이 필요하다. 또한 이러한 과정은 환류과정을 통하여 제도를 수정 및 보완하며, 이때 제도관리의 역량을 보완하는 피드백과정이 필요하게 된다. 이를 정리하면 다음의 [그림 2-3]으로 나타낼 수 있다.

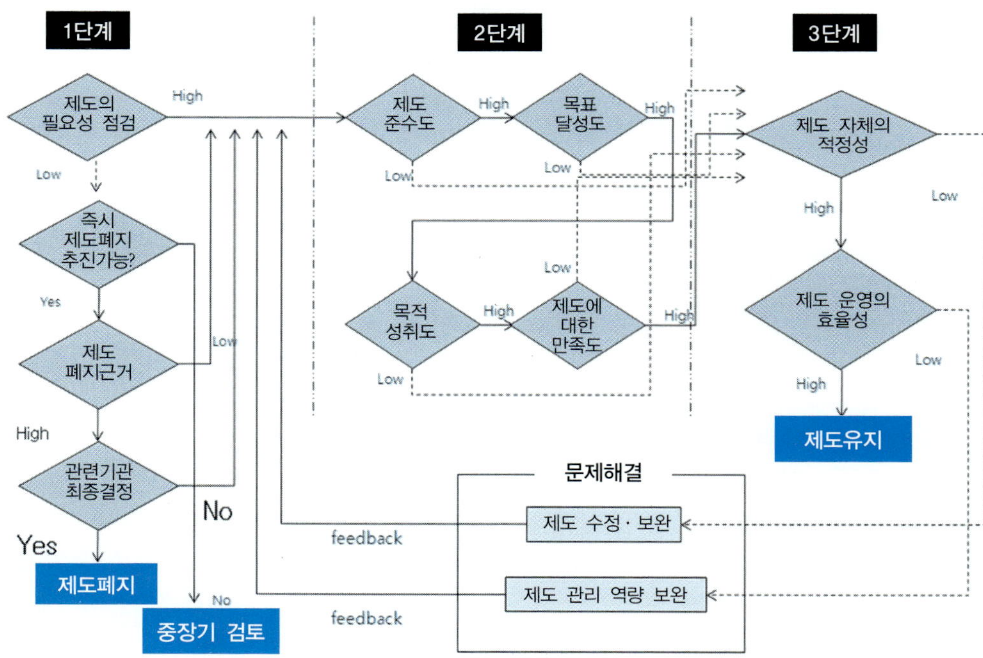

[그림 2-3] 프로그램 및 정책의 적정성 점검을 위한 플로우 차트(최창현, 2014)

of Analysis", In D. Mazmanian and P. Sabatier(Eds.), *Effective Policy Implementation*, Lexington, Mass: D. D. Heath and Company, pp.3-35.

이처럼, 제도시행결과의 적정성에 관련한 평가항목은 목적에 따라 다양한 항목이 포함될 수 있다. 즉, 제도시행결과에 대한 평가에서는 제도준수도, 목표달성도, 목적성취도, 제도에 대한 만족도를 점검하여 정책시행결과가 얼마나 적정한지를 판단하게 된다. 그리고 제도 시행역량의 적정성을 평가하고자 할 때는 제도 자체의 적정성과 제도 운영의 효율성을 점검하여, 제도 시행결과가 만족스럽지 못할 경우 그 원인을 발견하여 반영할 수 있다.

2
PART

사회복지 프로그램 기획 및 설계

Chapter

3 사회복지 프로그램 개발의 절차

제1절 프로그램 기획에 대한 사회적 윤리고려

1. 공동선과 사회정의로서 사회윤리

강병노(2016)[1]는 사회윤리는 인간다운 삶을 영위하기 위하여 개인을 포함하여 사회제도나 정책구조의 도덕성을 통하여 공동선을 추구하는 것이라 정의할 수 있다고 하였다. 따라서 사회의 다양한 문제를 어떻게 바라보고 판단하며 동시에 이에 대한 해결점을 어떻게 접근하여 문제의 해결점을 찾아가는 것이 사회복지 프로그램 개발에서 고려되어야 한다. 즉, 사회윤리는 인간다운 삶을 위하여 사람다운 모습을 추구하기 위한 개인과 집단의 기본선을 의미하므로 사회윤리의 대상으로는 개인, 집단, 조직체의 행위 집단, 조직체, 공동체이다(강병노, 2016).

2. 프로그램 기획의 인간존엄성 향상의 고려

강병노(2016)는 사회복지실천에 있어 윤리는 인간의 존엄성과 더불어 인간의 자율성, 기회 균등성, 사회적 책임성을 기본 가치로 보았다. 하지만 사회복지실천에 있어서 윤리는 클라이언트를 사회적 약자 또는 불우계층 등 국민의 일부에 국한하여 협의의 개

1) 강병노(2016), 『사회복지 윤리경영』, 정림사.

념으로 바라볼 것인지 아니면 국민 전체를 수혜대상자로 보편적 개념으로 확장하여 포함할 것인지의 개념에 따라 다를 수 있다. 결국 사회복지 윤리는 이러한 인간의 궁극적인 목적 달성을 위하여 가장 바람직한 최선의 선택을 하도록 만든다(강병노, 2016). 이러한 가치관에 대한 결정에 있어서 사회복지 프로그램의 기획과정에서는 매번 의사결정에 대한 선택의 순간이 발생하며 그 선택의 기준이 되는 것이 윤리와 클라이언트의 행복 및 자기결정권이라고 할 수 있다. 이러한 것이 전제가 되어 사회복지 프로그램이 기획되며 이에 대한 기획의 정의는 다음과 같다.

3. 사회복지 프로그램에 있어서 기획의 정의

기획(planning)은 미래에 어떤 일을 할 것인지를 결정하는 과정이다. 사회복지기관의 경우 기획은 기관 환경 및 클라이언트의 욕구변화에 대응하기 위한 새로운 목표를 설정하고 이를 달성하기 위해 필요한 미래 활동을 선택해 나가는 의사결정과정이다(김형식, 이영철, 신준섭, 2010).[2] 기획과 계획은 세밀하게는 의미의 차이가 있는데 기획(planning)은 계획을 포함하여 프로그램의 전반적 과정 전체를 아우르는 포괄적 과정이라 한다면 계획(plan)은 이러한 과정을 위해 세워지는 초기 청사진이라고 볼 수 있다.

정리

기획이나 계획의 공통점은 사회에서 발생하고 있는 사회문제나 개인의 문제해결을 위하여 자원과 인력의 투입을 통해 클라이언트 체계의 변화를 도모하기 위한 과정으로 이해할 수 있을 것이다.

2) 김형식, 이영철, 신준섭(2010), 『사회복지행정론』, 양서원, p.141.

제2절 프로그램 기획을 통한 사회통합의 구현

1. 사회통합의 개념 및 배경

사회통합에 대한 정의를 사회사업사전에서 살펴보면 "통합이란 사회구성원들이 하나의 통합된 전체로 결합하는 과정으로 사회학적인 의미의 다양한 사회집단이나 인종들을 결합하여 조화로운 관계를 형성하는 과정"이라 하였다. 이에 대하여 클라이언트의 행복감과 삶의 만족도에 긍정적 영향을 주고 사회의 계층이 서로 조화를 이루며 자신의 성장을 도모해가는 사회가 사회통합이 가능한 사회라 할 수 있을 것이다. 사회구성원 한 명 한 명이 당면한 과제를 환경과 체계 속에서 역할을 다하여 사회에 기여하며 스스로의 발전과 성장을 도모할 수 있는 사회가 거시적으로는 조화 속에 사회통합을 구현하는 사회가 될 수 있는 발판이 된다는 것이다. 모든 인간이 인간의 기본 권리에 바탕을 두고 다양한 사회집단의 입장을 수용할 수 있는 사회 가치관의 수립은 다양성을 인정하고 모든 사람에게 균등한 기회를 제공하며 사회적 책임을 다할 때 가능하다. 사회복지의 수준은 사회에서 민주적 의사결정과정을 통한 합의의 도출에 있어서 상호존중을 기반한 담론의 형성이 편중되지 않은 권력을 바탕으로 이루어지는 민주성에 있다고 해도 과언이 아닐 것이다.

제3절 사회 및 개인의 문제분석을 위한 기본활동

현대사회는 다양하고 복잡한 문제와 양상을 갖는다. 이에 대하여 Taber와 Finnegan (1980), 그리고 Taber(1987)은 사회복지서비스인 프로그램을 제공하기에 앞서서 다음과 같은 것들에 관한 점검이 선행되어야 한다고 주장한다.

첫째, 사회에 대한 문제의 파악이다. 이것은 사회의 구성원에 대한 건강과 안전을 위협하는 요인과 사회통합과 같은 사회의 가치를 위협하는 요인에 대한 점검을 포함한다.

둘째, 개인에 관한 문제의 점검이다. 이것은 개인의 존엄에 대한 최소한의 품위와 건강을 박탈하는 것은 무엇인가? 혹은 개인의 인권과 관련하여 학대와 착취의 위협을 가하고 있는 것은 무엇인가 하는 것으로부터 사회적 참여로부터 소외되는 것은 무엇인가 하는 점을 다루고 있다.

셋째, 기타 문제에 관한 요인으로는 개인, 가족, 지역사회, 역사, 정치, 심리, 경제, 사회, 생물학적 혹은 물리적인 사회의 이슈들을 통하여 문제를 진단하고 파악해보는 것이 필요하다고 하고 있다.

그렇다면 문제분석의 과정은 어떻게 시작하는 것이 바람직할까? 그것은 보다 구체적일수록 그 결과 역시 더욱 구체적일 수 있다. 구체적인 문제로의 접근은 구체적인 결과를 도출해 낼 수 있다. 이를 위하여 첫 단계로는 큰 종이나 노트에 그룹으로 함께 문제와 관련한 단어들을 연상하여 적어보는 것이 필요하다. 이것은 사회문제에 대하여 사회복지학도로서의 문제의식을 문서로 옮겨보는 첫 작업이 될 것이다. 이후 이 단어들을 목록화하고 이에 영향을 주는 인과관계를 파악해 본 후 문제가 되는 것, 그리고 그로 인한 결과를 예측함으로써 어떠한 개입이 필요한지에 관하여 살펴보는 단계를 기획자 스스로 도출해보는 과정이 필요하다.

즉, 왜 그러한 문제가 발생하게 되었는지, 어떠한 개입이 있다면 보다 유용한 결과로 개선해갈 수 있는지에 관한 사고훈련이 요구된다. 이러한 과정을 통하여 문제와 문제의 해결에 필요한 과정을 범주화하고, 이를 위한 해결방안에 대한 브레인스토밍도 가능하게 된다. 이러한 구체적인 작업은 의사소통을 가능하게 하고, 복잡한 문제를 유형화하여 해결책을 도출하는 데 도움이 될 수 있다. 또한 프로그램의 목적과 목표를 달성하기 위한 아이디어를 얻고 이를 적용할 수 있는 명확한 기준과 활동을 구상할 수 있게 된다. 물론 이에 대한 과정은 윤리적이며 민주적인 과정이 감안되어야 함은 물론이다. 이러한 구체적인 활동을 다음 장을 학습하면서 진행하면 보다 효과적인 작업이 될 것이다.

생각해 보기

1 우리생활 주변의 문제를 뉴스나 기사를 중심으로 스크랩해보자.

2 어떠한 문제로 규정할 수 있는가 발표해보자.

3 문제의 대상에게 적용할 수 있는 프로그램을 구상해보자.

4 어떻게 접근하는 것이 좋으며 어떠한 방식이 적용될 수 있는지 사전 분석해보자.

Chapter

4 사회문제 분석과 이론 및 욕구 적용

논의해 보기

우리의 일상생활이나 기사를 통해서 프로그램을 기획하고 전달하는 사회복지사가 접하는 딜레마와 이에 대한 전문 수퍼비전의 필요성에 대하여 논의해보자. 그리고 지역사회나 기관 내의 갈등이 발생할 시에는 어떻게 해결할 수 있는가 논의해보자.

제1절 사회문제의 분석 및 사회현장의 이해

1. 사회문제의 분석

1) 사회 및 개인의 문제 분석

사회문제의 분석이 완료되면 이를 바탕으로 해서 사회복지 프로그램에 있어서의 대상자를 선정하게 된다. 이에 대하여 접근하기 위해서는 인구구조를 통한 접근방식이 다음과 같은 예시를 통하여 활용될 수 있을 것이다. 사회복지 프로그램의 목적을 달성을 위하여 문제 분석단계에서는 문제의 확인, 욕구의 사정, 대상자의 선정 등의 과정이 필요하다.

이 단계에서는 해결하고자 하는 문제에 관한 정확한 원인의 분석과 프로그램을 통해 문제를 해결하고자 하는 정도, 목표와 목적의 수립이 필요하며 이에 대한 예산이 고려되어야 할 것이다. 먼저 사회문제를 분석하고 기획에 앞서 대상자 선정에 대한 사회 인구학적 접근이 필요하며 다음의 그림을 참조하자.

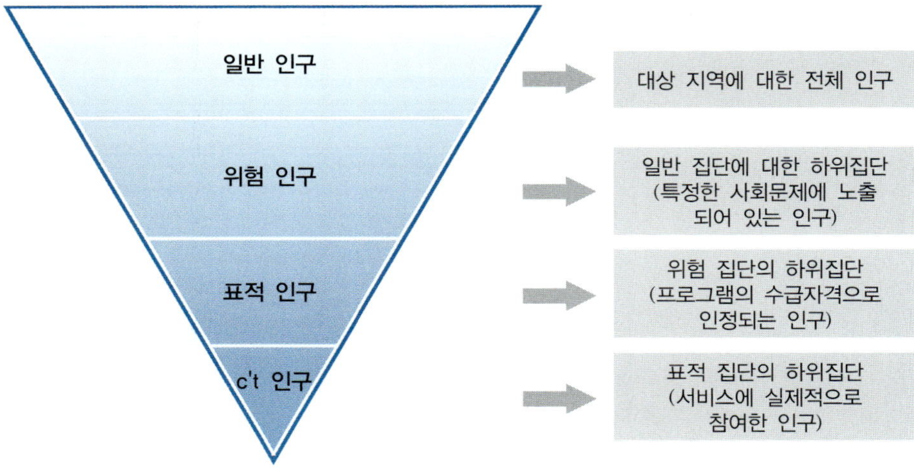

[그림 4-1] 프로그램의 수급자 결정 인구모형

2) 사회통합의 개념 및 배경

사회복지 프로그램의 적용은 사회통합과도 긴밀한 연계가 있다. 사회복지 프로그램은 개인의 적응적 적합성을 함양하고 사회통합의 효과가 있기 때문이다.

사회통합에 대한 정의를 사회사업사전에서 살펴보면 "통합이란 사회구성원들이 하나의 통합된 전체로 결합하는 과정으로 사회학적인 의미의 다양한 사회집단이나 인종들을 결합하여 조화로운 관계를 형성하는 과정"이라 하였다. 이에 대하여 클라이언트의 행복감과 삶의 만족도에 긍정적 영향을 주고 사회의 계층이 서로 조화를 이루며 자신의 성장을 도모해가는 사회가 사회통합이 가능한 사회라 할 수 있을 것이다. 사회구성원 한 명 한 명이 당면한 과제를 환경과 체계 속에서 역할을 다하여 사회에 기여하며 스스로의 발전과 성장을 도모할 수 있는 사회가 거시적으로는 조화 속에 사회통합을 구현하는 사회가 될 수 있는 발판이 된다는 것이다.

모든 인간이 인간의 기본 권리에 바탕을 두고 다양한 사회집단의 입장을 수용할 수 있는 사회 가치관의 수립은 다양성을 인정하고 모든 사람에게 균등한 기회를 제공하며 사회적 책임을 다할 때 가능하다. 사회복지의 수준은 사회에서 민주적 의사결정과정을 통한 합의의 도출에 있어서 상호존중을 기반한 담론의 형성이, 편중되지 않은 권력을 바탕으로 이루어지는 민주성에 있다고 해도 과언이 아닐 것이다.

3) 사회복지 프로그램의 실천을 위한 사회현장의 이해

사회현장에 대한 이해는 사회의 구조적인 영향과 개인의 영향으로 나눌 수 있는데 개인의 문제는 사회 경제적 및 심리적, 육체적 문제나 장애로 인하여 발생할 수 있으며 이는 사회문화 환경과도 밀접한 관계가 있으므로, 클라이언트를 보다 잘 이해하려면 그 대상이 처한 사회적 환경과 가족관계 외에도 외부 자원 등의 이해가 포괄적으로 필요하다.

사회복지의 주요현장은 크게 행정기관과 이용시설 등으로 나눌 수 있는데 행정적 차원으로는 보건복지부, 시도, 읍, 면, 동사무소, 시, 군, 구 등의 사회복지공무원, 여성복지 상담원, 아동복지 지도원 및 사회복지 단체(사회복지협회 및 사회복지협의회) 등이 있다. 이를 근거로 한 이용시설은 클라이언트의 욕구에 따라 사회복지관[1](사회복지사업법에 근거), 노인복지회관(노인복지법), 장애인복지관(장애인복지법), 지역아동센터 외에도 정신보건센터나 성폭력피해상담소 등이 있으며 생활시설로는 아동복지시설과 노인장기요양시설, 요양병원, 장애인복지시설, 미혼모 쉼터 등과 다양한 시민단체가 있다. 사회복지 프로그램은 이러한 사회복지현장이나 다양한 기관에서 실시될 수 있으므로 기관의 목적을 이해하고 사회의 다양한 자원을 이해하는 것도 중요하다 할 것이다.

다음은 사회복지 프로그램에 대한 사회적 자본의 활용에 따른 긍정적 혹은 부정적 효과를 표로 작성한 것이다. 이를 통하여 프로그램의 작성에 있어서 사회적 자본의 활용에 대한 시너지효과를 살펴볼 수 있다.

1) 사회복지관은 지역사회를 기반으로 일정한 시설과 전문 인력을 갖추고 있으면서 지역주민의 참여와 협력을 통하여 지역사회복지문제를 예방 및 해결하기 위하여 종합적인 복지서비스를 제공하는 시설을 의미한다.

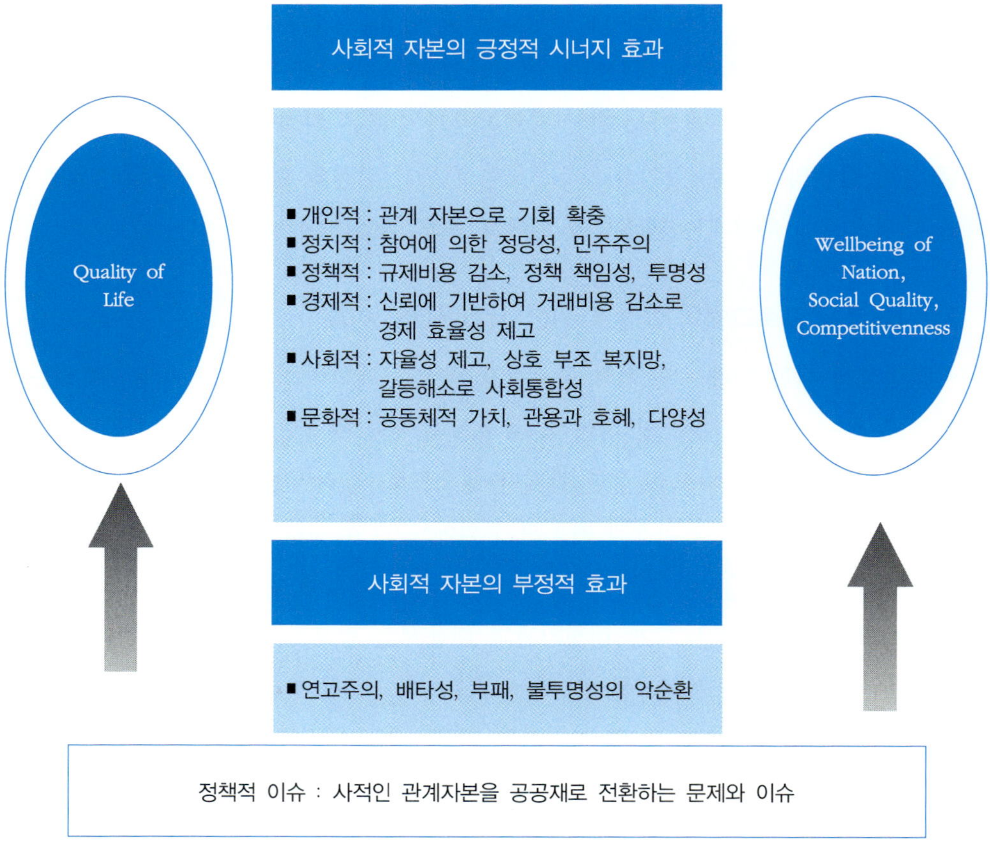

[그림 4-2] 사회적 자본의 효과와 정책적 이슈

출처: 서울시 중장기 사회적 자본 증대방안연구(2011).

4) 사회복지 실천분야의 관련 주요 이론의 이해

사회복지의 실천분야는 개별사회사업, 집단사회사업, 지역사회복지사업을 통하여 통합적인 방식으로 환경과 체계를 고려해 문제를 해결하고자 하며 각 영역의 특성을 고려하여 개입하는 전문적 실천을 목표로 한다. 이를 위하여 인간을 둘러싼 생태학적 관점의 이해가 필요하다.

생태학적 관점이란 인간과 환경 간의 상호작용과 이를 바탕으로 하는 상호 역동적 교류와 적응에 초점을 맞추어, 환경과 조화를 이루는 인간의 성장과 발달에 관심을 갖는 입장이다. 따라서 생태학적 관점과 일반체계이론을 적용하여 현상에 대한 체계 간의 역동성에 대한 인식을 높이고 현대사회에 존재하는 다양한 체계를 이해하는 것이 필요하다. 체계(system)란 상호 영향을 주고받은 하위체계들로 구성되어 있는 전체를 뜻하며, 이때 개인의 합보다 전체가 크다는 개념을 통하여 개인은 다른 개인 및 전체에 영향을 미치며 개인과 사회의 문제는 원인-결과의 관계로 단선적으로 해석되기보다는 상호 연결되어 에너지를 교환하는 전체로 파악되어야 한다고 보고 있다.

한편 개인의 결함보다 사회구조적인 결함으로부터 개인의 능력을 지원하고 신장시키고자 하는 임파워먼트는 자기효능감과 강점관점을 기반으로 하는 임파워먼트는 사회적 소수자에게 힘을 부여하고 사회 및 정치적인 힘에 접근하며 올바른 자원을 제공받도록 성찰하고 의사소통하는 과정을 강조한다.

이에 바탕이 되는 강점관점의 기초는 인간 정신 속에 내재하는 고유한 능력으로 인간의 지혜는 역경 속에서도 발휘되는 인간의 잠재적 역량이며 이에 대한 인정과 존중이라고 할 수 있을 것이다. 이처럼 인간의 잠재능력에 대한 신념은 인간이라면 누구나 가지고 있는 장점으로 모든 인간은 태어나면서 정신적, 정서적, 사회적 능력을 이미 가지고 있다는 생각과 연결되고 있다.

그 밖에도 회복탄력성이란 역경을 극복하고 본래상태로 되돌아오는 힘을 의미하며 회복탄력성[2)]이 높을수록 일시적인 위기로 인한 위축상황을 극복하는 힘이 크고 사회적 지지와 가족 내에서의 지지 등이 큰 역할을 한다. 따라서 이에 대한 이해는 사회복지 프로그램의 개발 및 작성에 도입되는 바가 크다. 이에 사회복지 프로그램의 개발은 이러한 이론적 개념 위에 형성되는 것이 바람직하다.

2) 회복탄력성이란 '동일한 어려움 속에서도 어떤 사람들은 심각한 스트레스나 어려움을 토로하는 반면, 다른 사람들은 그럼에도 불구하고 잘 견뎌내는가'(Rutter, 1985)에 초점을 두고 역경을 극복한 사람들에게 위험상황에서도 긍정적 발달 가능성에 초점을 두고 개인을 보호하고 역량을 강화하는 요인의 중요성을 강조하는 개념으로 인간발달과 관련된 새로운 패러다임으로 역경속에서 어떠한 내적 · 외적 자원을 활용하여 긍정적인 발달을 도모하고 성장하는가를 살펴본 것으로 긍정성을 내포하고 있다. 회복탄력성을 촉진하는 개인적 특성은 자율성, 독립심, 개인적 미래에 대한 낙관적 견해, 긍정성, 융통성이 있으며 자존감 등이 있다. 환경적 특성으로는 사회적 지지 등이 있다.

5) 생태학과 체계이론

생태학과 체계이론은 환경과의 상호작용을 중요시 한 개념이다. 이에 대하여 지머맨과 기터맨(Germain & Gitterman, 1980)은 사회복지사들이 개인, 환경 간의 상호 에너지 교환을 고려해야 한다고 하면서 개인, 환경 간 상호작용의 성격을 변화시키기 위한 역할에서 개입되어야 한다고 하였다(Germain & Gitterman, 1980). 생태학적 관점의 정의 및 특성은 유기체와 환경 간의 관계를 연구하는 생물과학으로 시작하여 사회학 연구의 한 영역으로서 발전하였는데, 인간과 주변 환경 간의 상호작용, 상호 의존성, 역동적 교류와 적응에 초점을 두고 있다. 따라서 인간행동에 관한 이해를 위해 인간과 환경이 어떻게 상호작용하는지를 설명하는 패러다임으로 인정되었다.

사회복지의 목적은 "개인과 환경 간의 상호작용의 증진을 통해서 사회구성원 모두의 삶의 질을 향상시키는 것"이라고 하였다(엄명용, 2009). 이것은 기존의 개인적 수준의 문제를 다원화차원에서 인식하고자 하는 움직임이며 개인의 문제를 '사회와 인간 양자 간의 상호관계성'에 주목하여 접근하는 것이라 할 수 있는데, 이러한 상호주의 접근은 인간 상호작용과 개인의 역동성에 있어서, 환경을 고려하여 주목하는 것이라 할 수 있

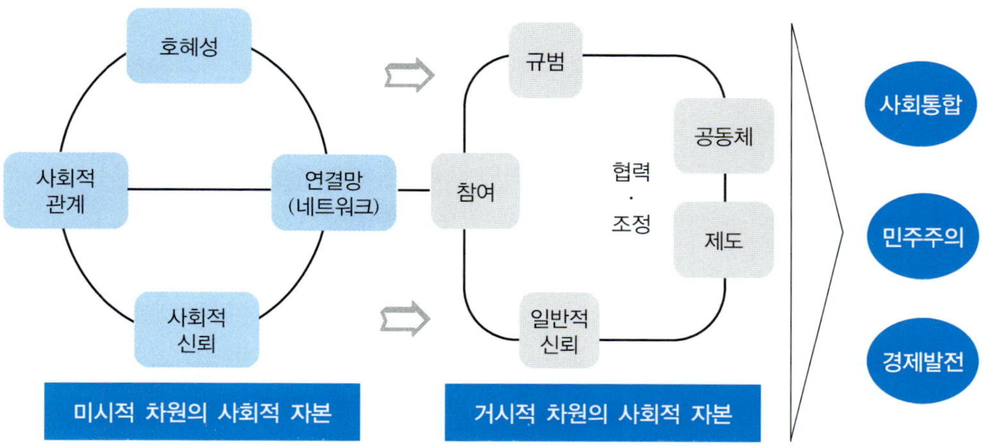

[그림 4-3] 지역사회의 성장을 통한 기대환류-사회적자본의 기제 및 상호연계성

출처: 서울시 중장기 사회적 자본 증대방안연구(2011).

을 것이다. 즉, "문제의 원인을 사정하고 문제해결을 시도하려고 할 때 문제해결방안을 개인의 변화에서만 찾을 것이 아니라 그 개인의 문제에 영향을 미치는 주변 사회환경의 변화 또는 개선에서도 찾아야 한다는 것"을 강조하는 개념이다(엄명용, 2009).

생각해 보기

우리의 일상생활이나 가사를 통해서 프로그램을 기획하고 전달하는 사회복지사가 접하는 딜레마와 이에 대한 전문 수퍼비전의 필요성에 대하여 논의해 보자. 그리고 지역사회나 기관 내의 갈등이 발생할 시에는 어떻게 해결할 수 있는가 논의해 보자.

제2절 욕구조사 설계

먼저 욕구조사 설계의 개략적인 과정은 다음과 같다. 즉, 클라이언트 집단은 사회문제의 선정을 통하여 일반집단(general population) 중에서 위기집단을 설계하고, 그에 표적이 되는 표적집단(target population) 중에서 실제 프로그램에 참여하게 되는 클라이언트 집단(client population)을 선정하여 본격적인 욕구를 반영하는 프로그램이 될 수 있도록 설계한다. 이러한 욕구를 반영하기 위해서 고려되어야 하는 사항으로는 프로그램의 수용능력을 고려해야 한다. 즉, 클라이언트의 접근성과 같은 구체적 문제와 프로그램의 재원에 따른 가능성의 영역, 그리고 효과적인 클라이언트의 선정 등이 그 예이다. 이때 효과성을 달성하기 유리한 클라이언트만을 선정하는 크리밍 현상이 일어나지 않도록 유의한다. 이러한 욕구사정을 위하여 김미경 교수의 다음과 같은 SWOT분석이 활용될 수 있는데, 이것은 다양한 제한요건을 파악하고 인적·물적 자원을 활용하는 데 점검될 수 있다.

[그림 4-4] SWOT분석

그 밖에 프로그램에 참여하는 클라이언트의 자발성, 참여능력과 교통수단 및 관리능력 등에 관하여 사전에 점검되어야 한다. 그렇다면 보다 구체적으로 욕구의 개념부터 살펴보기로 하겠다.

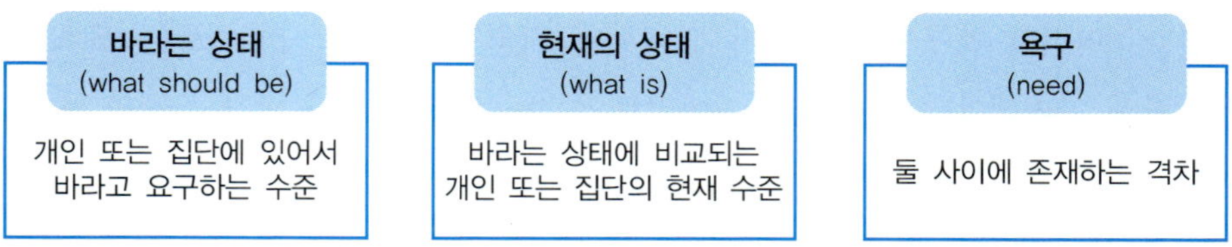

[그림 4-5] 욕구에 대한 개념화(한국 청소년 개발원(1997))

욕구 측정 시 고려사항

① 욕구 자체는 탄력적이며 상대적이므로 다양한 변수에 의하여 영향을 받는다.
② 단편적이라기보다 쉽게 식별할 수 없고 분산되어 있으며 상호 연관되어 있다.
③ 지역사회의 욕구는 사회문제를 반영하고 역동적이며 항상 변화한다.

제3절 욕구의 분류

1. Maslow의 5단계 욕구 위계(needs hierarchy)

Maslow의 욕구의 개념을 규정하는 전통적 분류법(1954)은 욕구라는 추상적 관념을 알기 쉽게 그림으로 표현하고 있다. 이를 통하여 욕구조사표에 구체적인 내용을 통하여 조작적 정의를 내리거나 보다 근간이 되는 욕구를 파악하는 것에 도움이 된다. Maslow에 의하면, 인간이 일상생활을 영위하는 데 있어서 필수적인 것과 선행되는 것이 결핍될 때 나타나는 공통적인 위계가 있다는 욕구의 위계설을 제시하였다. 이와 같은 5단계 욕구의 위계에서 제일 기초에는 생리적 욕구(생존욕구)가 있으며, 이러한 욕구가 충족되면 그에 대한 상위욕구로 안전욕구, 사회적 욕구, 자아충족욕구, 자아실현욕구 순으로 단계적으로 욕구충족이 일어난다고 하였다. 만약 하위욕구가 충족되지 않으면 상위욕구충족을 위한 행위나 동기를 보이지 않기 때문에 하위욕구가 긴급하고 절실한 욕구라고 하였다.

정리하면 Maslow는 욕구의 단계를 5계층으로 나누고 있으며, 의식주에 해당하는 생리적 욕구, 안전에 대한 욕구, 소속의 욕구, 존경의 욕구, 성취의 욕구로 자아실현의 욕구로 제시하고 있다. 이를 다음의 표로 이해할 수 있다.

일반적인 예	Maslow의 욕구 5계층
성취	자아실현의 욕구
신분	존경에 대한 욕구
사랑 및 우정	소속의 욕구
안정성	안전에 대한 욕구
의식주	생리적 욕구

① 생리적 욕구(Physiological Needs) : 인간은 주로 생물체로 생존하기 위한 필수적인 충족을 위한 기본적인 욕구가 있다는 것이다. 예를 들면, 의식주에 대한 기본적 욕

구가 충족되어야 하며, 이와 같은 욕구는 인간이 생존하기 위해 필수적으로 충족되어야 하는 욕구이며, 이 욕구가 충족되어야 다음 단계의 욕구를 갈망한다고 주장한다. 이러한 생리적 욕구는 우리나라 헌법의 생존권에도 명시되어 있다.

② 안전에 대한 욕구(Safety Needs) : 선행된 충족된 생리적 욕구를 바탕으로 인간의 신체적인 안정상태의 유지 및 외부적 위험으로부터 자신을 보호받으려는 욕구다.

③ 사회적(소속) 욕구(Belongingness Needs) : 1단계, 2단계 욕구를 충족한 이후, 타인과 친밀하고 정서적 만족을 얻을 수 있는 관계를 희망한다는 것이다. 따라서 인간은 일차적으로 가족과 같은 집단을 형성하고 그 이후에는 사회적 활동에 대한 소속을 희망한다는 것이다.

④ 자아존중욕구(Self-esteem Needs) : 자신을 스스로 존중하고자 하는 욕구이며, 동시에 다른 사람으로부터 존경받으려는 욕구라고 정의할 수 있다. 이것은 자신의 힘, 능력, 지위 및 우월성을 인정받고 싶어 하는 욕구로 자아존중의 욕구가 충족되지 않을 시 열등감, 의기소침이 일어날 수 있고 달성될 시 성취감과 자신감이 증대될 수 있다.

⑤ 자아실현의 욕구(Self-Actualization Needs) : 선행된 4가지 욕구가 충족된 이후 인간의 잠재력을 최대한 발휘하고, 인간으로서의 이상이 실현되는 상태를 뜻한다. 즉, 자아발견, 탐구, 표현, 창의성 등을 추구하는 인간으로서 가질 수 있는 최상의 고차원적 욕구로 간주되며 이를 자아실현의 욕구라고 하였다.

이와 같은 욕구의 도표는 피라미드형으로 구성된 5단계 모형의 형태로 욕구를 총체적으로 바라볼 수 있도록 하고, 각 단계별로 인간의 어떤 구체적인 욕구들이 충족되어야 할 것인지를 알 수 있도록 하고 있다. 이러한 개념은 사회복지의 차원에서도 적용될 수 있다.

2. Bradshaw의 욕구이론

Bradshaw는 '누가, 바람직한 상태로 욕구의 기준을 어떻게 설정하느냐'에 따라 다음과 같이 4가지 사회적 욕구로 인간의 욕구를 분류하였다.

1) 규범적 욕구(Normative needs)

규범적 욕구란 전문가나 역사, 전통, 사회적 여론에 기반한 어떤 규범에 의해서 정해지는 전문가적 기준에 의하여 지식이나 판단에 의한 기준이 정해지고, 이를 통한 기준이 마련되는 것을 뜻한다. 예를 들면, 성인 영양기준에 따라 하루 영양섭취량을 산정한다거나 빈곤에 대하여 최저생계비를 산출하는 것 등의 예가 이것에 해당한다. 이러한 방식의 장점은 프로그램을 통해 목표설정과 계량화가 용이하다는 것이며 목표달성정도를 측정하기 쉽다는 것이다. 단점은 전문가에 의하여 시대적인 지식과 가치에 영향을 받을 수 있으므로, 시대나 문화에 따라 달리 적용되어 클라이언트의 욕구에 대하여 절대적이지 않다는 단점이 있다.

2) 인지적 욕구(Perceived needs)

인지적인 욕구란 특수한 욕구를 갖는 클라이언트가 스스로 인지하여 결정하는 욕구로, 욕구를 갖는 클라이언트들이 스스로 무엇이 결핍된 것을 욕구로 정의하고 욕구충족이 필요하다고 느끼는 욕구를 뜻한다. 인지적 욕구는 면접, 전화, 우편조사 등의 사회조사를 통해 개인이 어떤 욕구상태에 있는지 혹은 어떤 서비스를 필요로 하는지 물어보는 형식으로 파악된다. 이에 대한 단점으로는 자신에게 가장 필요한 것이 무엇인지를 잘 모르는 자아존중감이 낮거나 지능이 낮은 사람을 대상으로는 인지적 욕구를 파악할 수 없다. 또한 응답자별로 인지욕구의 수준이 다양하므로 적절한 기준을 정하기 어려우며, 문제가 있는 알코올 중독자의 욕구를 직접적으로 해석하는 것에 대한 위험성이 있다. 경한 문제를 가지고 해결의지가 있는 사람의 경우에는 욕구의 반영이 적용될 수 있을 것이다.

3) 표현적 욕구(Expressed needs)

표현적 욕구란 인지된 욕구가 실제로 어느 수준으로 욕구 충족행위로 표현될 수 있는가 하는 것을 나타내는 것이다. 이것은 주로 서비스의 수요(demands)에 기초한 욕구라고 할 수 있으며, 서비스를 얻기 위한 노력으로 표현되는 서비스 대기자 수로 측정할 수 있다. 따라서 이것의 장점은 표현적 욕구에 기반하여 프로그램을 개발하여 시행하는 경우, 욕구의 정도가 비교적 정확히 추정되기 때문에 수요에 따른 서비스의 공급 정도를 적절하게 조절할 수 있다는 장점이 있다. 그러나 단점으로는 자격요건이나 접근성(교통편이나 정보접근성)에 문제를 겪고 있는 사람들이 표현적 욕구에서 배제될 가능성이 높다는 점이 간과되어서는 안 된다.

4) 상대적 욕구(Relative needs)

상대적 욕구는 비교적 욕구라고도 하며, 이것은 욕구를 갖는 사람과 타 지역인과 비교하여 정해지는 욕구라고 할 수 있다. 즉, 충족되어야 하는 절대적인 바람직한 수준 또는 기준이 있다는 가정에서 출발하지 않으며 유사한 타인과의 욕구를 비교하여 정하게 되는 욕구측정방식이다. 이것은 지역의 비교를 통하여 비교적 용이하게 욕구를 측정할 수 있으나, 정확한 비교대상인가 하는 점에 관해서는 점검이 필요하다.

다음의 〈표 4-1〉과 같은 4가지 욕구 유형 중 규범적 욕구와 비교적 욕구는 규정하는 주체가 전문가 또는 사회지표로 주로 기관의 입장에서 클라이언트의 문제나 욕구 규정 때 적용될 수 있으며, 인지적 욕구와 표현된 욕구는 그 규정 주체가 클라이언트 당사자라는 차이가 있다. 이러한 4가지 욕구 유형은 상호 관련성이 높으며, 문제나 욕구에 대한 종합적 이해에 도움을 줄 수 있다.

〈표 4-1〉 욕구의 진단 및 장단점

구분	진단	장점	단점
규범적 욕구	전문가 판단으로 충족되어야 하는 욕구	• 전문의견의 기준설정으로 욕구를 갖는 집단의 규모파악, 계량화와 측정 용이	• 전문가의 견해차에 따른 차이가 발생할 수 있음 • 지식/기술/가치관 변화에 대하여 비탄력적
인지적 욕구	클라이언트 스스로 문제와 욕구를 진단	• 당사자의 정확한 욕구파악 용이 • 필요한 서비스 내용과 정도 파악	• 개인차나 대표성 문제 • 과대 추정될 가능성
표현적 욕구	수요 및 대기자로 나타난 서비스	• 수요에 따른 공급규모 결정 • 대상자 확보가 용이	• 표현하지 않은 잠재적 클라이언트의 배제 가능성 • 접근성 떨어지는 클라이언트의 배제 가능성
비교적 욕구	전문가가 각종 사회지표 등 비교	• 각종 지표로 쉽게 욕구의 규모와 내용 파악할 수 있음	• 유사 또는 비교집단의 욕구가 실제 욕구와 다를 가능성 존재 가능성 • 비교집단의 선정과 대표성 문제 발생 가능성

3. Alderfer의 욕구이론

Alderfer의 이론의 핵심은 그의 이론적 기반이 조직의 현장 연구에 기반하고 있다는 것이다, 앨더퍼는 질문지법을 활용하여 직장이나 대학 등의 조직생활에 관련된 연구결과를 기반으로 욕구수준을 3단계로 수정하여 욕구위계이론을 제시하였다. 3단계의 욕구란 생존욕구(existence needs), 관계욕구(relatedness needs), 성장욕구(growth needs)를 의미하며 그 첫 글자를 따서 앨더퍼의 이론을 ERG이론이라고 지칭하기도 한다.

4. Glasser의 5가지 기본욕구

Glasser의 선택이론에 의하면, 인간은 태어나면서부터 기본적인 5가지의 욕구를 선천적으로 가지고 태어나며 이 욕구에 의해 욕구가 동기화된다고 한다. 즉, 우리가 평소에 하는 행동은 이유나 목적이 있다는 것이다. 글래서 박사가 말하는 5가지 욕구는 생존의 욕구, 사랑과 소속감의 욕구, 힘의 욕구, 자유의 욕구, 즐거움의 욕구이다. 이러한 욕구는 직장이나 가정 혹은 사회에서 항상 경험하게 된다. 이를 통하여 나의 욕구 강도 프로파일과 상대방의 욕구강도 프로파일을 상호 이해할수록 서로의 관계를 발전적으로 계획할 수 있다.

사랑과 소속의 욕구 (Love and Belonging Need)	사랑하고, 나누고, 협력하고자 하는 인간의 속성
힘에 대한 욕구 (Power Need)	경쟁하고 성취하고, 중요한 존재이고 싶어 하는 속성
자유에 대한 욕구 (Freedom Need)	이동하고 선택하는 것을 마음대로 하고 싶어 하는 속성
즐거움에 대한 욕구 (Fun Need)	많은 새로운 것을 배우고, 놀이를 통해 즐기고자 하는 속성
생존에 대한 욕구 (Survival Need)	살고자 하며, 생식을 통한 자기 확장을 하고자 하는 속성

[그림 4-6] W. Glasser의 5가지 기본욕구

1) 사랑과 소속의 욕구(Love and Belonging Need)

가장 상위의 욕구는 사랑하고, 나누고, 협력하고자 하는 인간의 속성을 뜻한다. 이러한 일반적인 소속 욕구의 예는 자기 자신의 가족을 형성하기를 원하여 결혼하고 싶어 하거나 친구를 사귀고 싶어 하는 것, 학생이나 청년의 경우는 또래집단에 들고 싶어 하거나 가정주부들이 각종 모임에 가담하고 싶어 하는 것 등을 통하여 알 수 있다.

2) 힘에 대한 욕구(Power Need)

인간은 기본적으로 경쟁하고 성취하고, 중요한 존재이고 싶어 하는 속성을 가지고 있다. 즉, 힘에 대한 욕구의 매력을 느끼게 되면 종종 소속에 대한 욕구 등 다른 욕구와 직접적인 갈등을 경험하게 된다. 즉, 사랑과 소속에 대한 욕구를 만족하기 위해 결혼을 하지만, 부부 사이에서 힘이 대한 욕구를 채우고 싶어 서로 통제하려 하다가 결과적으로 부부관계를 파괴시키는 원인이 되기도 하는 것을 통하여 이를 파악할 수 있다.

3) 자유에 대한 욕구(Freedom Need)

자유에 대한 욕구는 이동하고 선택하는 것을 마음대로 하고 싶어 하는 속성을 인간이 가지고 있다는 것이다. 즉, 자유의 욕구란, 인간이 각자가 원하는 곳에서 살고 대인관계와 종교활동 등을 포함하여 모든 삶의 영역에서 독특한 방법으로 삶을 영위해 나갈 것을 선택하고 자신의 의사를 의지대로 표현하고 싶은 욕구를 말한다. 그러나 욕구충족을 하는 데 있어 다른 사람의 자유를 침범하지 않도록 타협하고 이웃과 함께 살 수 있는 절충안을 찾아야 하는 것이 자유에 대한 욕구에서 고려해야 하는 사항이다.

4) 즐거움에 대한 욕구(Fun Need)

인간은 기본적으로 많은 새로운 것을 배우고, 놀이를 통해 즐기고자 하는 속성을 가지고 있다는 것을 의미한다. Glasser는 인간의 즐거움에 대한 욕구는 기본적이고 유전적인 것이라고 언급한다. 가령, 즐거움의 욕구를 충족시키기 위해 생명의 위험을 감수하면서 자신의 생활방식을 바꾸어 나가는 경우를 들 수 있다. 즉, 생명을 걸고 암벽을 타거나 자동차 경주를 하려는 것과 같은 위험한 활동을 택하는 것, 음주나 과속을 즐기는 것이 그 예이다.

5) 생존에 대한 욕구(Survival Need)

인간은 살고자 하고, 생식을 통한 자기 확장을 하고자 하는 속성을 가지고 있다는 것을 의미한다. 인간의 이 욕구는 척추 바로 위의 구뇌(old brain)로부터 생성된 것으로, 호흡, 소화, 땀, 혈압 조절 등 신체구조를 움직이고 건강하게 유지하도록 하는 과업을 수행하고 있다. 즉, 구뇌의 기능은 우리가 생존하는 데 없어서는 안 되는 요소이나, 우리가 일상생활을 영위하는 데 의식적인 힘을 발휘하지는 못한다.

이러한 상기와 같은 인간의 욕구(need)는 기본적으로 본질적인 것이지만, 욕구를 충족시켜주는 구체적인 대상인 바람(want)은 각 개인에 따라 독특한 특성을 지닌다. 이러한 바람들은 비현실적일 수도 있고 상황과 문화에 따라 변할 수도 있으며, 서로 갈등을 일으키기도 한다. 따라서 현실에서 얻고자 하는 바람을 충족시켜주지 못할 때 욕구좌절을 경험하고, 이때의 불균형과 고통이 동기가 되어 다른 행동을 유발하게 된다.

| 참고 |

기존의 사회복지서비스는 주로 생존에 대한 욕구충족에 대한 원조의 형식으로 프로그램이 기획되고 전달되었으나, 현재는 다양한 계층에 대한 임파워먼트나, 일시적 특수 상황에 대한 개입(예를 들어 기러기가족이나 독거가족 등에 대한 음식조리 프로그램 등) 혹은 상위욕구에 대한 개입이 더욱 활발히 일어나고 있는 추세이며 개입의 대상도 훨씬 세분화되고 전문화되는 추세이다.

| 참고 | W. Glasser 욕구유형의 적용

다양한 욕구를 지닌 클라이언트를 이해하는 도구로 사용될 수 있으며 클라이언트의 욕구 간 순위를 선정하는 데 도움을 줄 수 있다. 또한 사회복지 프로그램을 정할 때 클라이언트의 욕구수준에 따라 적합한 프로그램을 개발하여 실시할 수 있다.

예) –생존의 욕구가 높거나 충족되지 못한 경우 : 의식주의 해결이 급선무며 기본적 생활이 보장될 수 있도록 한다.

–사랑과 소속에 대한 욕구가 높은 경우 : 사회지지체계와 정서적인 유대관계를 유지할 수 있는 대상을 정하여 정서적 도움을 받을 수 있도록 한다.

–힘과 성취의 욕구가 높은 경우 : 클라이언트의 성취감과 자존감을 높일 수 있는 프로그램을 개발하여 프로그램의 진행 가운데 지지와 격려를 통해 자신감을 얻을 수 있도록 도와주며 해당 일상생활과 업무에서 보람을 찾도록 도와준다.

–자유의 욕구가 높을 경우 : 일을 지시하거나 권면을 할 때 선택의 기회를 주어 스스로 자율감과 책임감을 경험할 수 있도록 한다.

–즐거움의 욕구가 높은 경우 : 일상생활 중에서 즐거움을 느낄 수 있는 학습 및 프로그램을 선정해주고 관계 속에서 기쁨을 누릴 수 있는 경험들을 제공한다.

5. 욕구조사의 절차

일반적으로 클라이언트의 집단에 대한 욕구조사는 사회조사의 한 형태이므로 사회조사절차와 조사방법이 활용될 수 있다. 즉, 문제 확인, 조사 설계, 자료 수집과 분석, 결과의 해석과 보고서 작성 등의 순서로 욕구조사가 진행되게 된다.

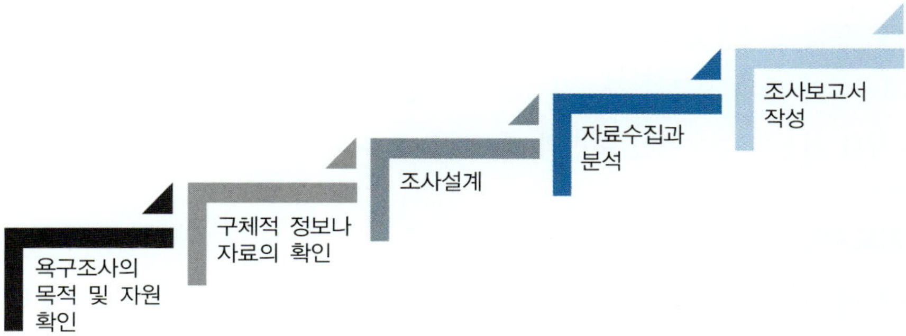

[그림 4-7] 욕구조사의 절차

1) 욕구조사의 목적 및 자원의 확인

클라이언트 욕구조사의 실시 이전에 조사자나 프로그램 개발자는 욕구조사의 목적을 분명히 하는 것이 필요하다. 일반적으로 욕구조사는 새로운 프로그램을 시행하기 전 프로그램의 당위성을 입증할 만한 충분한 클라이언트 집단의 욕구나 문제를 규명하기 위해 사용되며, 이때 반드시 투입될 수 있는 예산, 인력, 시간을 자원의 관점에서 확인하는 것이 필요하다. 구체적으로는 각종 기관에서는 사전 욕구조사의 중요성에 입각하여 별도의 예산이 투입되어, 사전 1~3개월 동안 클라이언트의 욕구조사가 이루어지기도 한다.

2) 구체적 정보나 자료의 확인

욕구조사를 통하여 프로그램의 실행 대상을 분명히 하고, 해당 집단의 분포와 문제의 심각성에 관하여 어떤 개입과 자원 및 정보가 필요한지 그에 관한 목록을 작성한다. 이 단계에 필요한 정보나 자료가 평가 시 질적인 자료로 평가되고 분석될 것인지, 계량적 자료로 접근할 것인지에 관한 계획도 함께 세워보는 것이 바람직하다.

3) 조사의 설계

욕구조사에 따른 프로그램의 실행에 대한 타당한 조사방법을 선택한다. 먼저 욕구를 구체적인 개념을 통하여 분석하고 조직화 한 이후에 실험, 준실험, 비실험 등의 각종 실험연구 등의 조사방법에 관한 지식을 기초로 조사방법을 결정한다. 욕구조사는 지역주민 서베이의 경우 설문지 작성시점부터 타당도와 신뢰도 등의 문제를 검토하고, 조사대상자의 선정의 경우에는 주민의 대표성을 고려하여 적절한 표집방법을 선정한다.

4) 자료수집과 분석

적절한 조사설계방식에 의하여 과학적인 측정도구들을 선정하는 것은 중요하다. 이러한 조사설계에 관한 부분은 뒷부분에서 다루게 된다. 이것에 대한 일반적인 분석으로는 클라이언트의 만족도 조사, 면접법 및 관찰법 등이 있다. 또한 앞서 설명하였던 규범적 욕구를 측정하기 위한 델파이기법, 각종 사회지표 조사 및 대표자 인터뷰 등이 있다. 그 밖의 양적 연구와 질적 연구의 활용 및 프로그램 개발평가에 있어서의 특징적인 분석은 뒷부분에서 다루고자 한다.

5) 조사보고서 작성

욕구조사 결과가 분석되면 욕구조사 보고서를 프로그램의 기획에 앞서 작성할 수 있다. 욕구조사 보고서에서 언급될 내용은 욕구조사의 목적과 함께 조사의 배경, 조사대상자, 조사설계 및 자료수집방법, 조사의 분석결과, 프로그램 결과에 대한 피드백 방식, 적용에 관한 구체적인 논의 및 결론 등으로 구성될 수 있다.

〈표 4-2〉 욕구사정을 위한 자료수집방법의 분류

	질적 조사방법	양적 조사방법
특징	문제와 상황에 관하여 통찰력 있고 깊이 있는 정보의 발굴에 중점을 둠	사회적 상황과 문제에 대한 수량적 통계와 지표를 활용함
방법	• 인터뷰 • 지역사회포럼 • 민속학적 방법 • 인터뷰기법 • 초점집단기법 • 명목집단기법 • 델파이기법	• 서베이 • 사회지표분석 • 지역사회 집단 설문분석 • 프로그램 성과측정

제4절 서비스 대상자 선정

1. 프로그램 대상자 클라이언트 선정의 문제

사회복지 프로그램의 기획에 있어서 중요한 과제 중의 하나가 프로그램 및 서비스 대상자의 선정방식의 결정에 관련한 것이다. 간혹 효과성과 가능성이 큰 대상자만을 선택하여, 서비스 대상자로 결정하는 Creaming 현상이 나타나는 문제를 야기하지 않도록 다양한 클라이언트가 사회복지의 혜택을 받을 수 있도록 하는 방안을 모색하는 것도 필요할 것이다. 프로그램의 기획은 재원을 효율적으로 사용하고 효과성을 높이는 점이 무엇보다 중요하다.

2. 대상자 선정방법

대상자의 선정에 관하여 Taber와 Finnegan(1980)은 사회복지 프로그램의 대상자를 선택하는 방법으로 4가지 인구집단을 구분하여, 점차 그 범위를 좁혀 가는 접근법을 제시하고 있다. 여기서 제시하는 4개의 집단은 각각 일반집단, 위험집단, 표적집단, 클라이언트 집단으로 구성되며, 전체적으로 인구 대상의 범위를 좁혀나가는 방식은 지역적인 접근뿐만 아니라 문제의 심각성에 따라 최종적인 클라이언트 수를 확보하는 과정으로 가장 많이 활용되고 있는 방식이다.

1) 일반집단(general population)

사회복지 프로그램 대상자 가운데 가장 포괄적인 인구집단으로, 문제나 욕구를 갖고 있다고 판단되는 해당 지역의 전체 대상 집단을 일반집단으로 선정하여 전체적인 조망이 가능하도록 한다. 예를 들면, 노인관련 프로그램에서 일정 지역 내에서 노인복지의 욕구를 지닌 노인의 전체를 선정하는 것과 같다.

2) 위험집단(at-risk population)

앞서 선정한 일반집단 중에서 프로그램과 관련하여 비교적 동류의 사회문제를 가진 집단을 위험집단으로 선정할 수 있다. 이러한 위험집단은 사회복지 프로그램의 특정 내용에 적합한 특정한 개입이 필요한 사람들을 추정해서 산출하게 된다. 즉, 특정 도시의 노인 중에서 특정 욕구를 지닌 전체 노인인구 중에서 본 프로그램에 대해 특수한 욕구를 지닌 집단을 선정할 수 있다.

3) 표적집단(target population)

프로그램의 대상자로 일차 자격요건을 갖춘 사람들을 의미하며, 이를 통해 클라이언트의 특성과 다른 요인을 고려하여 위험집단에서 표적집단으로 범위가 좁혀지게 된다. 즉, 위험집단 중에서 문제나 욕구에 있어서 심각한 상태에 있는 인구집단을 의미한다. 특수 노인의 위험집단이 예를 들어 설정되면 그 중에서 중증이거나 저소득층 등으로 클라이언트나 프로그램의 특징에 따라서 표적집단이 선정되게 된다.

이렇게 위험집단에서 표적집단으로 좁혀지는 과정은 법률이나 규정, 프로그램이론, 후원기관의 요구나 기관의 목표 등 다른 요인들에 의하여 표적집단 선정에 영향을 주게 된다. 그 밖에 사회복지 법률이나 정부지침 또는 프로그램과 관련한 이론이나 가설에 적합한 대상자 집단이 선정될 수 있으며, 관련 기관인력과 재원으로 가능한 범위의 대상자 위험집단 중 일정한 특성을 갖는 집단으로 범위를 한정하는 과정을 거친다.

4) 클라이언트집단(client group)

표적집단으로 선정된 하위집단에서 해당 프로그램의 직접적 대상자가 될 수 있는 집단을 선정한다. 즉, 사회복지 프로그램의 관리자 혹은 기획자는 어떤 그룹이 서비스를 받을 것인지에 관련한 결정해야 한다.

〈표 4-3〉 노인프로그램의 표적집단 선정의 예

구분	대상	대상자 수
일반집단	서울시 송파구에 거주하는 65세 이상 노인	30,000
위험집단	서울시 송파구에 거주하는 65세 이상 노인 중 건강위험노인	2,680
표적집단	위험집단 가운데 국민기초생활수급권자 가정의 노인	200
클라이언트집단	표적집단 가운데 본인과 가족이 희망하고 기관의 서비스 관리영역에 거주하는 노인	25

▌참고▐ 클라이언트 집단의 결정 기준의 예시

• **실용적 수용성**(pragmatic capacity)

보편적인 원칙으로 사회복지기관의 프로그램 수행 인력과 재정의 지원여건과 커버할 수 있는 범위 등을 감안한 적절한 클라이언트 집단규모를 결정하는 것을 의미한다. 인력의 한계를 넘어서는 과도한 수나 예산범위를 초과하는 클라이언트 집단 선정은 해당 프로그램의 질적 수준을 저하시킬 수 있으므로 유의한다.

따라서 특정 프로그램에 대한 수요가 많은 경우에는 흔히 대기자 명단에서 신청자의 순위에 따라 우선순위를 정하기도 하며, 클라이언트의 욕구나 문제의 상황을 고려하여 그에 대한 우선순위를 정할 수 있다.

• **윤리성**(ethical principles)

사회복지 프로그램의 대상으로 그에 대한 충분한 자격요건을 갖추고 있는 클라이언트라 하더라도 본인의 자발적 동의가 필요하며, 프로그램에 참가할 의향을 가지고 있는 사람만을 클라이언트 집단으로 선정할 수 있어야 한다.

따라서 이러한 윤리성은 클라이언트가 특정 프로그램에 참가할 때 준수되어야 하는 의무를 수행하고, 프로그램으로 인한 일정한 서비스나 혜택에 관하여 스스로 인지하고 자발적으로 동의한다는 원칙이 준수되어야 한다.

- **클라이언트 능력(client capabilities)**

특정한 프로그램에 참가하여 프로그램이 목적하고 있는 혜택을 받기 위해서는 클라이언트에게 기본적으로 필요한 능력과 자원이 갖추어져야 한다. 예를 들어, 거리상 교통수단을 이용하여 특정 날짜와 시간에 프로그램 장소에 도착하는 여건과 의지가 필요하며 지속적인 참여도 필요하다. 또한 클라이언트가 프로그램에 참여할 수 있는 일정 수준의 인지, 정서, 행동측면의 능력을 보유하고 있어야 한다. 예를 들면, 알코올 중독자의 프로그램에서는 기본적으로 알코올 남용에 대하여 극복하고자 하는 의지와 프로그램 참여시간의 준수 등의 기본적 사항이 준수되는 것이 바람직하다.

Chapter

5 사회복지 프로그램 기획 및 계획수립

제1절 프로그램 기획 및 계획수립

사회복지 프로그램을 계획하고 일련의 기획을 통하여 프로그램을 설정하고 진행함에 있어서 고려되어야 할 기본적인 사항은 다음과 같다. 예산과 프로그램의 목적과 목표달성, 효율성, 책임성 및 피드백을 통한 향후 전망까지 고려하는 기획과정이 필요하다. 또한 여러 전문가들이 프로그램들을 기획하고 프로그램 진행자와 분석가 등이 상호 프로그램을 이해하고 협력하는 구조가 요구된다. 클라이언트들은 보통 여러 문제들을 복합적으로 가지고 있을 가능성이 있으므로, 어떠한 부분에 주안점과 우선순위를 둘 것인가에 관한 부분도 고려되어야 한다. 또한 프로그램 진행자의 전문성과 리더십 등의 특성적 성향도 프로그램의 성공적 진행에 영향을 줄 수 있기 때문에, 인적 · 물적 자원의 동원에 있어서도 신중한 고려가 필요하며 사업별로 기획과 분석의 전 과정이 유기적으로 연결되어 보다 효과적인 프로그램이 될 수 있도록 하여야 한다.

1. 사회복지 프로그램의 구조

사회복지 프로그램은 사회문제의 진단과 함께 생성된 프로그램의 목적을 달성하기 위하여 일련의 조직적이고 논리적인 구조와 틀을 가지고 진행되게 된다. 프로그램의 목적을 이루기 위해서 기본적인 논리와 조직적 틀을 형성하게 되는데, 이러한 전체적인 과정은 연속적이며 상호연계를 가지고 협력하는 구조를 지닌다. 이때 프로그램의 효과성을 위해서는 새로운 프로그램이 갖는 목적과 기존 프로그램의 중복성이나 비효율성 등에 대한 대안, 그리고 현 클라이언트의 욕구와 재원의 부합 등 많은 요인들이 점검되어야 한다. 이에 따라 미국의 유나이티드웨이(UW)에서는 사회프로그램의 구조를 4가지 체계를 다음과 같이 구분하여 제시하고 있다.

정리

첫째, 목적(goal)으로 프로그램은 사회적 목적과 정책적인 목적을 지닌다. 둘째, 사회프로그램은 서비스 체계(service system)의 형식으로 정책인 상위 목적들을 이루기 위한 하위 서비스 체계라고 볼 수 있다. 셋째, 사회프로그램은 구체적 서비스(service)의 특성을 지니며 서비스 체계를 직접 실행하는 서비스이다. 넷째, 프로그램(program)의 형식을 지니며 서비스를 실행하는 직접적인 프로그램으로서의 특징을 갖는다.[1]

2. 프로그램 기획의 유의사항

프로그램의 기획에 있어서는 지역사회의 문제, 욕구, 이슈 등의 조사가 필요하며 그에 대한 역동성과 인과관계에 대한 고려가 필요하다. 또한 이를 해결하기 위해서는 어떠한 인적 · 물적 자원이 투입될 수 있으며 현실가능성은 어떠한가, 예를 들면 프로그램의 수행과 연계되는 이용자체계, 행정체계, 복지관체계, 프로그램체계 등의 고려를 통하여 거시적인 목적과 구체적인 목표를 설정할 수 있다. 이후 이에 대한 행정적, 법적 점검과 정책과의 부합 등이 점검될 필요가 있다.

즉, 프로그램 기획은 프로그램들이 진행될 때 자원 투입과 예산들을 효율적으로 활용 및 적용될 수 있도록 연결하는 것이다. 사회복지 프로그램은 클라이언트들에게서 나타나는 문제들을 해결할 수 있는 방법을 실천하는 것으로써, 한 개인의 단순 문제를 해결하려는 것보다는 여러 가지 복합적으로 나타나는 문제를 해결하거나 강점들을 살

1) 김병식 외(2003), 『사회복지행정론』, pp.207-208.

릴 수 있는 역량강화의 방법들을 포함하여 프로그램이 진행될 수 있다. 그러므로 한 가지의 프로그램을 실천하고 종결하기 어려운 프로그램보다는 종합적인 프로그램 진행이 타당하다고 볼 수 있다.[2)]

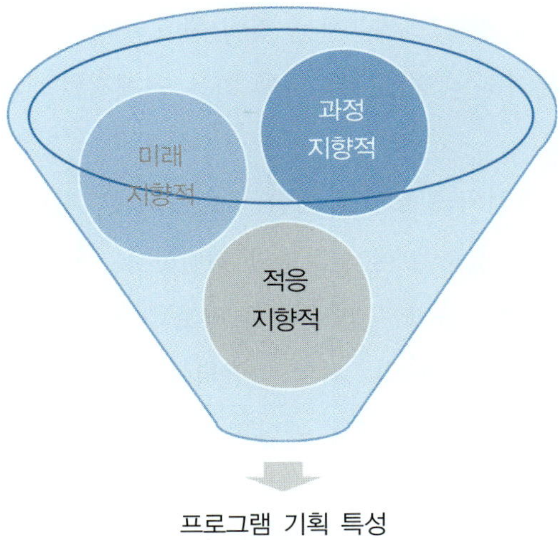

[그림 5-1]

3. 프로그램 기획단계

프로그램 기획과정은 목적을 성취하기 위한 활동의 과정에서 얻어지게 될 기대 산출물을 지속적으로 다음 프로그램에 연계하여 목적한 효과를 얻을 수 있도록 기획되어야 한다. 즉, 프로그램 기획은 자원 투입과 예산의 효율적 활용을 통하여 클라이언트의 문제해결과 향후 복합적으로 나타날 수 있는 문제를 스스로 해결하거나 강점들을 살릴 수 있는 역량강화 방법 등을 적용하여 임파워먼트의 능력을 극대화하는 프로그램 등이 진행될 수 있다. 따라서 종합적이나 구체적인 진행이 가능한 프로그램 진행이 타당하다고 볼 수 있다.

2) 김병식 외(2003), 『사회복지행정론』, p.217.

이에 고려되어야 할 것으로는 프로그램 개발이 이루어지는 기관특성과 자원, 프로그램이 요구되는 주위 여건과 사회적 맥락 등의 상황분석을 통한 제반여건의 상황체크가 중요하다. 특히 사회문제의 명확한 분석은 목적 및 목표설정의 근거가 되고, 프로그램의 당위성을 정당화한다. 또한 사회나 클라이언트들에게 어떠한 변화가 바람직하고, 사회적 비용발생의 정도도 예측하는 것이 중요하다. 이에 지역사회나 클라이언트와 관련된 문제를 분석하는 데 포함시켜야 하는 구체적인 사항을 살펴보면 다음과 같다(정무성, 2001).

첫째, 사회복지 프로그램의 필요성에 대한 정보, 즉 잠재적 서비스 대상자의 파악이 필요하다. 둘째, 기대되는 결과에 대한 정보를 확인한다. 셋째, 기존 서비스에 대한 정보를 살펴본다. 넷째, 인적 · 물적 자원에 대한 정보를 알아본다. 다섯째, 관련 체계를 파악한다. 여섯째, 사회복지기관 내 · 외의 승인획득을 고려한다.

상기와 같은 점검을 토대로 프로그램 개발의 당위성을 확인한 후에는 프로그램 개발의 기본방향을 설정한다. 여기에서는 프로그램 개발의 범위와 프로그램 개발에 참여할 사람을 결정하고 프로그램 개발의 과정을 기획하게 된다.

제2절 프로그램 목적 및 목표설정

정리

목적은 거시적이며 추상적인 성격을 가질 수 있으나 목표와 하위목표 세부목표는 구체적으로 서술해야 한다.

1. 사회복지 프로그램의 개념

사회복지 프로그램(program)이란 각종 사회복지기관의 사업과 활동에 대한 진행표이다. 따라서 프로그램이란 기관의 설립이념과 목적달성을 위해 본질적으로 어떠한 사업이 수행되는가에 관한 사항과 주요 활동의 체계를 나타내 준다. 따라서 사회복지 프로그램은 제1장에서 서술한 바와 같이, 특정한 목적을 달성하기 위해 자원과 기술이 결합되어 계획된 활동이 설계되고 추진되는 사업의 기본적인 단위가 되는 것이다.

2. 프로그램 목적(Goal)의 개념

프로그램의 목적에 대한 개념의 정의는 실행하고자 하는 프로그램이 달성하고자 하는 궁극적인 결과로서, 포괄적이며 추상적인 성격을 지닌다. 이는 하위 세부목표들에 대한 상위적 개념이다. 목적은 프로그램이 이루고자 하는 이상적인 방향성을 제시한다. 예를 들면, 사회통합과 같은 거시적이고 포괄적인 개념 등이다. 따라서 목적은 장기적이며 추상적으로 특정 가치의 상태, 결과, 방향 등을 제시하는 성격을 지닌다. 즉, 목표설정의 한계와 지침을 제공하는 기관의 정책이 될 수 있으며, 어떤 원인에 어떻게 개입할 것인가를 결정하는 수준의 기준이 된다.

3. 프로그램 목표(objective)의 개념

프로그램 목표의 개념의 정의로는 목적을 달성하기 위하여 성취하여야 하는 구체적인 활동으로, 상위적 목적에 대한 하부개념이다. 목표는 프로그램 목적을 보다 구체화하는 것에 관련한 것으로, 기획자, 관리자, 후원자 등의 관련인과 상의하여 일관성 있고 프로그램에 부합하는 조작적인 목표로 전환시키는 과정에서 꼭 필요한 작업이다. 이때 목표는 절대적 목표와 상대적 목표로 프로그램의 목적과 대상자, 자원, 클라이언트의 성격에 따라 다음과 같은 목표가 정해질 수 있다.

첫째, 절대적인 목표는 바람직하지 못한 상태가 절대적으로 개선될 수 있도록 목표달성의 기준으로 삼는다.

둘째, 상대적인 목표는 현재 상태에서 클라이언트의 변화와 성취기준을 제반사항인 자원 및 문제의 심각성, 현실적인 개입방법의 제한 등으로 인하여 상대적인 고려를 통해 설정하게 된다.

그 밖에 결과목표와 과정목표로도 구분할 수 있으며, 결과목표는 서비스 제공 이후에 클라이언트의 총괄적인 변화 정도로 측정이 가능하고 측정 가능한 문항이나 인터뷰를 통해 알아본다. 과정목표는 형성평가의 개념과 같이 프로그램 운영의 과정을 모니터링 하고, 목적한 과업이 원활하게 성취될 수 있도록 돕기 위해서 점검된다. 과정목표의 산정은 클라이언트의 수나 프로그램의 수행시간을 정하는 것 등의 투입을 구체화하는 과정에서 정해지게 된다.

이와 같이 목표는 목적 실현에 필요한 세분화된 방향이나 상태를 제시하며, 구체적이며 관찰과 측정이 가능한 용어로 표현해야 한다. 프로그램을 통하여 성취하고자 하는 변화에 대한 구체성을 제시하기 위해 기획되는 형태로, 보통 한 가지 이상의 목표에 따른 구체적이고 측정 가능하며 계량이 가능한 용어로 작성되어야 한다. 결론적으로, 목적과 목표는 프로그램의 기획과 조정을 원활히 하고 서비스 전달을 진행하는 실무자에게 지침을 제공하며, 프로그램의 성패에 대한 평가기준을 제시하는 데 있어 기준이 되므로 중요한 작업이다. 목표의 기술방법에 점검되어야 하는 사항은 다음과 같다.

목표기술에서의 유의사항

① 목표는 목적 및 기관의 활동범위에 맞아야 한다.
② 목표는 기대성과와 실시기한에 있어서 구체적이어야 한다.
③ 한 가지 목적의 성취를 위해서는 2~4개의 목표설정이 가능하다.
④ 목표는 현실적으로 달성 가능해야 하며 구체적인 활동을 제시할 수 있어야 한다.
⑤ 결과목표는 언제까지 클라이언트 집단을 얼마만큼 변화시키겠다는 것을 분명히 하기 위하여 목표항목을 통해 어느 기간 동안 클라이언트의 무엇을, 달성기준을 통해 얼마만큼, 달성방법을 통해 어떻게 개선하겠다는 것을 분명히 하여야 한다.
⑥ 목표는 클라이언트의 변화방향과 수준에 대하여 측정 가능한 산술식으로 서술한다. 이를 통하여 목표 달성 여부의 확인이 가능해야 한다. 즉, 목표를 계량화하여 양적으로 나타내고, 그럴 수 없는 경우는 목표의 성취도를 측정할 수 있는 만족도 등의 간접 지표 등을 활용하여 나타낼 수 있도록 한다.

⑦ 한 문장에 한 가지 목표만을 명확하게 표현한다.
⑧ 목적이 측정되기 어려운 추상적인 상태로 기술된 것이라면, 프로그램의 목표는 구체적이며 측정 가능한 형태, 즉 구체적인 실천과제로 평가기준에 맞게 기술되어야 한다.

4. 프로그램의 세부목표

세부목표는 보다 구체적이며 현실적인 언어로 표현된 실천계획, 즉 기관중심이 아닌 클라이언트의 목표에 대한 조작적 정의로 표현되어야 한다. 또한 업무진행자가 바뀌는 경우에도 동일한 프로그램이 진행될 수 있을 만큼 구체적이고 정확한 활동을 명확하게 가급적 수량화하여 제시할 수 있어야 한다. 따라서 세부목표의 작성 포인트는 목표를 분할하여 클라이언트에게 구체적인 변화와 개선이 가능하도록 기술하는 형태이다. 기관중심이 아닌 클라이언트 결과중심의 세부목표의 기록은 자원의 투입에 대한 책무성의 결과분석 기반이 된다. 또한 관리자가 동시에 다양한 프로그램의 상호작용의 과정을 고려할 수 있도록 하는 세부목표가 작성되어야 한다. 따라서 세부목표는 목적과 목표에 부합해야 하고, 클라이언트의 결과 중심적이어야 하며, 명확하고, 긍정적이며, 현실적이어야 한다.

정리

프로그램 설정에서 제시하고 있는 세부목표는 숫자나 백분율 혹은 비율이나 리커트 척도 등의 결과로 용이하게 나타낼 수 있어야 한다. 정확한 개선 기준을 사전에 미리 예측하는 것이 바로 프로그램의 현실성을 갖도록 하는 방법이다. 따라서 세부목표는 측정되고 관찰될 수 있는 명확성을 가지고 있어야 한다. 이를 위하여 시간의 한계가 명시되어 프로그램 연도나 분기 및 월별 모니터링이 가능해야 한다. 또한 사회복지사는 클라이언트에게 갖는 최소한의 기대들을 명시하는 것이 좋으며, 클라이언트 역시 이에 관한 사항의 점검이 상호 간에 사전과정 및 결과적으로 점검되는 것이 바람직하다.

5. 목표설정 조건의 예시 및 유형

1) 목표설정 기준

목표와 세부목표들은 목적에 부합하여야 하며, 구체적이고 현실적이며, 프로그램 수행 후 목표달성 여부를 알 수 있도록 측정이 가능한 형태로 표현되어야 한다. 목표를 설정하는 데 기준을 정리하여 제시하면 [그림 5-2]와 같다.

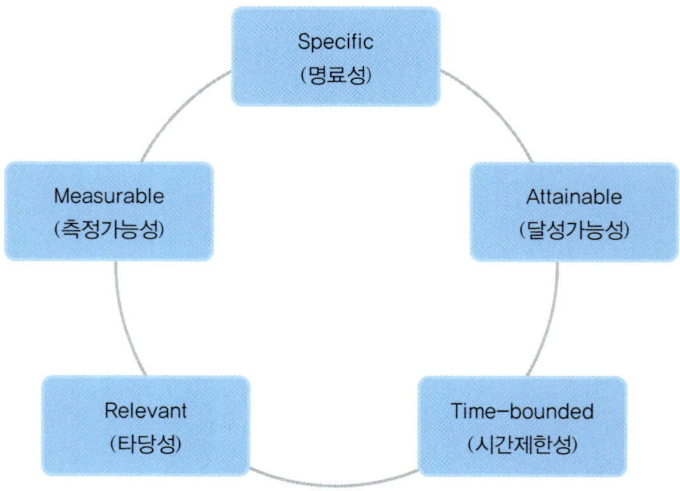

[그림 5-2] 목표설정 기준

세부목표 선정기준

① Specific(**명료성**)

목표는 구체적이고 명확해야 한다.

예) "부자가 된다." (×)

"공부를 잘한다." (×)

"사회문제를 해결한다." (×)

☞ 추상적이며 구체적이지 않다.

따라서 개념을 구체화할 수 있는 측정방법과 이에 따른 해결 및 개입의 수준을 제시하는 것이 중요하다.

-'부자 가구 월 평균 소득이 (   )만 원 이상' (○)

-'사회문제 해결' → '범죄율이나 비행보고 비율 등' (○)

② **Measurable(측정가능성)**

- 목표는 측정가능하며 계량화되는 것이 필요하다. 즉, 목표를 수량화된 지표나 자료를 사용해서 나타냄으로써 목표측정과 평가의 용이성을 증진시키도록 한다.

  예) "시니어의 건강증진" (×)

  "매주 5회 운동과 식사조절, 그로인한 혈압 및 혈당 체크" (○)

- 목표는 측정이 가능해야 평가할 수 있으며, 이에 따라 몇 퍼센트 정도 달성했는지에 관한 결과의 평가도 가능해진다. 그렇지 않은 경우는 서비스에 따라 리커트화된 만족도 지표 등을 활용할 수 있으며 인터뷰 자료 등이 결과의 분석에 활용될 수 있다.

③ **Attainable(목표달성가능성)**

목표는 프로그램을 통하여 실제 도달하고자 하는 성과이므로, 이에 대한 측정가능성을 염두에 두고 프로그램을 기획하는 것이 좋다. 또한 단기간의 과다인원을 통하여 막대한 재원을 투입하는 무리한 프로그램의 진행은 효율성과 효과성 등의 목표달성가능성의 측면에서 바람직하지 않다.

④ **Time-bounded(목표의 시간엄수)**

목표는 제한된 프로그램의 실행 시간 내에 성취하고자 하는 성과를 도출해야 한다. 그러나 치매노인이나 중증장애인 등에게는 보다 장기적 차원의 프로그램을 통하여 지속적인 개입이 필요한 경우도 많다.

제3절 세부 프로그램의 작성

세부 프로그램 작성을 위하여 일련의 과정을 통하여 사회복지 프로그램 참여자의 문제와 욕구를 확인하고 개입을 위한 목적을 설정하면, 그에 따라서 설정한 목표의 달성을 위한 프로그램을 구체적으로 설계하는 작업을 수립한다. 프로그램 설계의 과정에서는 사전에 계획된 프로그램을 보다 실행 가능하며, 담당자가 바뀌더라도 동일한 프로그램이 차질 없이 진행될 수 있도록 구체적인 기술형태로 기록하는 과정이 필요하다. 최종대안을 프로그램화 할 때에는 설계도면을 그리듯, 복지 프로그램을 보다 정밀하게 수행하기 위해 명확한 설계안을 작성해야 한다. 즉, 프로그램의 단계마다 누가, 언제, 어디서, 어떤 일을 수행하고, 어떤 방식으로 프로그램을 진행하는가를 적절한 순서대로 배열하여 프로그램의 실행에 따른 활동뿐 아니라 평가, 프로그램 방침이나 절차, 프로그램 관리 준거 및 관리방안 등 제반활동이 구체적으로 면밀하게 기술되어 기획안대로 실시할 수 있도록 작성되어야 한다. 이 절에서는 앞서 세운 목표에 따라 프로그램을 결정하고 세부 프로그램을 실행하는 것에 관해 살펴보도록 한다.

1. 프로그램 내용의 선정방법

프로그램 내용을 선정하는 방법은 다양한 원칙에 따라 달라질 수밖에 없다. 그러나 공통적인 것은 합목적성, 성취가능성, 기회의 제공, 다양성, 지역성 등이 해당할 것이다. 여기서는 가장 일반적인 방법 중 하나로 프로그램 목적과 목표를 달성하는 데 직접적으로 관련된 프로그램 내용선정 방식을 살펴보면 다음과 같다.

〈표 5-1〉 목표중심의 프로그램 내용선정 양식

목적	하위목표	프로그램 내용	실행방법	진행자 역할	클라이언트의 달성사항	기타
	1.					
	2.					
	3.					

먼저 시대와 사회적 욕구, 기관의 욕구, 클라이언트의 욕구를 통해 설정된 프로그램의 목적과 하위목표를 검토하여 수행방법을 진술한다. 이에 따른 프로그램의 달성목표와 하위목표를 달성하기 위한 담당자 역할과 참여자의 과업, 기타의 참고사항 등을 기록한다.

2. 프로그램의 내용에 따른 점검사항

먼저 프로그램의 취지와 구조를 파악할 수 있도록 프로그램의 목적, 기간, 횟수, 소요시간, 장소 등을 기재한다. 이후 이를 바탕으로 하는 프로그램의 일정표를 제시한다. 목적과 목표가 정해지면 그에 따른 방법론적인 입장에서의 개입전략이 세워져야 한다. 프로그램 내용 및 실시방법은 프로그램의 기술적 기반에 근거하여 이론적 근거를 바탕으로 형성된다. 이에 따라 다음과 같은 사항이 고려되어야 한다.

1) 활동내용의 결정

프로그램을 구성하는 활동의 대안목록을 만드는 작업이 필요하다. 클라이언트를 변화시키고자 할 때 프로그램을 구성하게 될 최종의 활동은 각각의 활동에 대한 우선순위 비교와 재원 및 자원동원 가능성에 따라 다를 수 있으며, 그 우선순위는 상황적 적합성과 프로그램의 실행가능성 및 효과성의 예측 등에 의해서 결정되게 된다.

정리

적합성을 결정할 때에는 ① 목표달성에 따른 시간과 재원의 적절성, ② 클라이언트의 능력과 자질, ③ 기관의 정책의 적합성, ④ 프로그램이 지향하는 가치의 적합성 등이 포함되어야 하며, 그 밖의 예산, 인력, 자원, 기간 등이 확인되어야 한다.

2) 프로그램 수행인력

프로그램은 수행인력의 역할이 매우 중요하다. 따라서 구체적으로 프로그램에서 프로그램의 진행자가 담당하는 역할의 범위에 대하여 가능한 명확한 기술이 필요하다. 또한 프로그램 진행자에게 필요한 경력이나 사전 숙지사항 등이 명시되어야 하며, 시간의 제한에 따라 매주 어느 시간대에 어느 정도의 시간이 소요되는지에 관하여 프로그램에 명시하여 진행자와 클라이언트가 알 수 있도록 안내되어 있어야 한다.

프로그램의 수행인력은 관련 책임자를 비롯하여 업무담당자, 중간관리자, 자문위원, 자원봉사자 및 행정담당의 타부서 연계 등 프로그램에 투입되는 총 인원을 의미한다. 따라서 프로그램의 효과적 운영을 위해서는 이러한 인력관리와 책임소재 및 상호 협력의 관계가 원활히 이루어져야 한다.

이에 대한 조직화의 방안으로 프로그램의 기획안이 설정되면 프로그램의 담당부서의 프로그램의 운영에 따른 조직의 구성도가 함께 첨부되는 것이 바람직하다. 규모가 있는 복합적인 프로그램의 경우에는 기관에서 별도의 조직의 팀 체제가 조직될 수도 있으므로, 어떠한 경우에 어떠한 범위에서 어떤 범위의 역할을 담당하는가에 대한 구조화가 필요하다. 이렇게 조직의 활동에 대한 흐름도를 제시해 놓으면 보다 효율적인 조직의 관리가 가능하며, 평가에 있어서도 부서별 평가가 가능하여 보다 세밀한 평가 과정과 연결될 수 있다.

3) 프로그램 일정표

프로그램 일정표는 주로 PERT나 Gantt 차트와 같은 도표가 활용된다. 부서별로 진행되는 타이밍과 시간을 한눈에 알 수 있는 것은 이 두 도표가 활용되며, 이러한 과정은 조직화에 있어서 매우 중요한 작업이 될 것이다. 이러한 작업은 다음과 같은 장점을 지닌다.

정리

첫째, 프로그램이 소요되는 기간, 시간대, 장소, 필요자원 등의 프로그램의 구조와 일정을 한눈에 파악하기 용이하다.

둘째, 프로그램의 일정을 프로그램의 내용과 수행일정에 제시된 내용을 일목요연하게 보여줌으로써 프로그램의 관리와 책임이행 및 과정의 피드백과 평가 등에서 유용하다. 진행의 일정에 따라 프로그램에 필요한 재원이나 매개체, 인력동원, 준비물, 장소 등을 점검하는 것에도 용이하여 프로그램의 담당자가 원활히 프로그램을 진행할 수 있다.

셋째, 프로그램의 진행일정에 인력 등의 역할까지 명시된다면 보다 구체적으로 구조화된 프로그램이 될 것이다. 이러한 과정은 프로그램의 성공적인 진행에 있어서 꼭 필요한 작업이다.

4) 프로그램 일정표의 특성

(1) Gantt chart

추진일정에 대한 작업의 공정을 한눈에 파악하는 것에 유리하다. 즉, 한 가지 사업계획을 완성하기 위해서는 일정 기간 동안 행해지는 활동을 일목요연하게 보여줄 수 있는 것이 필요하다. 따라서 간트 차트는 주별, 월별, 혹은 일별로 막대그래프와 같은 형식의 시각적 효과를 활용하여 한 프로그램이나 프로젝트를 구성하는 개별 활동을 규정하고, 각 활동을 마치는 데 필요한 시간을 알려주게 된다. 작성요령은 도표 위에 활동들의 진행일정을 기간에 따라 막대의 형식으로 기록하여 파악이 용이하도록 한다.

(2) PERT(Program Evaluation and Review Technique)

PERT는 활동 간의 상호관계와 소요시간, 임계경로 등의 과정을 일련의 방향망의 형태로 제시하여 주기 때문에 묘사하는 원(활동)과 화살표(방향), 소요시간 등을 이용하여 활동의 전체과정을 한눈에 조망하도록 나타내주는 기법으로 활동 간의 관계를 보여준다. 이것은 미군의 잠수함 개발에 활용되었으며, 복잡한 공정이나 과정의 효율적인 운영이 조직적으로 가능하도록 하는 일정표로 활용되고 있다.

이러한 PERT 기법의 장점은 목표와 수단을 합리적이며 체계적인 방식으로 연결하는 데 사용되며, 그 장점은 프로그램을 명확한 목표와 활동으로 조직화할 수 있으며, 특성상 진행일정과 그에 대한 자원계획 및 프로그램의 진행사항을 추적하는 것에 탁월한 관리도구이다. PERT의 주요 특성과 내용은 프로그램에 포함되는 개별 행사의 목표들을 확인할 수 있고, 목표들의 수행을 위해 필요한 과업활동들을 점검할 수 있으며, 목표와 활동들 간의 관계를 네트워크로 한눈에 보여주기 때문에 특히 활동들의 순서를 결정하는 것에 유리하다. 따라서 PERT의 기본적인 정보를 통하여 프로그램 완수를 위해 필요한 모든 과업들의 확인하고, 각 과업을 달성하는 데 걸리는 시간의 길이를 확인함으로써 과업들 간의 선후관계를 체크하고, 계획하며, 관리하는 것에는 더없이 큰 장점이 있으나 다소 복잡한 도식으로 나타날 수도 있다.

한편, 이렇게 작성된 프로그램은 MBO(Management By Objectives, 목표관리제)를 통하여 목표를 설정하고, 그에 대한 결과를 파악하여 평가하는 방법이 활용될 수 있다. 이 방식은 1954년 Drucker에 의하여 주창된 이후 기타 기업을 중심으로 널리 활용되고 있다. 또한 1980년대 이후 비영리 사회복지조직에서도 그 활용도가 증가하고 있다. MBO의 장점으로는 업무자들이 프로그램의 결정이나 기관의 방향선택에 함께 참여할 수 있다는 것이다. 즉, 업무 참여자들의 자발적인 동기를 이끌어내어 기관에 대한 개인별 기여를 확인할 수 있도록 함으로써 업무자들 간의 불필요한 경쟁을 억제하고 조직의 결속감을 강화시키는 장점이 있다. 또한 구체화된 목표가 제시되기 때문에 체계적으로 일련의 평가가 가능하다. 따라서 단기 및 장기적인 목적과 목표의 설정과정을 통하여 적극적인 활동이 장려될 수 있고 사명감이 고취되는 것에 적합한 방식이다. 목표 달성도는 프로그램의 진행에 있어서 결과의 평가로 측정되는 것이 바람직하다.

제4절 프로그램 예산수립

예산의 개념은 프로그램의 진행에 있어서 가장 고려되어야 하는 사항일 수 있다. 경우에 따라 각 기관에서는 최종적으로 예산안을 작성하기보다는 예산에 맞추어 프로그램을 기획하는 경우도 많다. 그 이유는 예산이 없다면 아무리 훌륭한 프로그램도 진행에 차질이 있을 수 있기 때문이다. 물론 기관의 후원과 정부로부터의 지원 등의 보다 적극적인 홍보 및 기금마련도 사회복지실천에 있어서 매우 중요한 활동일 것이다. 예산이란 일정 기간 동안 기관의 활동을 위해 동원될 수 있는 수입과 지출의 내용을 담는 계획서이기 때문에, 사회복지기관의 계획된 지출을 위한 자금조달의 계획 및 자금배분에서 매우 중요하다. 예산은 성과를 증가시키기도 하며 조직을 제어하는 관리도구이기 때문이다. 따라서 프로그램이 실제적으로 시행되기 위해서는 이와 같이 예산의 구체적인 재정계획이 필요하며, 특정한 목적을 실현하기 위해서 예산의 수립과정은 매우 필수적인 과정이라 할 것이다. 또한 사회복지기관의 재정관리는 기관운영의 핵심이다. 재정을 계획하고 집행하고 관리하는 과정이 없으면 기관이 생존할 수도 없고, 클라이언트를 위한 서비스의 공급도 불가하다. 사회복지의 전달체계에서 사회복지의 실천가는 예산을 보다 효율적으로 활용하기 위한 예산편성의 방법과 예산집행의 능력, 회계절차 등의 숙지와 같은 재정관리에 대한 기본적 지식과 기술을 지니고 있어야 할 것이다.

1. 사회복지조직 재정자원의 특징

사회복지조직의 재정은 영리를 위한 운영이 아니라 클라이언트의 복지를 위해 사용된다는 점이 다른 여타의 재정자원과 차이가 있다. 사회복지의 재정은 책무성과 투명성을 전제로 하여 제도화되고 통제된다. 또한 클라이언트 즉, 서비스 수급자에 대한 서비스의 공급은 자원을 제공하는 후원기관이나 정부기관의 의존도와 자립도에 따라 기금구조가 가지는 독립성과 자율성이 달라질 수 있다. 기관은 조직의 의사결정을 수행하는 중요한 환경을 가지고 있어야 함에도 불구하고, 각종 재원 제공처에서 요구하는 기준과 자금의 사용에 대한 감사를 받게 된다. 따라서 사회복지조직은 재정자원(funding source)에 의존하고 목적에 따라 지출되는 경향이 있다. 즉, 사회복지 재정자원의 제도화는 조직의 구조 및 내용, 참여결정의 형태에 상당한 영향을 미친다. 물론 현대사회에서 제시되고 있는 신제도주의적 시각에서 볼 때에는 관례에 대한 개선은 결국 사람이 하는 것이고, 기존의 제도는 탄력적으로 개선될 여지를 가지고 있는 것이 사실이다. 그러나 사회복지조직이 가지는 재정에 대한 책무성과 책임성은 사회복지조직이 가지는 또 하나의 특성으로 구조화된 기본적 성격을 가지고 있다. 사회복지조직의 재원의 특성은 다음과 같다.

첫째, 사회복지조직은 매우 다양한 재정자원을 가지고 있다. 예를 들면, 정부로부터의 재정지원과 특별기관들의 공모, 그 밖의 위탁이라는 계약의 형태로 지원받는 보조금 외에도 재단지원금, 협찬후원금, 직접적인 기부 등의 형태로 많은 종류의 다양한 재원을 가지는 특징이 있다. 그 밖에도 서비스 이용요금, 대여 수익 등의 각종 이용에 의한 수익이나 특별행사와 기증 및 투자 등의 수입처를 가진다. 물론 사기업과 같은 영리는 추구하지는 않으나 이러한 유형의 의미 있는 수익은 그의 사용에 대한 막중한 책무성을 가진다. 이러한 각각의 유형들은 사회복지시설의 특성에 따라 그 사용처에 대한 기준이 마련되고 운영된다.

따라서 둘째, 사회복지기관은 이러한 재원을 효율적으로 사용하고 특히 이러한 중요한 자원을 지속적으로 확보해나가기 위해서는 사업제안서(proposal)나 보고서 그리고 계약관계에 대한 기본사항, 기부금을 요청 이벤트나 홍보, 공동모금회 회원단체들과의 긴밀한 연대 및 클라이언트에 대한 마케팅 등 특별행사를 조직화하는 다양한 전략과 능력을 보유하고 있어야 한다. 이러한 능력은 사회복지기관의 존속과 비전과도 연결되는 일이므로 그 중요성이 막대하다고 할 수 있다.

셋째, 사회복지기관은 이렇듯 자체적이기보다는 외부기관과의 긴밀한 관계를 중요시하는 특징을 가지고 있기 때문에 외부 환경의 변화에 쉽게 노출되어 있고, 이것은 사회적 · 경제적 변동에도 매우 민감하다. 따라서 사회복지조직에서 재원확보를 담당하는 부서와 인력은 그 어떤 부서보다 섬세하고 탄력적이며, 책임성을 가지는 인적자원의 기량이 요구되며 사회복지조직에 있어 매우 중요한 부분이다. 만약 훌륭한 인적자원이 있다면 조직에서 필요로 하는 자원의 획득이 용이할 것이다. 그러므로 사회복지행정가들은 조직이 건강하고 보다 효율적인 기능을 유지하도록 하기 위해 조직 간의 상호작용에 보다 깊은 이해를 가지고, 전략적인 자세로 관리할 수 있어야 한다(Hasenfeld, 1992).

2. 예산의 관리

1) 예산의 유형분류

예산의 유형을 분류해서 살펴보면 예산은 조직활동의 형태와 구조를 분석하고 관찰하는 데 필요한 정보와 수단을 제공한다. 그러므로 예산분류의 가치는 예산을 운용하는 성격이나 예산과정의 각 단계에 따라서 특징 있게 적용되는 결정을 용이하게 할 수 있는 정도에 따라서 기획되고 운영되어야 한다.

(1) 조직체별 분류와 품목별 분류

① 조직별 분류 : 조직별 분류란 예산을 소비하고 담당하는 각 부서 간 혹은 팀별로 기획된 세출과목의 금액이 표시된 것을 의미한다.

② 품목별 분류 : 품목별 분류란 말 그대로 세출예산을 구입하고자 하는 용역이나 물품 기타 지출품목(강사비나 소모품 등)에 기준하여 분류하는 것으로, 이것은 조직체별로 배분된 예산을 다시 품목별로 세분하여 근거를 마련하는 것으로, 궁극적으로는 회계책임을 분명히 하고 낭비를 억제하도록 하는 장점을 갖는다.

(2) 사업계획별 분류와 기능별 분류

① 사업계획별 분류 : '사업계획별 분류는 무엇보다 활동'에 초점을 두고, 광범위한 '사업계획이나 프로그램'에 따른 분류로 나타낸 것이다.

② 기능별 분류 : 기능별 분류는 행정수반의 정책수립에 따라 정부활동이나 기관의 활동에 관한 일반적이며 집약적인 정보를 제공하는 것을 목적으로 한다.

2) 예산의 유형

예산 유형은 사회복지서비스 기관과 다양한 프로그램 운영에 따라서 다양한 관점으로 사용될 수 있다. 예산의 유형은 비예산, 항목별 예산, 기능별 예산, 프로그램 예산, 영기준 예산 등 다양하게 목적에 따라 사용될 수 있다.

(1) 비예산(Non-budget)

비예산이란 일차적으로 수입에 초점을 두고, 수입과 지출을 분리하지 않고 '투입예산관리'의 측면에서 지칭되는 용어이며, 총계로서의 수입과 지출에만 관련된다. 따라서 오늘날의 사회복지서비스 기관의 예산관리에 적절한 방식으로 사용되고 있다.

(2) 기능별 혹은 성과예산(Functional of performance budget)

성과예산이란 1913년 뉴욕 리치몬드에서 사용한 원가계산제에서 기원을 찾을 수 있으며, 정부의 활동 및 사업계획을 기초로 하여 정부예산을 편성하는 것으로 많이 쓰여왔다. 즉, 정부의 기능, 활동 및 사업계획을 기초로 하여 정부예산을 편성하는 것으로, 정부가 구입하는 물품과 용역보다 정부가 수행하는 업무에 중점을 두는 관리지향적인 예산제도이다. 프로그램에서는 다양한 운영기능과 활동별로 분류할 수 있는데, 예를 들면 프로그램의 기획, 접수, 조사 및 슈퍼비전, 각종 교육 등에 관련하여 예산을 편성하는 방법을 뜻한다.

(3) 품목별 예산(Line-item Budget)

품목별 예산이란 예산수립의 방법 중 가장 빈번하게 쓰이는 방법으로, 지출에 대한 항목을 크게 인건비, 사무실비, 시설 기자재, 소모품비, 교통비 등으로 항목별로 분류하고 각 품목에 대한 세부항목의 지출을 계산하는 예산편성법이다. 품목별 예산은 활용도가 높고 일반적으로 많이 쓰이는 방식으로, 개별 지출항목(품목)을 나열하여 예산을 계상하는 방식을 취하고 있다. 여기에 활용될 수 있는 것이 점증식(incremental) 예산의 편성인데, 이것은 지난 해 예산과 대비 투입(input)의 비용을 중시하는 반면, 산출(output)에 대해서는 무관심한 측면을 가지고 있기도 하다. 이를 덧붙이면, 지출대상을 품목별로 분류하여 지출대상과 한계를 규정하는 통제 지향적 예산편성이며, 현재 정부나 민간기관 및 사회복지기관 등에서 보편적으로 사용되는 예산체계이다. 이러한 품목별(항목별) 예산은 구입하거나 지출하고자 하는 품목 또는 항목별로 수입과 지출을 기재하는 예산수립방법으로, 예를 들면 급여, 상여금, 수당 등에 대하여 모든 수입과 지출이 품목 예산안에 포함되어야 하고, 모든 예상되는 수입이 모든 지출의 총계와 일치해야 하는 특징을 가진다.

이러한 품목별 예산의 특징은 예산의 과도한 세 분류의 성격이 행정활동의 자유재량을 제한하기 때문에 예산에 대한 신축성을 저해할 우려가 있고, 의사결정에 대한 충분한 정보제공이 곤란하며 그에 대한 책임소재 규명이 어려울 수 있다. 그러나 지출근거가 명확하므로 예산 통제에 효과적이다. 즉, 지출의 정확성과 합법성을 통제하므로 부정, 낭비, 오류를 방지하는 데 효과적이고 예산이 항목별로 지출이 정리되므로 회계에 유리한 장점이 있으며, 다른 예산제도와 쉽게 결합할 수 있다.

또한 예산삭감이 이루어질 때 이익집단의 저항이 상대적으로 적을 수 있는 장점이 있으나, 전년도 예산을 기준으로 점진적으로 편성하기 때문에 예산 증감의 신축성이 없으며 전반적인 인상률을 적용하므로 예산증감 기준의 타당성이 희박하고 효율성을 무시할 수 있는 특징을 지닌다. 또한 프로그램의 목표나 내용, 결과에 대한 고려가 부족한 특성이 있다.

〈표 5-2〉 **품목별 예산 예시**

노인복지센터의 지출예산(회계연도, 2016)			
비용항목			
인 건 비			
부가급여			
운 영 비			
용 품			
전 화 비			
장비사용료			
임 대 료			
인쇄홍보비			
회 의 비			
출 장 비			
총 계			

〈표 5-2〉를 참조하여 본인이 기획하고 있는 프로그램에 대한 예산을 짜보는 것도 유용한 활동이 될 것이다.

▌참고▌

품목 × 단위원가 = 예산액

(4) 성과주의 예산

성과주의 예산이란 사회복지조직이 달성하고자 하는 목표를 세부 프로그램의 활동으로 세분화하여 나누어 각 프로그램이나 활동의 단위원가와 업무량을 고려하여 예산을 수립한다. 본 예산방식은 지출항목에 대한 비용은 표시하지만 왜 지출하는지를 설명하지 못하는 예산의 단점을 보완하기 위해 개발된 것이다. 따라서 장점으로는 기관 목적과 주요사업을 이해하기 쉽고, 실적 평가에 용이하며 프로그램 비용과 행정비용이 분리되어 파악될 수 있다. 그러나 단점으로는 프로그램에 소요되는 계산이 어렵고 업무측정단위설정이 용이하지 않다는 단점이 있다.

산정방식으로 사회복지기관은 기관의 활동을 사업과 프로그램으로 구분하고 이를 다시 세부적으로 각 사업별 단위원가와 업무량을 계산하여 편성하도록 한다. 품목별 예산방식은 품목별 예산이 투입요소(inputs)를 중심으로 예산을 편성하는 것에 반해, 성과주의 예산은 산출(outputs)을 중심으로 예산을 편성하는 제도로 업무측정단위로 예산을 편성하고 성과를 측정한다는 특징이 있다. 그리고 사업예산의 총액만이 승인되고 집행은 집행기관의 자유재량에 맡겨지며, 구체적인 지출에 대한 외부의 간섭은 배제된다는 특징이 있다.

성과주의 예산이라 지칭되는 이유는 예산이 집행된 후에 실제 발생 원가를 예산과 비교하여 사업의 성과를 측정할 수 있기 때문이며, 산출물의 양을 미리 설정하고 그것을 달성하기 위한 투입비용을 통해 지출을 필요로 하는 사업계획과 이러한 사업계획을 구성하는 활동으로, 세부사업에 따라 예산을 편성한다는 특징이 있다.

이러한 성과주의 예산방식은 프로그램의 목표와 운영에 대한 모니터링이 가능하고 예산 할당의 기준을 성과물에 근거를 두기 때문에, 프로그램의 효율성을 기대할 수 있다. 이러한 방식은 조직이 클수록 원가계산이 복잡하기 때문에 소규모조직에 적합하고, 업무측정단위의 결정이 어렵기 때문에 계량화가 어려운 사업에는 부적합하다. 또한 단위원가의 계산이 어려운데, 특히 간접원가 · 공통원가의 배분이 어려운 특징이 있다. 이를 이해하기 쉽게 나타내면 다음과 같다.

▌참고▐

업무량 × 단위원가 = 예산액

* 단위원가 : 업무측정단위 또는 성과단위 하나를 산출하는데 소요되는 경비
* 업무량 : 달성하려고 하는 단위의 수

또한 성과주의 방식에 의한 예산편성의 예를 들면 다음 〈표 5-3〉과 같다.

〈표 5-3〉 성과주의 예산 예시 1

항	BSC 관점에서 개발된 국토해양부 주요정책방향					
전략 목표	교통 인프라 확충					
성과 목표	항공산업 경쟁력강화					
성과 지표	공항이용 증가율					
목		일반운영비, 여비, 업무추진비			시설비 및 부대비	
내역	계	(01) 일반운영비 • 시스템유지 관리	(02) 국외여비 • 선진국 기술 교류 출장	(03) 시책업무 추진비 • 유관기관 업무협의	(01) 시설비 • 설계비 및 공사비	(02) 시설 부대비 • 공항시설 유지관리 비용

	40,572,500	10,000,000	66,000	6,500	26,500,000	4,000,000
단위	(천원)	시스템유지운영 관리비×개소 : 500,000×20ea =10,000,000	항공비×인원수 ×출장횟수 : 1,100×3명× 20회=66,000	업무협의비×협의건수 : 300×20회= 6,500	공항시설 개소당 설계비 및 공사비×개소 : 53억×5개소= 26,500,000	개소당 유지관리비 : 8억×5개소= 4,000,000

〈표 5-4〉 성과주의 예산 연습

노인복지센터 지출예산(2016년 회계년도)				
비용항목	주간활동	보호	문화 서비스	총계
인건비				
부가급여				
운영비				
용 품				
통신비				
장비사용료				
임대료				
인쇄비				
홍보비				
회의비				
출장비				
총 프로그램 비용				

(5) 프로그램 예산(Program Budget)

프로그램 예산이란 각 프로그램별로 지출을 분류하여 기록하는 방식이다. 따라서 본 방식으로는 프로그램을 각 프로그램을 별도의 목적, 목표를 가지고 기능하는 단위로 기술하게 된다. 예를 들면, 청소년, 상담, 캠프, 아동 문화행사 등으로 구분될 수 있으며 대표적인 예로 프로그램 기획예산제도가 있다. 이는 기관의 목적달성을 위한 장기적 계획 아래 프로그램을 "비용-편익분석"에 의해 선정하여 예산을 수립하는 방식으로 나타낼 수 있다.

(6) 영기준예산(ZBB: Zero-Based Budgeting)

영기준예산은 사업부서와 프로그램이 전년도 예산을 고려하지 않고 매년 예산수립과정에서 영(zero)의 상태로 돌아가서 예산을 계획 · 할당받는 것을 뜻하며, 다음과 같은 특징이 있다. 즉, 영기준의 어원은 조직이 지금까지 추진한 사업을 처음부터 영(zero)의 상태에서 다시 시작한다는 것으로, 전년도 예산에서 각 항목별로 배정된 예산에 전혀 구애받지 않고 새로운 조직목표와 우선순위에 따라 예산을 수립하는 혁신적인 예산제도이다.

산정방식은 전년도 예산기준에 따라 예산을 확보하는 기존의 방식에서 탈피하여 모든 사업의 타당성을 영(zero)의 기준에서 엄밀히 분석하여 예산을 편성하는 방식으로, 장점은 예산배분이 합리적이고 사업의 효과성을 향상시킬 수 있으며, 예산편성과정에서 직원들이 참여할 수 있도록 의사결정을 이끌어낼 수 있다. 또한 자원배분의 효율성을 높이고 신속하게 예산을 조정할 수 있어, 외부 환경변화에 따른 프로그램 및 사업의 신속한 변화요구에 적절히 대응할 수 있는 장점이 있다. 그러나 단점으로는 현실적으로 기존 사업의 축소나 폐지가 어렵고, 사업의 빈번한 변경에 따라 많은 시간이 소요될 수 있으며 정보 및 기술 분석을 요하게 된다.

정리

영기준예산은 지금까지의 예산 할당근거를 완전히 무시하고 원점에서 새롭게 검토를 하기 때문에, 매 회계연도마다 원점으로 돌아가 신규 사업이나 계속 사업이나 막론하고 모든 사업 및 정책의 타당성을 새로 분석하고 검토하여 비용편익분석이나 비용효과분석을 반영하여 사업의 우선순위를 결정한다. 그에 따라 예산을 편성하는 제도이기 때문에 사업의 제공수준을 0수준부터 대폭 증액된 수준까지 다양하게 적용이 가능하고, 사업의 우선순위를 고려할 수 있기 때문에 국회의 예산 등에서 다양하게 적용된다.

영기준 예산 ZBB의 절차 및 특성

- 영기준 예산 ZBB의 절차
  - 결정단위를 먼저 확인한다.
  - 결정집단(decision package)을 작성한다.
  - 지출에 대한 우선순위를 결정한다.
  - 전체적이며 세부적인 실행예산의 편성의 절차를 밟는다.
- 영기준 예산 ZBB의 특성
  - 예산의 효율성을 제고하는 방식이며 정책결정 상향적이다.
  - 목표의 효율적인 성취에 중점을 두며 어떠한 목적을 세울 것인가에 관심이 있다.
  - 기존의 프로그램이라고 해서 높게 평가하지 않으며 집중적 예산편성 방식이다.

(7) 기획예산(PPBS: Planning Programming Budgeting System)

기획예산은 조직의 장기적 발전계획이나 사업계획 하에 각 연도별 목표달성을 위해 예산을 조직목표에 통합시켜 작성하는 예산의 유형을 뜻한다. 이것은 중장기예산과 사업의 성과 및 원가를 결합한 예산제도이므로, 기획과 예산이 연계된 예산제도라고 할 수 있다. 이 예산의 작성과정은 다음과 같다. 먼저 조직의 장기적 목표를 확인한다. 그 다음으로 목표를 세분화하여 연도별 목표를 설정한다. 이후 비용효과분석을 통해 목표의 우선순위를 확정하고 실행예산을 수립한다. 즉, 기획 프로그램 예산 시스템, 즉 계획예산은 결국 장기적인 기본계획수립을 프로그램 작성을 통하여 단기적인 예산편성과 유기적으로 연결시켜 예산배분의 합리화를 기하려는 제도로, 'planning → programming → budgeting'의 순서로 진행되며 중장기예산과 사업의 성과 및 원가를 결합한 예산제도이기 때문에 기획과 예산이 연계된 예산제도라고 할 수 있다. 주요 특징을 재정리하면 구체적인 목표를 성취하여 발생하는 성과를 화폐단위로 환산한 후 편익-비용 분석을 하므로, 정책분석(비용편익분석)에 의해 목표달성을 위한 최적대안을 선정한다는 특징이 있으며, 성과주의예산이 산출중심인 데 반하여 계획예산은 결과중심이다.

중심특징은 첫째, 장기계획의 수립이다. 즉, 장기적인(10~20년) 목표를 설정하고 그 목표를 달성하기 위하여 대안을 작성하여 장기계획을 수립한다. 둘째, 프로그램의 작성이다. 이는 장기계획을 실행하기 위한 구체적인 활동을 결정하는 방식이다. 이는 비교적 예측 가능한 기간, 예를 들면 3~5년에 걸쳐서 결정된 계획을 실행하기 위한 프로그램을 수립하고, 이에 대한 연도별 투입과 산출을 결정하게 된다. 이에 대한 예산의 편성은 셋째, 목적달성을 위한 활동에 대하여 자금지출을 조직적으로 관련시키는 단년도 예산(1년)을 편성하는 것이다.

기획예산(PPBS: Planning Programming Budgeting System)의 장점은 다음과 같다. 즉, 장기적 사업목표와 이를 달성하기 위한 사업예산의 관계를 명확히 제시하여 사업계획과 예산수립 간의 발생할 수 있는 괴리를 방지할 수 있다. 그리고 목표와 프로그램을 명확하게 알 수 있고, 재정자원을 합리적으로 배분할 수 있다. 반면 단점으로는 비용/편익분석을 위해 필요한 자료가 너무 방대하여 자료 분석을 위해 많은 비용이 추가로 발생할 수 있으며, 사회복지기관과 같이 명백히 합의된 목적과 목표의 설정이 어려운 경우에는 활용하기 어려운 단점이 있다. 또한 사회복지기관의 모든 활동을 해야 하는 어려움도 수반될 가능성이 있다. 즉, 대규모의 인력과 시간이 소요되기 때문에 복잡한 계산과 방대한 정보가 필요하며, 성과의 측정 및 화폐단위 환산이 어렵고 서비스 조직이 쉽게 수량화할 수 있는 목적과 전략을 선호하게 만들 수 있으며, 결과에만 치중하여 과정을 무시하여 권력과 의사결정이 중앙집권화 될 경향이 있다. 그 밖에도 주관적인 요소의 고려에 취약한 계량적 방법으로, 예산은 정치적 합리성과 경제적 합리성을 동시에 추구해야 함에도 정치적 요인을 고려하지 못하는 한계를 가지고 있다.

| 참고 |

예산의 수립은 어떤 예산의 방식이 보다 바람직한가의 문제이기보다는 운영하는 기관의 성격상에 따라 효율적인 예산수립의 방식이 적용될 수 있다. 따라서 예산을 수립하는 사회복지사로서 다양한 예산수립의 방식을 숙지하고 있을 필요가 있다.

〈표 5-5〉 주요 예산 유형의 특성

	품목별 예산	성과주의 예산	계획예산	영기준예산
특징	• 회계 계정별로 구입 품목을 편성한다. • 통제적 기능이 장점이다. • 회계자에 유리한 예산의 예산방식이다.	• 단위업무당 업무량을 산출한다. • 장기적 예산을 고려하지 못한다. • 효율성을 중시한다. • 관리자에게 유리한 방식이다.	• 장기적 계획을 전제로 하고 있다. • 목표를 분명히 하고 달성을 강조한다. • 계획기능이 강하다. • 계획자에 유리한 예산 편성이다.	• 매년 사업목표와 수행능력을 새로이 한다. • 목표 달성을 위한 다양한 사업을 고려한다. • 의사결정기능이 강하며 소비자에게 유리하다.
장점	• 예산통제가 효과적이다. • 회계작성이 용이하다.	• 목표와 사업을 분명히 이해할 수 있다. • 자금분배가 합리적이다. • 사업별 통제가 가능하다. • 사업목적의 효율성을 기한다.	• 목표와 사업을 분명히 명시할 수 있다. • 자금 분배가 합리적이다. • 사업의 효과성을 중시한다.	• 예산절약과 사업의 혁신에 도움이 된다. • 재정운영과 자금배분에 합리성 및 탄력성이 있다. • 사업의 효율성과 효과성을 기한다.
단점	• 예산 신축성 저해가능 • 예산증대 정당성 약함 • 결과나 목표달성의 고려가 부족할 수 있다. • 사업내용의 파악이 어렵다.	• 예산통제가 어렵다. • 비용산출의 단위설정과 총괄비용 책정이 어려운 단점이 있다.	• 목표설정이 어렵다. • 결과만 치중하는 경향이 있다. • 권력과 의사결정이 중앙 집중화 될 수 있다.	• 효과적 의사소통, 의사결정, 사업평가에 대한 관리자의 훈련이 필요하다. • 정치적이거나 심리적 요인을 무시한다. • 장기계획에 의한 사업수립은 어렵다.

3. 프로그램 예산편성방법

1) 프로그램 예산수립과정

프로그램 예산수립과정은 단적으로 재정계획을 세우고, 그에 따른 재원을 조달하여 기관 등의 목적에 따라 예산을 할당하는 방법을 말한다. 따라서 일반적인 사항의 점검은 다음과 같다. 첫째, 프로그램 수립 때 프로그램 수행을 뒷받침할 재정의 상태를 먼저 검토하는 것이 필요하다. 둘째, 계획된 프로그램에 재원이 충분하게 제공될 수 있는지 평가하는 재정계획을 수립하는 것이 필요하다. 셋째, 계획된 재정을 조달할 수 있는 방안을 마련할 수 있도록 재원조달의 과정에 따라 적절하게 할당하는 과정을 포함하여야 한다.

2) 프로그램 예산편성방법

(1) 산출근거

프로그램 총예산을 항목에 따라 구분해 본다. 이를 위해서 인건비, 사업비, 관리비, 기타 등의 항목으로 각 항목의 산출근거를 통하여 직접비와 간접비로 구분하여 구체적으로 기록해 본다. 직접비와 간접비의 구성은 추후 제시할 것이다.

(2) 예산조달 계획

예산선정을 위하여 예산항목별 자금조달계획을 알 수 있도록 신청 프로그램에 소요되는 총예산을 신청분과 자부담 금액으로 나누어, 각각에 소요되는 항목별 산출근거를 구체적으로 제시하여야 한다. 예산은 자부담의 경우와 예산조달 부분의 구분에 대하여 숙지하고 있어야 하는데, 기부금, 본인부담금을 조달방법으로 기재할 수 있으며, 통상적으로 20~50% 정도의 자부담의 비율을 가지고 있는 것이 일반적이다. 다음은 프로포절 예산편성의 예로 기관의 예산 선정의 기획을 통하여 재원에 맞는 합리적인 자원배분이 가능하도록 하는 예산집행의 준비과정이 필요하다.

▌참고▌

예산은 프로그램의 개발과정의 후반부에 작성하기도 하나 실무적 차원에서는 초기에 이를 감안하여 프로그램이 작성되는 경우도 있다.

〈표 5-6〉 프로포절 예산편성의 예 〈각자 작성해 보자 - 연습용〉

<table>
<tr><th colspan="3" rowspan="2">항 목</th><th rowspan="2">계</th><th rowspan="2">산출근거</th><th colspan="4">예산조달 계획</th></tr>
<tr><th>신청
금액</th><th>비율(%)</th><th>자부담</th><th>비율(%)</th></tr>
<tr><td rowspan="3">인
건
비</td><td colspan="2">강 사 비</td><td></td><td></td><td></td><td></td><td></td><td></td></tr>
<tr><td colspan="2">기 타</td><td></td><td></td><td></td><td></td><td></td><td></td></tr>
<tr><td colspan="2">소 계</td><td></td><td></td><td></td><td></td><td></td><td></td></tr>
<tr><td rowspan="8">사업
진행</td><td rowspan="3">방과후
교실</td><td>교재비</td><td></td><td></td><td></td><td></td><td></td><td></td></tr>
<tr><td>간식비</td><td></td><td></td><td></td><td></td><td></td><td></td></tr>
<tr><td>유급
자원
봉사자</td><td></td><td></td><td></td><td></td><td></td><td></td></tr>
<tr><td rowspan="2">과제
지도</td><td>문구
구입</td><td></td><td></td><td></td><td></td><td></td><td></td></tr>
<tr><td>자원
봉사자
식대</td><td></td><td></td><td></td><td></td><td></td><td></td></tr>
<tr><td rowspan="2">문화
체험</td><td>버스
대여</td><td></td><td></td><td></td><td></td><td></td><td></td></tr>
<tr><td>진행비</td><td></td><td></td><td></td><td></td><td></td><td></td></tr>
<tr><td colspan="2">소 계</td><td></td><td></td><td></td><td></td><td></td><td></td></tr>
<tr><td rowspan="3">관리
운영</td><td colspan="2">냉난방비</td><td></td><td></td><td></td><td></td><td></td><td></td></tr>
<tr><td colspan="2">기 타</td><td></td><td></td><td></td><td></td><td></td><td></td></tr>
<tr><td colspan="2">소 계</td><td></td><td></td><td></td><td></td><td></td><td></td></tr>
<tr><td rowspan="2">기타</td><td colspan="2"></td><td></td><td></td><td></td><td></td><td></td><td></td></tr>
<tr><td colspan="2">소 계</td><td></td><td></td><td></td><td></td><td></td><td></td></tr>
<tr><td colspan="3">총 계</td><td></td><td></td><td></td><td></td><td></td><td></td></tr>
</table>

4. 예산수립의 평가를 위한 기준

수립된 예산을 통하여 그 예산이 프로그램의 목적을 성취하기에 적합한지를 평가할 수 있는 기준에 대해 Chambers(2000)는 사회문제와의 적합성, 예산의 지속성, 인플레이션이나 디플레이션 등 경제적 변화에 대한 안전성, 적절성, 효과성, 효율성, 형평성 등의 네 기준을 제시하고 있다. 문제분석과 욕구사정, 그리고 프로그램의 측정과 목표가 설정되고 개입전략에 따라 변화를 도모할 표적체계가 확정되고, 구체적 프로그램의 내용에 따라 프로그램 수행을 위한 재원조달의 계획이 확정되면 설계단계의 마지막 단계는 프로그램의 예산을 편성하는 과업을 수행해야 한다(황성철, 2009: 145). 이에 따라 이 절에서는 프로그램의 예산수립에 관해 살펴보도록 한다.

〈표 5-7〉 생산비용의 할당 근거

산출물의 특성	가변비용	생산량에 정비례해서 산출되는 근거를 뜻함	전기세, 물건구입비
	반가변비용	생산량의 증가에 대해 단계적인 증가를 나타내는 근거를 의미함	
	고정비용	생산량의 증가에 관계없이 고정적으로 지출되는 형식을 의미함	임대료 등
프로그램의 목적	직접비용	프로그램 운영에 직접적으로 산출되는 비용	프로그램 홍보비 등
	간접비용	일반 행사비나 간접경비, 일반목적의 회의비 등	다과, 종이, 펜
비용할당성	기술비용	행정관리자가 특정 활동에 대해서 결정한 특정비용	부식비, 물품비 등
	임의비용	비용 할당의 합리적인 근거를 갖지 못한 경우	기타 건물유지비

1) 반가변비용, 가변비용, 고정비용의 산출

반가변비용이란 생산량의 증가에 대하여 단계적인 증가를 보이는 비용을 말하는데, 예를 들면 인건비 등이 있다. 가변비용은 생산량에 정비례하여 움직이는 비용을 의미하며, 고정비용은 생산량의 증가와 관계없이 일정하게 드는 비용을 의미하는데, 가령 건물의 임대료나 건물에 대한 보험료 등을 들 수 있다.

2) 직접비용과 간접비용의 산출

직접비용이란 프로그램의 운영에 직접적으로 투입되는 비용으로, 예를 들면 프로그램 홍보비나 직접서비스 비용 등이 있으며, 간접비용은 프로그램 활동에서 단지 부분적이거나 간접적으로 나타나는 비용으로 일반 행정비와 일반 목적의 회의비가 있다.

3) 기술비용과 임의비용

기술비용이란 특정 활동에 대하여 한 단위에 부과해야 할 비용을 결정할 수 있을 때, 이를 기술비용이라 지칭한다. 대부분의 가변비용은 다른 비용에 비하여 기술적으로 결정하기 쉬운 기술비용이라 할 수 있다. 임의비용이란 행정관리자가 특정 활동에 대해 특정 부서나 단위들에게 비용을 할당하기 위하여 합리적인 근거가 없는 경우, 행정관리자의 재량으로 각 부서나 단위에게 비용을 할당하는 것을 의미한다. 이때 고정비용과 반가변비용의 경우에는 임의적으로 비용할당이 될 가능성이 높다. 예를 들면, 건물유지비의 경우에는 행정관리자가 재량적으로 각 부서에 비용을 할당하는 경우가 많다.

4) 행정비용

행정비용이란 사회복지조직의 행정 및 관리활동에 소요되는 비용을 뜻한다. 이는 다수의 프로그램이 행정비용을 분산하여 공유하므로, 개별 조직단위나 프로그램에 할당하는 것이 어렵다. 이는 주로 행정관리자에 의하여 임의적 할당방식에 의존하게 되거나, 합리적인 근거를 제시하지 못하는 경우에는 재원의 활용에 성공적이지 못하게 된다. 그러므로 임의비용 처리방식에서 기술비용 처리방식으로 바꾸어나가려는 일환의 노력이 필요하게 된다.

5. 예산의 원칙

[그림 5-3] 예산의 원칙

예산수립에 있어서 고려해야 하는 사항은 다음과 같으며, 이는 기관에 적용되어 활용될 수 있다.

① 예산의 공개성 : 예산과정의 주요 단계는 공개되어야 한다.

② 명료성 : 국민이 쉽게 이해할 수 있도록 합리적인 관점에서 분류되고, 수지의 추계가 명확하고 수입의 유래와 용도가 분명하게 표시되어야 한다.

③ 정확성 : 예산에 따른 수입과 지출의 결산은 가급적으로 일치하여야 한다.

④ 통일성 : 모든 수입에 대해서는 공통된 하나의 일반세원에 포함하여 지출해야 한다.

⑤ 단일성 : 가능한 한 예산은 단일하게 편성하여야 한다. 왜냐하면 독립된 복수의 예산은 전체적인 조망에 있어서 혼란을 야기하고, 예산에 대한 국민의 감사를 어렵게 할 우려가 있고 의회의 예산통제권도 제한될 수 있다.

⑥ 포괄성(완전성) : 모든 세입과 세출은 예산상에 나타나야 한다. 이를 예산총계주의 원칙이라고 한다. 따라서 조세징수비를 공제한 순세입만을 기재해서는 안 되며, 세입과 세출을 기재해야 한다.

⑦ 한정성 : 정해진 목적을 위해 예산은 정해진 금액을 정해진 기간 내에 사용하는 것을 원칙으로 한다.

⑧ 연례성 : 예산은 예산단년주의에 의해서 회계연도 단위로 작성되는 것이 좋다.

⑨ 사전의결성 : 예산을 집행하기 이전에 반드시 입법부(국회)의 승인을 받아야 한다는 원칙을 가지고 있다.

⑩ 배타성 : 예산에 있어서 재정적인 문제만을 취급하고 입법문제를 배제한다.

제5절 프로그램 평가계획

프로그램의 설계와 진행에 따른 프로그램의 평가계획도 미리 계획해 놓는 것이 바람직하다. 물론 현재는 프로그램의 수혜자들에 대한 만족도 조사가 보편적으로 실시되고 있으나, 그 밖에 사전에 사회문제와의 적합성과 예산의 적합성 또한 프로그램의 성공이 가져오는 기대효과 등이 점검되어야 한다. 또한 프로그램의 지속성과 연계성에 관한 부분의 구상도 사전에 이루어질 수 있다. 이는 프로그램이 연관성을 통하여 상호 시너지효과를 가지고, 관련 집단 및 사후관리 등으로 연계될 수 있다.

여기에 고려되는 것이 바로 클라이언트의 욕구에 부합되는 정도로서의 적절성으로, 클라이언트의 욕구에 얼마나 정확하고 신속한 서비스가 제공되었는지 지표를 통하여 측정될 수 있을 것이다. 또한 적절한 수준의 서비스의 제공은 서비스의 대응성으로 측정될 수 있다.

그 밖에도 대표적으로는 사회복지서비스의 궁극적인 목적을 달성하기 위한 형평성, 즉 한정된 재원과 예산 가운데에서도 모든 사람들에게 공평하게 서비스가 제공될 수 있는가 하는 부분을 고려해야 한다. 이는 프로그램 대상자선정의 과정에서 평등한 선정이 되었는가를 통하여 점검될 수 있다. 또한 대상자 선정의 문제뿐 아니라, 재원의 투입에 대하여 투입된 재원 대비 산출된 결과를 평가하는 효율성의 개념의 적용과 함께 설정된 목적에 대한 달성도인 효과에 대해 비용으로 나누어 분석하는 비용효과분석이 기본적인 프로그램의 평가계획을 세워보는 과정에서 고려될 필요가 있다.

이러한 점검에 대한 커다란 밑그림은 프로그램이 원래 가지고 있던 목적과 목표가 얼마나 구체적으로 달성되었는가, 클라이언트에게 기대했던 변화들이 일어났는가 하는 문제에 대한 구체적인 프로그램의 효과성 측정과 함께 프로그램의 기획과정에서 고려되어야 하는 사항이다. 이러한 부분은 앞으로 배우게 될 프로그램의 성과측정의 밑바탕이 되며, 실현가능한 프로그램이 되는 요건을 점검하는 것에 있어서 용이하게 점검되어야 할 과정이다.

평가 Point

① 목적	② 목표	③ 인적자원
④ 재원 및 예산	⑤ 수행 시간	⑥ 클라이언트의 참여율 및 만족도 등

3
PART

사회복지 프로그램 실행

Chapter

6 사회복지 프로그램 실행

제1절 프로그램 진행 중 점검될 사항

프로그램을 진행함에 있어서 분석점검 체크리스트를 작성하면 많은 도움이 된다. 이것은 새로운 프로그램을 설계하는 관리자나 혹은 새로운 프로그램의 목적을 평가하는 데 도움을 준다. 이는 또한 적합한 프로그램 설계의 원리를 요약하여 이해하는 데 참고가 된다. 이 부분, 즉 1번 진행부터 7번 프로그램의 상술 항목의 제시는 정무성이 제시한 "사회복지 프로그램 평가 매뉴얼"에서 명시한 부분임을 밝혀둔다.

1. 진행

① 먼저 점검되어야 하는 것이 클라이언트에 대한 프로그램의 진행 결과, 생산성, 효율성과 자원획득을 위한 분명한 프로그램 진술과 기준들이 있는가?
② 직원들은 그 진술 및 기준들을 알고, 그것에 만족하는가?
③ 각 직원 성원은 자신에 대한 성과영역 및 프로그램에 대한 보고를 받는가?
④ 프로그램 성과는 대화(공식적/비공식적)의 정규적인 주제인가?

2. 프로그램이 어떠한 사회문제를 제기하도록 설계되었는지가 분명한가?

① 클라이언트는 문제를 어떻게 경험하는가?
② 보다 큰 지역사회나 사회는 어떻게 문제를 경험하는가?
③ 문제의 존재나 유지에 기여하는 요소는 무엇인가?

3. 클라이언트 이익을 반영하는 목적과 이것을 충족하는 다른 기준들은 무엇인가?

① 측정과 관찰이 가능한 것
② 문제 분석과의 관련성
③ 현실성
④ 명백성(예 : 전문용어, 형용사, 부사의 부족)
⑤ 긍정성
⑥ 클라이언트 집단에 대한 언급

4. 표적집단과 클라이언트집단은 명백하게 규정되었는가?

① 당신은 어떻게 클라이언트 집단을 모집하는가?
② 당신은 클라이언트에게 당신이 제공해야 하거나 제공하고자 하는 것을 제공하고 있는가?
③ 얼마나 많은 사회복지사의 임의권한이 클라이언트를 선발하는 데 허용되는가?

5. 행위 목표는 측정 가능한 클라이언트 이익과 다른 기준들을 충족하는가?

① 단일 수행기준의 세트
② 시간 매개 변수의 세트
③ 목적으로서의 관련성
④ 측정과 관찰이 가능한 것
⑤ 현실성
⑥ 명백성

6. 프로그램에 의해 사용된 개입은 큰 효력이 있는가? 그들은 다양한 수준들을 향해 있는가(예 : 개인, 가족, 집단, 제도 등)?

① 연구가 그 개입을 지지하는가?
② 이것은 현장에서 가장 좋고, 이용할 수 있는 지식에 기초하는가?
③ 적절한 환경적 개입노력이 있는가?

7. 프로그램이 적절하게 상술되어 있는가?

① 환경
- 클라이언트에게 접근 가능한 환경인가?
- 환경은 원조에 필요한 장비를 제공하는가?
- 클라이언트에게 가장 좋은 환경인가? 클라이언트에게 더 나은 환경은 있는가?

② 과정
- 프로그램의 단계가 명백하게 묘사되었는가?
- 클라이언트가 프로그램에 관여하면서 얻을 경험을 고려하여 결정요인들을 반영하였는가?
- 각 단계에 대한 결과들이 명확히 정의되었는가?
- 클라이언트가 이 과정을 읽고 이해할 수 있는가?
- 단계들이 직원들에 의해 고수될 수 있는가?

③ 주요 관련당사자
- 모든 중요한 관련당사자가 확인되었는가?
- 각각의 관련당사자에게 요구된 특별한 행동들이 규정되어 있는가?
- 프로그램의 성공을 위해 중요한 관련 당사자와 행동이 요구되는가?
- 각 관련당사자는 당신의 기대가 무엇인지 아는가?
- 각각의 관련당사자는 프로그램의 행동상의 기대를 충족시키는가?
- 중요한 관련당사자의 관여와 환류를 보장하는가?

④ 상호 기대들
- 모든 클라이언트가 프로그램과 직원에게 기대할 수 있는 목록이 있는가?
- 프로그램의 직원이 이 기대들에 동의하는가? 그들은 독립적으로 동일한 목록을 구성하고 있는가?
- 클라이언트가 불만을 표현할 수 있는 쉬운 절차가 적절하게 마련되어 있는가?
- 클라이언트에 대한 최소한의 기대 목록이 있는가?
- 직원들은 이것들에 동의하는가?
- 프로그램 담당자들이 이러한 기대들이 충족되지 못했을 때 이것을 어떻게 다룰지가 명백하게 되어 있는가?
- 당신의 직원들은 이러한 기대들을 고수하고 실행하는가?

⑤ 정서적인 관여
- 클라이언트의 정서적인 반응을 다루는 방법에 대한 프로그램이 제공되는가?
- 클라이언트의 정서적인 반응을 어떻게 다룰 것인가에 대한 동의가 있는가?
- 직원의 정서적인 반응을 어떻게 제기할지에 관한 프로그램이 있는가?
- 이러한 제공을 모든 직원이 알고 이용하는가?

⑥ 실제 행동
- 모든 직원들은 설계된 것처럼 일관성 있게 서비스 프로그램을 수행하는가?

⑦ 그 밖의 것들
- 모든 직원들이 긍정적인 클라이언트 결과를 보는가?
- 성공하지 못했을 때, 이것이 만약 설계상 혹은 설계 실행상의 문제인지를 확인하기 위해 프로그램을 분석하는가?
- 프로그램이 어디에서 잘못되었는가? 무엇을 다르게 할 수 있었는가?

제2절 프로그램 감사

감사의 개념은 할당된 자원들에 대한 점검으로서 조직이나 프로그램들이 그 역할들을 적합하게 잘 수행하고 있는지를 확인하는 작업으로, 매우 중요한 과정이다. 감사의 종류는 여러 가지가 있으나 크게 규정순응감사와 운영감사가 있다.

1. 규정순응감사

규정순응감사는 재정감사라고도 하며, 기관의 재정운영이 적절한 회계절차에 의하여 시행되었는지, 재정이나 보고서들이 적절하게 기획되고 준수되었는지, 기관에 적용된 각종 규칙과 규범들을 기관이 준수했는지 등을 확인하는 것이다. 이는 지나치게 규칙에 충실하다 보면 오히려 융통성을 잃어 생산의 효율성을 저해할 수도 있다는 단점이 있다.

2. 운영감사

운영감사는 바람직한 프로그램 결과의 성취 여부와 목표 성취의 경제성과 효율성 등의 문제에 관심을 가지며, 예산과의 연관성에 초점을 두고 있는 감사의 형식이다. 따라서 경제성과 관련된 효율성을 평가하기 위해서 예산 부서가 자신들의 자원을 효율적으로 관리하고 있는지에 대해 평가하고, 비효율적인 것에 대한 원인을 분석하여 시정하도록 한다. 그리고 프로그램 결과가 예산과 관련하여 의도된 결과나 급부들이 운영상 잘 성취되었는지, 자원제공기관의 의도된 목적들이 달성되었는지, 동일한 성과에 대해 더 낮은 비용으로 산출할 수 있는지에 대한 대안들이 고려되었는지 등에 대해 평가한다.

제3절 프로그램 진행과정

비록 프로그램이 잘 기획되었다고 하더라도, 그에 관한 진행의 질에 관한 사항에 관한 점검은 매우 중요한 과정이다. 따라서 프로그램의 진행과정에 관한 명확한 지식이 있어야 사회복지전문가라 할 수 있다. 이에 다음과 같은 사항이 점검되어야 한다.

1. 프로그램의 진행과정

체계론적 관점에서 프로그램은 투입, 전환, 산출, 결과의 과정을 통해 진행된다. 다음의 프로그램 모형은 사회복지 프로그램이 어떻게 관리 및 작용되고 있는지를 유용하게 제시할 것이다.

1) 투입(Inputs Process)

프로그램에 투입된 일련의 모든 활동과 자원 등 프로그램에서 사용된 제공물이다. 또한 투입에는 프로그램에 대한 법률이나 규제사항도 포함한다.

2) 전환(Throughputs) 및 활동(Activities Process)

전환이란 프로그램의 투입물들에 의하여 변화되는 일련의 것들을 말한다. 활동에는 프로그램에 적용되는 각종 유형의 전략이나 기법도 포함된다.

3) 산출(Outputs Process) 및 결과(Outcomes)

프로그램 활동을 통해 생산된 것으로 분석을 통하여 결과물을 측정한다. 산출은 클라이언트나 대상집단에게 본래 목적과 목표한 변화가 주어졌을 때 가장 이상적인 것이며, 지속적인 효과를 지닌다면 매우 바람직하다. 이러한 결과는 프로그램의 산출물들에 의하여 변화한 결과로 행동, 지식, 태도, 기술, 가치 등의 바람직한 변화를 의미한다.

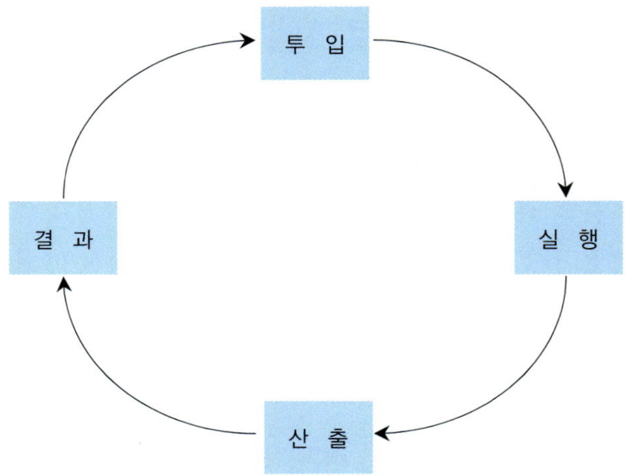

[그림 6-1] **프로그램 진행과정**

출처: 정무성(2000). 사회복지 프로그램 평가 매뉴얼.

2. 프로그램의 성과측정

성과측정은 다음 프로그램의 보다 개선된 반영과 프로그램의 올바른 평가를 위해서 필요한데, 프로그램의 관리과정에서도 이것은 중요한 작업이다. 이것은 프로그램의 투입, 전환, 산출 등에 관한 자료 및 정보(피드백)를 통하여 다음 체계가 기능을 하도록 분석하는 데 이용한다. 이를 통한 피드백은 프로그램에 새로운 활력과 투입(input)을 가능하게 하고, 프로그램이 설계되어 진행의 바람직한 조정과 변화를 가능케 한다. 현대사회의 사회복지서비스 기관에서는 프로그램 실시의 초기과정부터 다양한 점검을 한다. 성과측정이란 효율성, 품질, 프로그램의 효과성에 대한 사정이기도 하다.

제4절 프로그램 모니터링과 평가

모니터라는 용어는 '경고한다'는 의미로 라틴어 "monere"에서 유래하고 있다. 모니터링이란 Rossi와 Freeman(1993)에 의하면, 프로그램이 설계된 대로 실행되는지에 관하여 대상 집단을 정도와 계획에 맞게 원조하고 있는지 사정하는 것이라 하였다. 이것은 프로그램 실행 중에 행한다는 측면에서는 형성평가(formative evaluation)의 개념이라 할 수 있다.

프로그램이 설계대로 수행되고 있는가? 경로를 이탈하지 않았는가? 프로그램이 지역사회 클라이언트의 욕구를 어느 정도 충족시키는가? 적격한 대상 집단의 클라이언트에게 서비스가 제공되고 있는가? 따라서 모니터링의 목적은 피드백을 가능하게 하는 자료 및 정보를 적용하여 프로그램의 실행에 필요한 변화 및 개선을 위한 것이다.

프로그램 평가의 주요 목적은 프로그램 결과와 영향에 관한 정보를 제공하여 정책결정자와 기획가로 하여금 프로그램을 통한 사회적 개입의 타당성을 규명할 수 있도록 하는 것이다. 프로그램 평가에서는 다음과 같이 질문될 수 있다. 즉, 프로그램이 기획된 대로 실천되었는가? 프로그램을 통해 성취한 결과는 어떠한가? 프로그램을 통해 파급된 영향은 무엇인가? 프로그램의 비용 대비 효과성은 어떠한가? 그런데 프로그램을 통한 클라이언트의 '영향(impact)'이란 오직 프로그램에 의해서만 성취되는 결과의 사정만을 의미한다(Mohr, 1992). 즉, 프로그램의 영향이 기타 외부 요인이 아닌 인과관계를 수립하기 위한 프로그램의 영향에 대한 사정으로 이루어져야 하며, 따라서 이를 분별할 수 있는 연구조사 기법과 통계의 적용이 있어야 한다. 따라서 프로그램 기대에 관한 가정이 이론 및 실천적 배경으로 명확해야 한다. 그리고 내적 일관성을 살펴보기 위하여 프로그램으로 인한 투입, 전환, 산출 및 결과의 일련적 사항과 상호관계가 면밀히 분석될 수 있도록 해야 한다.

그러나 프로그램은 애초의 의도된 기획대로 성공적으로 수행될 수도 있으나 이론과 기획과 현장의 적용에 따라 실패가 따르기도 한다. 물론 어느 부분에서의 미스가 있었는지 대상자의 분석에 따른 오류가 될 수도 있다. 대상자의 처지에 관한 다양한 역동성을 고려하지 않아서 문제가 발생할 수도 있기 때문이다. 그 중에서 '이론의 실패' 경우에는 프로그램이 기획대로 실행되었지만, 예상된 결과가 달성되지 않은 상황을 의미한다. 즉, 프로그램을 뒷받침하는 개입 가설이나 특정 인과관계과정이 바람직한 결과를 이끌어내는 데 결함이 존재할 수 있음을 뜻한다. 프로그램의 실시결과 프로그램의 효과에 대한 가설이 검증되지 않았다면 프로그램이 기대했던 이론의 실패일 가능성이 있다. 그리고 이러한 경우에는 프로그램의 가설이 문제였는지 프로그램이 기획대로 실행되지 않은 것인지에 관한 점검이 필요하다. 즉, 프로그램의 가설에 문제가 없다 하더라도 수행자의 문제, 혹은 진행에 따른 문제가 발생할 수 있다는 것이다.

따라서 프로그램의 실행, 분석결과, 프로그램의 영향을 사정하는 접근은 프로그램 성과측정, 모니터링, 프로그램 평가가 있다. 모니터링은 프로그램의 효율성, 서비스 품질, 효과성, 비용 효율성 및 비용 효과성을 사정하는 과정을 포함하여 경영자의 입장에서 프로그램 실행 중에 피드백을 위해 사용된다.

사회복지서비스 기관이 성과측정, 모니터, 프로그램 평가 요건을 충족하기 위해 ① 대상의 범위(coverage), ② 프로그램의 형평성(equity), ③ 프로그램의 과정(process), ④ 노력(effort), ⑤ 비용의 효율성(cost-efficiency), ⑥ 결과(results), ⑦ 비용의 효과성(cost-effectiveness), ⑧ 프로그램의 영향(impact)에 관한 정보가 수집되어야 한다.

〈표 6-1〉 **프로그램 자료의 유형 및 관련 사정 질문**

프로그램	점검사항
대상	• 프로그램이 클라이언트의 욕구를 어느 정도 충족시키고 있는가?
형평성	• 프로그램이 지역이나 대상에 대한 차별성을 가지고 있지는 않는가? • 특정집단을 배제하고 있지는 않는가?
과정	• 프로그램이 원래의 목적대로 수행되고 있는가? a. 서비스 목적 b. 서비스 내용 c. 준수사항 d. 기타 요건

프로그램	점검사항
산출	• 프로그램의 산출성은 어떠한가? a. 중간점검 b. 품질점검 c. 최종점검
비용 효율성	a. 중간 산출당 비용의 점검 b. 품질 산출당 비용의 점검 c. 서비스 종료당 비용의 점검
결과	• 프로그램의 목적성취정도 a. 중간 평가 b. 최종 평가
비용 효과성	a. 중간 과정의 목적달성당 소요된 비용은 얼마인가? b. 최종 결과의 목적달성당 소요된 비용은 얼마인가?
파급효과	• 프로그램은 어느 정도의 효과성을 지니며 파급효과는 어떠한가?

출처: 정무성(2000). 사회복지 프로그램 평가 매뉴얼.

Chapter

7 사회복지 프로그램 평가점검

제1절 프로그램 평가점검

1. 형평성 자료

형평성 자료는 프로그램 서비스 제공에서 특정한 지리적 범위 및 하위 집단(소수 인종, 여성, 장애인, 아동, 노인 등)에 대한 차별이 없도록 하는 피드백 제공을 의미한다. 따라서 지리적 하위 지역이나 집단은 가급적 지역사회에서 차지하는 비율과 대략 비슷한 비율의 프로그램 서비스를 제공받을 수 있는지 점검되어야 한다. 형평성에 관련한 자료는 기획과 모니터링과 프로그램 평가시점에서 활용될 수 있으며, 지리적 하위 지역 및 집단에게 적절한 서비스가 제공되었는지의 여부가 확인되어야 한다.

Key Point

형평성자료는 현대사회에서 중요한 이슈로 등장하고 있으며 이에 따라 양성평등 등의 다양한 관점의 제도 및 프로그램이 도입되어 활용되고 있는 추세이다.

2. 과정 자료

프로그램의 실행에서 과정 자료는 프로그램이 기획대로 실행되는 정도에 대한 피드백을 제공한다. 실행 중 모니터링 과정 자료는 프로그램의 실행에서 서비스 정의, 서비스의 과제, 서비스의 기준, 근무의 기반, 서비스의 규정, 기타 서비스 여건과 같은 항목이 점검됨을 살펴보기 위해 실질적인 서비스 전달을 기획된 프로그램의 실행에서 서비스 설계와 비교하는 데 활용된다. 그리고 프로그램의 종료 시점, 즉 프로그램 평가단계에서 이와 같은 과정 자료는 프로그램이 기획된 대로 실행되었는가 하는 것을 규명하고 문서화하는 데 활용된다.

3. 산출자료 및 비용 효율성 자료

산출자료는 프로그램의 실행을 통하여 프로그램을 통해 제공된 과정 산출물 및 서비스, 그리고 그것을 통한 제공 규모, 달성된 서비스 최종 산출의 근거가 되며 피드백을 제공한다. 또한 기획된 노력을 달성하지 못한 경우 그에 대한 시정 조치를 위해 실행 중에 모니터링 될 수 있으며 유사 프로그램과의 비교도 가능하다. 산출자료는 서비스 전달 수준을 문서화하여 성과측정을 분석하는 데 사용될 수 있으며, 프로그램의 효율성을 측정하는 데에도 활용될 수 있다.

비용 효율성 자료는 중간 산출, 서비스 품질 산출, 최종 산출을 포함한 프로그램의 실행과정에서 프로그램과 산출된 서비스 비용에 관한 피드백을 제공할 수 있다. 비용 효율성 자료는 중간 산출, 서비스 품질 산출, 최종 산출과 같은 산출당 단위비용을 계산함으로써 획득할 수 있다. 이것은 기획과 비교하여 프로그램의 종료 시점에서 프로그램의 생산성의 산출뿐 아니라, 성과측정의 보고에도 필요하므로 매우 중요하다.

4. 결과 자료

프로그램의 실행에서 결과 자료는 프로그램의 결과분석에 관한 피드백을 제공한다. 결과분석 자료는 차기 정책 및 기획의 목적으로 프로그램에 의해 성취된 결과를 활용하여 문서화한다.

5. 비용 효과성 자료

프로그램의 실행에서 비용 효과성 자료는 중간 및 최종의 두 프로그램 결과물을 통하여 피드백을 제공하도록 한다. 특히 비용 효과성 자료는 중간 결과당 비용과 최종결과당 비용을 계산함으로써 얻을 수 있는데, 목적의 달성여부를 판가름하는 자료이므로 프로그램 해당 연도의 종료 시점의 프로그램 평가과정에 사용되며, 통상적으로 프로그램과 정책 및 기획의 목적이 달성되었는지 여부에 관하여 목적달성 정도와 성과측정을 위해 활용된다.

6. 영향 자료

프로그램의 실행에서 영향 자료의 의미는 프로그램에 참여한 결과로, 프로그램만의 영향을 분석하는 것으로 클라이언트에게 발생하고 미치게 된 영향을 분석하는 과정이다. 이러한 영향 자료는 통상적으로 비교를 목적으로 하는 통제집단의 설정과 이에 대한 영향의 정도를 측정하는 실험연구방식의 통계자료를 활용한다. 이를 위하여 전문적인 사회과학 연구조사 기법을 사용한다. 이러한 영향 자료는 프로그램을 통하여 클라이언트에 대하여 측정 가능한 영향이 달성될 수 있도록 영향의 정도를 규명하는 사회과학에 기초한 정보이며, 사회복지서비스에 있어서 평가되어야 하는 중요한 연구의 토대이며 자료이다.

7. 성과측정, 모니터링, 프로그램 평가의 자료 유형

프로그램의 실행에서 성과측정, 모니터링, 프로그램의 평가는 프로그램의 자료가 사용되는 경우에 따라 서로 중복될 수 있다. 즉, 성과측정, 모니터링, 프로그램의 평가 사이의 차이는 상당 부분이 프로그램 자료가 사용되는 시기와 방법의 차이에서 기인하는 것이므로, 프로그램 자료의 유형에 의한 차이는 크지 않은 편이다. 성과측정에는 외부 보고 및 재원투입의 정당성의 목적으로 프로그램 자료가 사용된다. 모니터링은 관리차원의 목적으로 프로그램의 실행 중에 활용된다. 그리고 최종 프로그램 평가는 수행 종료 후 정책 및 기획의 목적으로 차기 프로그램 자료로 사용된다.

제2절 프로그램 품질점검

1. 품질의 정의

사회복지품질의 개념은 복합적이고 다차원적이기 때문에, 품질과 성과측정이 사회복지서비스 프로그램을 위해 개발되기 전에 초기 장애물들은 극복되어야만 한다. 이에 품질의 관리를 위해 체크해야 할 항목을 Martin[1](1993)은 15개의 품질의 범주로 정의하였다.

〈표 7-1〉 품질의 범주(15개)

하위요인	개 념
접근성	서비스에 접근하기 용이한 정도를 의미한다.
확신성	직원이 친절하고 공손하며 신중하고 전문성을 지니고 있다.
의사소통	프로그램에 대한 정보에 대한 이해와 이에 대한 개선사항 등의 소통이 가능하다.
능력성	서비스 제공자가 서비스를 제공하는데 대한 전문적 요건을 갖추고 있다.
준수성	제품이나 서비스의 제공에 있어서 관련 규칙이 준수되고 있다.
지속성	서비스의 결과로 일어난 산출효과가 지속되는 효과가 있다.
감정이입	서비스 제공자가 클라이언트에 대하여 이해하는 마음이 있다.
수행성	제품이나 서비스가 애초의 기획대로 실시된다.
신뢰성	클라이언트에게 서비스 제공이 정해진 시간에 기대한 방식으로 적절하게 신뢰감을 가지고 이루어진다.
즉응성	프로그램 전달이 즉시 이루어진다.
안전성	프로그램이 안전한 환경에서 이루어지며 위험요소에 대해 점검된다.

1) Martin, L.(1993), *Total quality management in human service organizations*, Newbury Park, CA: Sage.

하위요인	개 념
가시성	프로그램 전달과 관련된 장비, 시설, 자료, 인력 등이 적절하다.

출처: 정무성(2000). 사회복지 프로그램 평가 매뉴얼.

상기 품질차원에서 가장 중요한 신뢰성은 서비스 품질에 대한 클라이언트를 어떻게 만족시킬 수 있느냐에 있다. 그 다음 중요한 품질차원은 즉응성, 즉 시의적절성이다. 이는 대응이라고도 하는데 단시간 안에 서비스 제공에 응답하는 것을 의미한다. 기다리는 것은 클라이언트들이 필요로 하거나 원할 때 서비스가 실제로 제공되는 것을 말한다. 그러므로 사회복지 프로그램은 최소한 신뢰성과 즉응성 또는 시의적절성에 대한 성과 적용을 고려하는 것이 필요하다.

2. 품질 성과측정의 유형별 접근차원

따라서 두 가지 기본 접근, ① 품질차원의 평가에 의한 산출, ② 클라이언트 만족 접근이 서비스 품질의 성과측정을 촉진시키기 위해 존재한다. 각각의 초점에서 품질차원의 평가에 의한 산출은 서비스 품질에 해당되는 개념이며, 클라이언트의 만족 접근은 서비스의 품질뿐 아니라 결과, 영향, 그리고 서비스 이행 등 양쪽 모두를 보여줄 수 있다.

제3절 프로그램 성과측정

1. 프로그램 성과측정의 정의

성과측정이란 사회복지 프로그램의 효율성, 효과성, 서비스 품질 등에 관한 정보에 대하여 규칙적으로 수집하고 분석하는 것으로 정의내릴 수 있다. 즉, 성과측정은 프로그램에서 제공되는 서비스의 총량에 대하여 서비스의 품질, 프로그램의 적합성이나 영향 및 투입자원, 즉 인적자원과 물적자원 등에 관한 비용과 같은 정보들을 규칙적으로 수집하고 보고하는 것을 의미한다. 성과측정은 프로그램의 책무성의 정당성을 제시하기 위한 많은 접근법 중의 하나이다. 이는 프로그램의 어떠한 측면에 초점을 두어 중시하느냐에 따라 과정 평가, 재정 감사, 법적 사정, 전달체계의 점검 등이 있게 된다. 따라서 성과측정은 프로그램의 결과와 영향, 효율성 등을 강조하는 평가방식으로 외부재원을 지원받아 진행하게 되는 프로그램의 성과를 정당화하기 위한 수단이다. 또한 성과측정은 프로그램의 비용 대비 효율성, 서비스 품질, 목적달성의 효과성 등을 중점적으로 분석한다.

성과측정을 수행하는 과정에서는 많은 요인 중에서 어느 것이 더 중요하다는 가정을 하지는 않으며, 다만 성과측정의 결과를 활용하는 사람들의 필요에 따라서 특정 영역을 강조하는 형식을 취할 수 있다.

2. 성과측정의 의의

사회복지 프로그램의 성과측정은 다음과 같은 의의를 지닌다.

첫째, 성과측정은 사회복지 프로그램의 충실한 관리능력을 향상시키기 위한 도구이다.

둘째, 성과측정은 사회복지 프로그램의 재원 할당과 조정에 영향을 미칠 수 있는 도구이다.

셋째, 대부분의 중요한 성과측정은 사회복지 프로그램의 피드백에 필수적인 과정이다.

1) 성과측정과 프로그램의 점검사항

사회복지 프로그램의 점검을 적합하게 관리하기 위해서 기본적으로 점검되어야 하는 사항은 다음과 같다.

① 누가 클라이언트이며 어떠한 욕구를 가지고 있는가?
② 그들의 사회 인구학적 특징은 무엇인가? 또한 문화적인 특징은 무엇인가?
③ 그들의 사회적 또는 표출된 문제는 무엇인가?
④ 그들은 어떤 서비스 수혜를 받고 있는가?

⑤ 서비스 제공의 총계는 얼마인가?
⑥ 서비스 품질은 어떠한가?
⑦ 어떤 결과가 예측되고 달성되었는가?
⑧ 비용대비 효과는 얼마인가?

이와 같은 점검은 사회복지 실천가들이 사회복지 프로그램 제공이라는 서비스 향상을 위해 개입시점 및 모니터링뿐 아니라, 어떤 클라이언트들이 존재하며 사회문제 혹은 개인문제의 해결을 위해서 얼마나 많이 도움을 받고 있는지 피드백을 해줌으로써 서비스 실천의 완성도를 높여갈 수 있다.

2) 성과측정과 자원 조정

상기요인에 대한 프로그램의 성과측정은 정부와 민간기관의 사회복지 프로그램에 대한 자원조정할당에 대한 결정에 영향을 미칠 수 있다. 모든 사회복지 프로그램들이 비교할 수 있는 성과측정 도구를 가지고 이를 통하여 분석한다면, 정부와 민간은 예산배분, 보조금 할당, 위탁기관에 대한 계약 결정을 내리는 판단의 정보로 활용할 수 있다. 예를 들면, 주요 재원을 지원해야 하는 두 개의 민간 서비스 기관 중 한 곳을 지원해야 하는 입장에 있다고 가정하자. 그렇다면 두 기관 중에서 클라이언트에게 더 나은 결과를 도출하여 목적을 달성하는 체계적이고 투명한 기관, 적은 지원으로 훌륭한 성과를 얻는 기관에 힘이 실리게 된다. 그러므로 성과측정은 사회복지의 예산 집행과정과 정책뿐만 아니라, 사회복지 자금정책, 나아가 사회복지정책에도 영향을 미칠 수 있다.

Key Point

사회복지관련 프로그램은 외부의 다양한 재원을 지원받는 경우가 많으므로 재원의 효율적 사용과 투명성과 공개성 등이 고려되어 누구나 재원의 흐름을 파악할 수 있도록 하는 것이 중요하다. 이러한 과정은 잠재적인 외부인의 참여의 기회를 확대하는 가능성을 바람직한 통로가 된다.

3. 성과측정의 유형

1) 산출 성과의 측정

산출의 성과측정은 모든 기관의 운영에서 매우 중요한 과정이다. 성과측정을 투입과 비교할 때, 그 결과로써 생기는 생산성 비율은 사업체의 상대적인 효율성의 측정이다. 산출과 산출 성과측정은 사회복지 프로그램에서도 동일한 기능을 한다.

예를 들면, 직업훈련 프로그램은 두 가지 활동, 즉 ① 채용하려는 기업과 사원훈련 프로그램을 통한 배치, ② 예상되는 심사과정 및 요구조건 및 연결 등에 관련된다고 할 수 있다. 직업훈련 프로그램의 최종 산출은 한 명의 채용된 클라이언트이다. 중간 산출, 즉 최종 산출을 낳는 데 소비되는 서비스는 투입된 서비스의 횟수이다. 만일 직업훈련 프로그램이 채용된 사원들의 숫자만 계산한다면, 실제 산출된 결과를 얻기 위해 요구되는 활동의 양인 중간 산출은 설명되지 못할 것이다. 따라서 중간과정과 최종 결과가 모두 중간 및 최종 산출의 성과측정을 통해서 직업훈련 프로그램의 포괄적인 비전을 제공하게 된다.

정리

중간 산출 성과측정은 서비스 단위(units of service)의 측정으로, 최종 산출의 성과측정은 서비스의 완료(service completion)로 이해된다.

2) 서비스 단위의 정의

서비스 단위는 어느 정도 양의 서비스가 사회복지 프로그램에서 제공되었는지를 결정하고 분석하기 위해 사용되는 표준화측정의 기본단위이다. 즉, 서비스 단위는 프로그램을 통해 제공되는 특정 서비스 양의 측정이다. 사회복지는 다양한 프로그램을 포함한다. 예를 들어 주간 보호(아동과 성인, 노인 모두), 부모 훈련, 레크리에이션, 상담과 직업훈련 등이 사회복지의 범주가 되고, 이들은 서비스 양의 측정을 필요로 한다. 따라서 이에 대한 연구와 개발이 필요하다.

3) 서비스 단위 선택

사회복지 프로그램의 제공에 있어서 서비스 단위의 선택은 다음 세 단계의 과정을 포함하고 있다.

첫 번째 단계로, 사회복지 프로그램에 관계되는 이해관계자들 중에서 대표되는 표적집단이나 위원회의 소집이 요구된다.

두 번째 단계로, 사건이나 접촉의 단위, 물질단위, 그리고 시간단위를 포함하여 다양한 서비스의 단위를 예측해 본다. 이러한 접근방식은 향후 더 유용한 서비스 단위 준비에 도움이 된다.

세 번째 단계로, 다음의 5가지 기준, 즉 유용성, 정확성, 실행가능성, 단위 비용 보고, 합의를 기준으로 서비스의 단위 등을 평가해보자.

다음 기본적인 용어에 유의하여 사회복지전문가로서의 평가단위를 숙지하는 것이 필요하다.

① 유용성(Utility) : 유용성이란 사회복지 프로그램과 그 프로그램에서 다루는 주어진 사회문제의 특징과 프로그램 등의 대처에 대해 적절한 단위물을 제공하는 것이다.
② 정확성(Precision) : 서비스의 단위가 더 정확할수록 사회복지 프로그램에 대해서 발생되는 영향도 더 정확하게 산출될 수 있다.
③ 실행가능성(Feasibility) : 실행가능성은 서비스 자료의 단위에 대한 실천적 차원의 점검으로, 프로그램 직원들에 의해 요구되는 시간과 노력에 대한 성과가 목적을 달성할 수 있는가 하는 차원의 문제이다.
④ 단위 비용 보고(Unit cost reporting) : 서비스의 한 단위를 제공하기 위해서 얼마나 많은 비용이 드는가 하는 점의 단위비용은 손익분기점의 계산, 수익, 그리고 서비스 구매의 계약을 포함해서 사회복지 프로그램의 실천을 위한 다양한 목적달성을 위해 활용된다.
⑤ 합의(Consensus) : 사회복지 프로그램의 관계자들은 의사소통을 통한 의사결정과 그에 동의한 서비스 단위의 진행이라는 합의에 이른다.

4. 성과측정과 체계 모델

사회복지 프로그램의 성과측정을 논의하는 것에서는 체계 모델이 유용하다. 즉, 체계 모델은 사회복지 프로그램이 어떻게 작용하고 있는지에 대한 역동성을 이해하는 데에 활용되어 왔다. 일반적으로 체계 모델의 기본과정은 투입, 과정(전환), 산출, 피드백으로 순환과정을 이루고 있다.

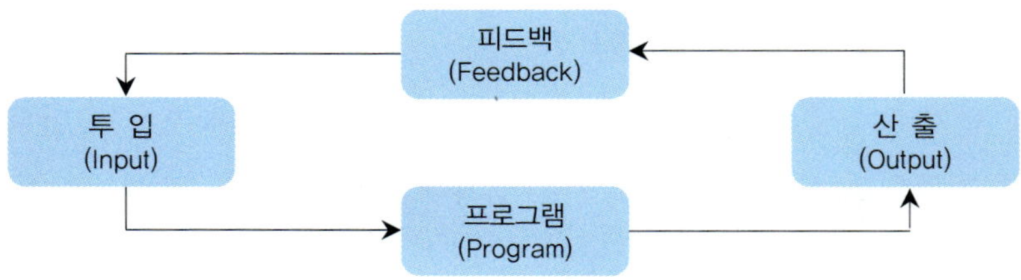

[그림 7-1] 체계 모델

첫째, 투입이란 사회복지 프로그램이 가진 목적을 달성하기 위해 투입되는 일련의 것들이다. 따라서 사회복지 프로그램에 들어가는 자원과 재료들로 예를 들면 장소, 자금, 직원, 설비, 장비 등으로 프로그램에 관련한 포괄적 개념이다. 둘째, 과정은 투입이 산출로 나타나는 형식이 되고, 프로그램이 진행되는 동안 이루어지는 실질적인 노력들이다. 셋째, 산출은 사회복지 프로그램이 생성한 것들이다. 넷째, 이에 대한 피드백은 이것이 다시 투입으로 이루어질 때 개선되어야 하는 지침과 같다. 이러한 개념이 사회복지 프로그램의 투입, 산출과 피드백의 체계 구성요인을 이루어 사회복지서비스의 효율성, 프로그램 품질, 효과성의 3가지 책무성의 측면들의 당위성을 얻기 위해 활용된다.

1) 효율성 측면의 성과측정

성과측정은 사회복지 프로그램의 효율성에 대한 초점을 포함하고 있다. 사회복지 프로그램에서 주요 성과측정은 투입 대비 산출의 비교과정이다. 예를 들면, 효율성 측면에서 볼 때 사회복지 프로그램을 살펴본다면, 사회복지 프로그램을 통하여 제공되는 서비스의 양과 프로그램을 통해 성과를 거둔 클라이언트의 수에 대한 산출(outputs)을 사정하여, 이것을 비용인 투입(inputs)과 대비하여 비교할 수 있다. 그러나 효과성과 지속성을 명확히 규명하는 것은 어려우며, 다만 투입 대비 산출 비율을 생산성의 표준적인 개념으로 활용한다. 효율성의 관점에 의하면 책무성 있는 사회복지 프로그램은 투입에 대하여 산출을 극대화하기 위한 노력이라 할 수 있다. 이러한 효율성의 개념은 1990년대 이후 사회복지 프로그램의 책무성에 대한 중요한 요인으로 간주되고 있다. 프로그램의 관리자나 재정부담자 혹은 납세자들이 사회복지분야에서 클라이언트들에게 목적한 서비스가 제대로 제공되고, 재원이 올바로 쓰이는지 확인하고자 하는 욕구가 있기 때문이다.

▍참고▍

효율성의 개념은 비용 대비 산출의 개념이다.

2) 품질 측면의 성과측정

품질 관점은 서비스의 질에 초점을 갖는 것이다. 서비스의 품질은 총체적 품질관리(TQM) 경향의 필수 구성요인이다. TQM은 프로그램의 생산에서 질적 측면을 고려하기 위한 이론으로, TQM 이론에 따르면 프로그램이 고품질의 서비스를 제공할 경우 생산성이 증대되고, 저품질의 서비스가 제공될 때는 생산성이 감소한다. 따라서 사회복지 프로그램의 생산성에 관하여 고품질의 서비스 제공은 낮은 실패율, 적은 문서작업, 공정에서 더 적은 시간, 클라이언트들에 대한 높은 만족도, 낮은 비용, 좋은 공공 이미지가 도출되는 것에 도움이 된다.

3) 효과성 측면의 성과측정

효과성 측면으로부터 성과측정은 사회복지 프로그램의 성과 즉, 결과, 영향, 달성 등에 초점들을 두고 있으며 사회복지 프로그램의 어떤 제공에 의해 어떤 성과가 달성되는가에 관련이 있다. 이러한 성과측정을 통해 실행기간뿐 아니라 실행 후 사회복지 프로그램의 효과성의 판단이 가능하게 된다. 효과성 측정에 따르면, 책임감 있는 사회복지 프로그램은 투입의 결과를 극대화하기 위한 노력이다. 이뿐만 아니라, 이를 통한 피드백을 강조한다.

Key Point

성과측정에 있어서 효율성 측면은 투자재원대비 산출의 개념이며 효과성의 측면은 목적의 달성측면에서 진행되는 성과의 측정이라고 할 수 있다. 사회복지기관의 프로그램은 상기의 효율성, 효과성 및 서비스 품질의 관점이 복합적으로 점검되어야 하는 것이 중요하다.

4

PART

사회복지 프로그램 평가 및 보고

Chapter

8 프로그램 평가의 기초

본 장에서는 총체적인 프로그램 개발과 평가의 과정을 다시 한 번 살펴보고 이를 기관과 평가의 틀에 맞추어 재조망해 보고자 한다. 본 장을 통하여 복습과 정리뿐 아니라 전체적 재조망을 해보고자 한다. 사회복지 프로그램 개발과정은 사회복지 정책결정과 집행과정에 대한 반영이 프로그램을 통하여 적극적인 반영이 이루어지도록 하는 일이며, 이를 위한 기획, 실행, 평가에 대한 사회복지사의 전문성을 적용시키는 일이다. 그렇기 때문에 사회복지사는 다양한 프로그램 개발을 통해 클라이언트들에게 보다 나은 서비스가 공정하게 전달될 수 있는 지식과 역량을 갖추도록 해야 한다. 이러한 서비스 전달체계의 다양성을 살릴 수 있기 위해서는 사회사업실천과 사회복지정책의 비전을 실천할 수 있는 전문성과 윤리 및 자질을 겸비해야 하고, 사회복지현장에 대한 다양한 경험을 축적할 수 있는 능력을 갖추어야 한다.

생각해 보기

우리 주위의 다양한 복지기관에서 실시하고 있는 프로그램을 조사해보고 이에 대하여 어떠한 관점에서의 평가가 이루어질 수 있으며 피드백이 가능할지에 관하여 논의해보자.

제1절 프로그램 개발의 평가의 개념 및 필요성

1. 프로그램 평가의 의의

프로그램이란 일정기관에서 클라이언트의 욕구가 가지는 목적을 달성하기 위해서 모든 과정을 마칠 때까지 요구되는 내용과 조직의 활동목표, 체계, 지원, 지원체계, 기간 등에 관한 기획을 정해진 경로에 따라 수행할 수 있는 절차를 지시하는 전반적인 과정인 것이다. 사회복지 프로그램이란 추상적인 사회복지사업의 목적, 즉 사회사업실천과 사회정책의 목적에 대한 실현을 위해서 행해지는 활동들의 집합체이며, 따라서 이를 구체적인 서비스로 전환시키는 매개체, 즉 수단이라고 할 수 있다. 따라서 이러한 중요한 과정이 얼마나 달성되었는지를 제대로 평가할 수 있다면 더 나은 프로그램으로 업그레이드되고 맞춤형 서비스가 실천되는 초석이 될 것이다. 이를 통하여 만족스럽고 충분한 상태의 서비스가 클라이언트에게 집합적인 행동에 의하여 제공되어 서비스의 목적이 사회적 욕구의 충족을 실현해내게 된다. 그러나 이를 위한 사회의 각종 다양한 기관의 자원제공과 정부로부터의 지원, 그리고 종교단체의 후원 등이 있으므로 기금 및 재원에 대한 책무성과 책임성이 요구된다.

2. 책무성 요구의 배경

책무성이란 사회복지 프로그램의 실천을 위해서 조직이 주어진 자원을 목적달성을 위해 얼마나 효과적이며 효율적으로 달성하였는가를 객관적으로 증명하는 것이다. 책무성을 강조하게 된 배경으로는 사회복지기관들에 대한 시민단체들의 모니터링 참여로 인하여 책임성에 대한 논란이 제기되었고, 시민사회의 기능이 강화되면서 평가를 통한 책임성의 중요성이 설득력을 얻어 제도화한 것이다. 각종 단체의 행정가들은 책무성의 도전에 적절히 대응하기 위해 프로그램의 기획과 분석에 필요한 능력을 개발하는 것이 필요하다. 가치 있는 목적을 달성하고 목표를 개발하며 측정 가능한 세부목표를 규정하는 전문적인 능력은 사회복지사의 입지를 굳건히 하는 길이다. 또한 비용과 산출의 관계에서 프로그램의 상대적 효율성을 분석하는 것은 프로그램의 개발에 따른 책무성뿐 아니라, 궁극적으로 클라이언트에게 보다 나은 서비스 제공을 달성하는 의미 있고도 중대한 개념이다.

3. 사회복지실천 주체의 점검

사회복지서비스를 실천 및 전달하는 주체로는 정부기관, 공공기관, 민간기관 사회복지전문가, 전문직종사자 등이 있다. 이러한 기관은 모두 사회복지실천의 주체자로 사회복지의 책무성을 실천하는 기관과 사람들이며, 평가자로 개입할 수 있다. 또한 서비스 받는 수혜자인 대상으로 개인, 집단의 다양한 클라이언트는 수혜대상이나 프로그램 평가자의 주체가 될 수도 있다.

서비스를 실천하는 방법으로는 사회사업실천의 미시적 · 직접적 접근방법과 사회정책의 거시적 · 간접적 접근방법이 있는데, 예를 들어 소득보장, 교육, 건강, 주택, 환경, 고용, 보험, 여성 및 기타에 대한 개입이 있다. 또한 서비스를 창출하는 데 소요되는 재정으로 국가재정, 기업의 사회사업의 지출로 복지비 개인의 부담금 등이 있다. 따라서 사회복지분야는 정책과 실천과 대상과 재원이 조화를 이루어 복지가 실현되는 분야이다. 그러므로 각 분야와 영역에 대한 책무성과 평가는 매우 중요하다.

제2절 프로그램 개발유형과 의사결정에 대한 평가준비

프로그램 개발의 전반적인 유형과 의사결정에 대한 유형을 숙지하고 있는 것은 어떤 부분을 평가하는 것이 좋은지 알고 있다는 것과 같은 의미로 이해될 수 있다. 따라서 프로그램의 개발원리와 개발유형, 정책유형, 의사결정 등에 관한 전반적인 이해가 필수적이다.

1. 프로그램 개발원리와 유형

프로그램 개발원리와 유형은 참여자들의 욕구와 특성에 맞게 이루어져야 하며, 프로그램이 원활하게 수행되는 데 관련되는 여건들이 충분히 고려되어야 한다. 여기에서 중요한 것은 클라이언트들의 폭넓은 참여가 보장되는 가운데 그들의 합의와 욕구 반영이 있어야 한다는 것이다. 또한 참여자들의 발달단계가 고려되어 불확실성과 모호성의 요인이 제거되어야 한다는 것이 중요하다. 따라서 이러한 개발원리가 프로그램의 평가에 반영되어야 한다. 즉, 참여자들의 생활과 활동을 통합하는 통합적 모형이 되도록 포괄적인 형식으로 이루어져야 하며, 클라이언트의 변화를 예측하여 상황에 따라 융통성 있게 대응할 수 있도록 하는 부분에 대해 고려되고 평가되어야 한다.

이에 따른 사회복지 프로그램의 개발유형을 이해하기 위해서는 국가정책의 유형에 대한 이해가 필요하다.

참고
프로그램 개발은 실시 기관과 목적에 따라 다양하게 활용될 수 있다.

1) 국가정책의 프로그램 제공 유형

국가정책의 프로그램 제공 유형은 다음과 같은 정책이 반영되어 만들어진다.

① 배분정책 : 특정집단이나 인구집단에 서비스를 제공하려는 방향으로 정책을 재원이나 서비스라는 형식으로 제공하는 것에 대한 정책이다. 이것은 사회복지 프로그램에 반영되어 적용된다.

② 재분배정책 : 각종 계층 사이에 부, 소득뿐 아니라 권력을 이동시키는 정책이다. 여기에는 각종 권리와 역량과 기회라는 개념이 포함된다. 따라서 교육, 역량, 문화 등의 향유에 대한 권리를 존중하는 서비스는 유형 및 무형의 사회적 자원을 재분배하는 것이라고 포괄적으로 이해될 수 있다. 그 밖에 천재지변 및 긴급 상황의 발생에 대비한 정책의 반영이 있으므로 이에 대한 평가가 필요하다.

2) 수혜자의 입장에 따른 분류는 다음과 같다.

클라이언트의 요구에 따라 다음과 같이 진행의 주체가 달라질 수 있다.

① 기관주최 프로그램

② 정부주최 프로그램

③ 기타 민간 및 위탁 프로그램

3) 한국청소년개발원의 프로그램 분류

① 개발주체에 따라서 국가수준 프로그램과 기관수준 프로그램으로 분류될 수 있다.

② 구성범위에 따라서 단일 프로그램과 연속 프로그램 및 통합 프로그램, 종합 프로그램으로 분류될 수 있다.

③ 활동내용에 따라서 자연체험활동, 체육활동, 예능활동, 과학활동, 봉사활동, 예절수양활동, 전통문화활동, 자아개발활동 프로그램 등으로 분류될 수 있다.

2. 프로그램 개발의 모형

1) 선형적 모형과 비선형적 모형

① 선형적 모형 : 일련의 순차적인 경로를 통하여 한 단계가 마무리되면, 다음 단계에서 수행될 절차가 순서적으로 진행된다. 단계마다 과업이 명확하고 단순하여 안정감을 가지나 조직과 외부환경을 정적인 것으로 가정하고 있는 단점이 있다. 또한 제반 변화에 대처할 수 있는 유연성이 부족하다.

② 비선형적 모형 : 동시에 몇 개의 절차가 이루어져 시간상의 제약을 받지 않으며, 시간과 자원분배 측면에서 융통성이 각 단계에서 계속적으로 순환되는 특징을 가지고 있다. 전문성과 자율성을 최대한 발휘할 수 있다.

2) 통합적 모형(체제분석모형)

투입과 산출, 외부환경과 상호작용의 주변요인으로 설정하고 개발하여 개발오류를 최소화하며, 클라이언트의 다양한 요인, 욕구, 문제 등이 충분히 고려될 수 있으나 개발자의 기본 능력이 필요하다. 비통합적 모형은 개발보다 모방의 방법으로 장점이 있다.

3. 의사결정의 의의 및 모형

의사결정은 조직이 문제해결이나 최적의 조건을 달성하기 위한 대안들의 비교방법을 통해 그 중에서 조직의 목적을 가장 효율적으로 달성할 수 있는 대안을 최종적으로 선택하는 과정과 행위를 말한다.

1) 이상적 가치 중심의 모형

① 합리주의 : 우리 사회에는 하나의 최선책이 항상 존재한다는 가정 하에 최선책을 찾아 정책형성을 할 수 있다는 이론으로, 현실상 초합리주의 모형은 존재하지 않으며 이상적인 모형으로 설정되었다.

② 게임이론 : 경쟁적 상황에서 합리주의를 추구하고 미니맥스의 기준을 설정한다. 미니맥스란 경쟁상대자가 어떤 위치에 있든 기대치 상실을 극소화하고 극소치에 대한 이득을 극대화시키는 기준을 뜻한다.

2) 현실적 가치 중심의 모형

① 점증주의 : 과거의 것보다 좀 더 나은 정책을 선정하여 과거로부터 점증적으로 수정한 대안을 선택하는 모형이다.

② 만족모형 : 최선이 존재할지 모르지만 현실적으로 가능하지 않다는 관점에서 보고 있으며, 이상에 대하여 현실적 여건을 반영한 모형이라 할 수 있다.

③ 쓰레기통모형 : 애매성과 불확실성으로부터 영향을 받으며, 현실적으로는 무작위로 특정 의사결정에 대한 권위를 가지고 있는 집단이나 개인에 의하여 선택되거

나 우연적 상황에 의하여 상황에 따라 선택되는 경향이 있다는 이론이다.

④ 체제이론 : 정책은 환경으로 영향을 받아 체제 내에서 일정한 여과과정을 거쳐 형성되므로 정책은 체제의 산물 혹은 환경의 산물이라는 것이다. 따라서 그 시대의 체제가 프로그램 형성 등의 의사결정에도 작용할 수 있다는 의미이다.

3) 정치과정 중심의 모형

정치체제는 개인뿐 아니라 그룹 간의 갈등을 조정하는 것을 임무로 삼고 있다는 입장으로, 엘리트주의는 사회복지정책이 소수의 지배엘리트의 가치관을 반영하고 있다고 본다. 따라서 정치과정 중심모형은 정치적 성향이 의사결정에 반영될 수 있는 가능성을 가지고 있다.

4) 기관형성 모형

기관형성 모형이란 정책을 기관의 산물로 보기 때문에 전통적으로 정치학자들이 정책을 연구할 때 쓴다. 따라서 정책형성은 정부조직이 일상적으로 하는 일로 정부조직의 구조 그 자체가 곧 정책형성과 직결된다.

제3절 프로그램 평가의 준비과정

프로그램 평가는 이용자의 욕구와 제공된 서비스의 관계에 대하여 조사되고 평가되어야 하는데, 성과측정뿐 아니라 프로그램의 목표와 관련하여 평가에 대한 사후관리시스템을 가지고 있어야 한다. 프로그램 평가의 시스템은 이용자 선정기준, 제공된 서비스, 목표, 시간, 효과성과 효율성, 프로그램에 대한 클라이언트의 만족측정을 포함해야 한다. 그리고 프로그램 평가에서 얻은 정보는 다음 운영에서 활용하도록 한다.

따라서 사회복지사는 평가를 위하여 전문적 기술을 갖추고 사회복지 개념에 대한 정확한 이해와 사회문제의 분석, 이용자의 욕구사정, 사회복지서비스의 대상자 선정,

소요되는 예산확보와 공정한 실행, 프로그램의 효과성과 효율성을 높이기 위한 명확한 목표설정, 프로그램 수행능력과 정확한 평가가 이루어지도록 실천적인 자질을 갖추어야 한다.

1. 기관의 평가제도 도입

기관은 프로그램 평가의 기능을 가지며 기관은 프로그램의 과정상의 환류, 사회적 책임성 이행, 이론형성을 위한 연구기능 등을 수행한다. 따라서 기관은 프로그램 수행 후 다음과 같은 사항을 점검하여 평가한다.

1) 프로그램 평가목적

기관의 프로그램 평가는 환류 기능을 가지며, 프로그램 계획이나 운영과정에 필요한 정보를 확보하여 다음 프로그램에 바람직하게 반영되도록 한다. 이를 통하여 책임성 이행 기능을 통하여 프로그램 담당자가 프로그램 과정의 활동에 대하여 사회적 책임을 다하는 것을 의미한다. 기관의 프로그램 등의 평가는 또한 이론 형성에 기여하는 기능이 있으며, 이를 통하여 프로그램에서 살펴볼 수 있는 각종 변수의 인과관계를 검증할 수 있다. 이것은 차후의 계획이나 운영과정에 필요한 환류적 정보를 제공하며, 그 평가는 프로그램의 중단, 축소, 유지 및 확대 여부를 결정하는 데 필요한 정보를 제공한다.

2) 평가의 기대효과

① 각종 사회복지시설 프로그램 운영의 질적 향상 및 시설운영의 관리체계를 구축한다.
② 각종 사회복지시설 프로그램 운영을 위항 객관적 기준 마련을 제시한다.
③ 각종 사회복지시설 프로그램 운영자의 의식을 개선한다.
④ 각종 사회복지시설 프로그램 운영의 투명성을 제고한다.
⑤ 각종 비교평가를 통한 시설운영 프로그램 개선의 근거를 마련한다.

3) 사회복지 프로그램 평가의 발전방향

(1) 사회복지 프로그램 평가의 기본방향

이는 복지현장의 욕구와 현실을 반영한다. 따라서 사회복지현장의 욕구와 현실을 반영하고, 투명성 및 신뢰도를 높일 수 있도록 객관성을 확보한 평가위원의 블라인드 평가, 즉 평가위원이 모든 항목에 관하여 독립적으로 채점한 후 그 평균값을 구하는 방식 등이 도입될 수 있다. 이러한 평가는 사회복지 프로그램의 관리능력을 향상시키고, 사회복지 프로그램의 자원을 개발하는 데 영향을 미치므로 긍정적인 환류를 가져온다.

(2) 사회복지 프로그램 평가의 틀과 기준

현대사회의 사회복지평가의 틀과 조직이 급변하는 외적 환경에 적응하려고 하기 때문에 조직이 가지는 목표가 보다 복잡해지고 다양해지고 있다. 또한 환경을 고려하는 체계모델의 적용으로 목표나 산출물 자체보다 목표달성을 위해 필요하게 되는 수단과 과정에 보다 초점을 두고 있으며, 조직의 효과성의 평가는 조직 내의 주요 기능 간의 상호 독립성을 강조한다. 사회복지 프로그램의 평가의 기준은 수행, 적절성, 효율성, 노력 및 과정의 5가지가 통상적으로 쓰인다.

정리

① 수행은 사업의 산출에 관한 것으로 노력의 결과를 측정하는 것이다.
② 적절성은 크기와 범위를 적정하게 운용하는 정도를 나타낸다.
③ 효율성은 노력과 실행의 효과대비 비용의 개념이다.
④ 노력성은 사회복지 프로그램과 사업을 위해 투입된 서비스의 양과 질이다.
⑤ 과정은 노력이 산출로 옮겨지는 과정 또는 절차부분에 관하여 평가하는 것이다.

(3) 평가방법을 기준으로 한 모형

평가방법을 기준으로 다음과 같이 프로그램 평가의 접근방식을 분류할 수 있다.

첫째, 실험적 접근은 통제집단과 실험집단을 비교하여 프로그램의 효과를 인과적

관계로 도출하여 객관성과 과학적 방법을 확보하도록 하였다.

둘째, 목표 중심적 접근은 목표를 명확히 설정하고 그 달성 여부를 평가하는 것이다.

셋째, 의사결정적 접근은 관리상의 의사결정과 프로그램 실행을 모니터링 하기 위해 체계적인 정보 수집과 분석을 강조하는 모델이다.

넷째, 이용자 접근적 방식은 이용자의 입장에서 평가의 유용성을 강조하는 것이다.

다섯째, 사회적 접근은 사회적 파급효과 및 영향은 어떠한가를 평가하는 방식이다.

2. 사회복지전문가로서 프로그램 평가의 개념과 필요성 이해

평가는 프로그램이 가지는 긍정적 요인과 부정적 요인에 대한 평가기준을 토대로 총체적이며 체계적인 과정을 탐색하고 규정하게 된다. 평가과정과 결과의 활용은 학습과 성장의 기회가 된다. 즉, 평가는 프로그램을 보다 객관적으로 분석하여 장단점 분석을 통해 강화해야 할 것과 개선해야 할 것에 대한 정보제공의 지침이 된다. 따라서 프로그램 평가는 프로그램의 발전을 위해 프로그램 기획과 진행의 과정, 종결에서 나타나는 긍정적이거나 부정적인 요인의 원인을 총체적이며 체계적으로 돕게 된다.

이러한 프로그램 평가는 프로그램 자체의 목적에 보다 충실할 수 있게 하는 역할을 수행하며, 내부적으로는 학습과 성장을 가능하게 하여 보다 발전적인 프로그램을 구축하는 토대가 된다. 이와 같은 프로그램 평가는 사업계획서의 작성 이후부터 시작되어, 프로그램이 진행되는 과정과 종결 후에 자금집행의 투명성은 물론 해당 프로그램이 클라이언트의 문제해결에 적절하게 기여를 했다는 것을 객관적으로 증명해야 한다.

정리

진단을 통하여 프로그램의 효과성, 효율성, 품질, 서비스의 적절성 등을 확인할 수 있으며, 이를 통해 새로운 의사결정을 내릴 수 있거나 기존의 프로그램의 문제점을 개선할 수 있는 정보를 습득하게 된다.

3. 평가방법

사회복지 프로그램의 평가방법은 방법론적에서 크게 볼 때는 질적 평가와 양적 평가로 나뉜다. 이 부분은 뒤에서 구체적으로 다시 다루기로 하겠지만, 질적 평가는 질적 연구방법을 적용한 평가이며 관찰과 인터뷰를 주로 활용하고, 특수한 집단이나 개인에 나타나는 내면적 인간행위와 외면적 상호작용, 그리고 그 흐름 속에서 심도 깊은 통찰을 끌어내어 평가하는 방법이다. 질적 평가는 맥락을 이해하고, 해석하고, 이미지를 부여하고, 새로운 결론을 도출해내는 작업으로, 해당분야의 전문성뿐 아니라 통찰력과 전문가로서의 경험적 지식 등이 갖추어져 있어야 한다. 반면, 양적 평가는 양적 연구방법을 적용한 평가이다. 척도나 설문지 혹은 계량화된 측정기준을 통해서 인과관계를 측정하거나 수집된 결과들에 대해 통계 및 확률적 이론을 기반으로 그 결과를 해석하고 가설을 검증하는 평가방식이다. 즉, 질적 연구와 양적 연구 모두 철저한 사회과학적인 조사에 관한 전문적 지식을 필요로 한다.

그 밖에 프로그램의 평가시점에서 볼 때 형성평가와 총괄평가는 프로그램 과정에 따른 분류이다. 형성평가는 프로그램의 과정을 모니터링 하는 데 사용하고, 직원들로 하여금 양질의 서비스를 유지하도록 하기 위하여 사용하므로 진행 중 수정과 보완이 그 목적이다. 반면 총괄평가는 최종 결과성, 산출된 실적, 파급효과까지 분석하여 프로그램에 반영한다.

또한 성과적인 측면의 시간차원으로 볼 때는 효과성 평가와 효율성 평가가 있는데, 이것은 프로그램이 이루고자 하는 목적과 목표에 대한 실제 달성된 정도를 측정하는 것이다. 만일 취업 프로그램이라면 취업하게 된 클라이언트의 수가 기준이다. 가령, 100명이 취업 프로그램에 참가하여 80명이 취업하게 되었다면 효과성은 80%라고 할 수 있을 것이다. 효율성 평가는 프로그램의 실행 결과로 얻어진 실적에 대해 투입된 자원을 대비하는 것으로, 최소의 노력으로 최대의 산출을 얻었는지 평가하는 기준이다. 따라서 비용으로 효과를 나누어 분석하면 비용효과분석이 되고, 비용에 따라서 발생한 이윤을 대상으로 분석하는 경우에는 비용편익분석이 된다. 그러므로 이를 통하여 얻어진 결과가 비용효과의 단위가 될 것이다. 가령, 50명에게 직업교육을 시키는 데 100만 원이 소요되었다면 1인당 2만 원의 비용이 소용된 것이며, 2만 원은 비용효과 단위가 되는 것이다.

한편, 사회복지서비스의 측정은 품질과 만족도에 관하여 살펴볼 수 있는데, 품질은 프로그램의 질과 수준이 어느 정도 확보되었는지에 대하여 클라이언트의 이용자 입장에서 평가하는 것이다. 즉, 프로그램의 제공자 입장이 아니라 프로그램의 수혜자의 입장에서 평가한다. 서비스 질의 평가는 다양하게 평가될 수 있는데, 대응성, 노력성, 형평성, 적법성, 접근성, 적절성 등이 있다. 즉, 품질의 측정이 어렵기 때문에 클라이언트 만족도를 이용하여 이를 평가하게 된다. 이는 높은 품질의 서비스가 제공된다면 클라이언트의 만족도가 높아진다는 논리이다.

1) 대응성

대응성이란 클라이언트의 욕구나 문제에 대하여 사회복지 프로그램이 클라이언트의 욕구에 얼마나 적절하게 대처하였는가에 대한 기준이다. 즉, 대응성은 클라이언트의 욕구에 대한 반응과 처리가 얼마나 신속하고 정확하게 이루어졌는가를 평가하는 것이다. 예를 들어, 경제적인 어려움이 있는 클라이언트에게 경제적인 서비스를 적절한 수준으로 제공하였다면 이는 대응성을 충족시킨 것이라 볼 수 있다.

2) 노력성

노력성이란 프로그램 수행을 위해서 목표달성을 위해 얼마나 많은 노력을 기울였는지 평가하는 것이다. 즉, 필요한 물적 · 인적 자원을 얼마나 더 투입하였는가에 대한 관심으로 볼 수 있다. 따라서 기관별 프로그램 지원금이 100만 원이라면 이에 더하여 후원자금을 70만 원 개발했다면, 같은 지원금을 받고도 후원금을 개발하지 않은 기관보다 더 노력성이 높다고 볼 수 있다. 그러므로 전문적 사회복지사는 프로그램의 개발과 함께 이에 대한 후원금을 개발하는 활동도 중요하며 후원금을 모금하고자 하는 다양한 활동 등이 기획되고 있다. 예를 들어 기관별로 실시하는 홈커밍데이, 일일호프, 자원봉사 및 물품기증제 등의 방법이 활용되고 있다.

3) 형평성

형평성이란 분배의 가치 실현에 초점을 두는 개념으로, 프로그램 과정에서 클라이언트에게 미치는 영향력이 편애되었거나 한쪽으로 치우치지 않아야 한다는 논리이다. 따라서 대상자 선정에 대한 차별이 없어야 하고, 이에 대한 자격기준이 명확하고, 자격의 결정과정이 객관적으로 공개되어야 한다.

4) 적법성

적법성이란 프로그램의 준비과정 수행, 마무리 과정이 합목적적으로 적법한 방식으로 진행되었는지, 혹은 기관의 가치와 목적이 정관을 준수하며 진행되었는지에 관하여 평가하는 것이다. 특히 예산의 투명성과 집행과정의 적법성은 매우 중요하다. 또한 혜택을 받는 프로그램의 경우에는 대상자 선정에 있어서의 차별이 없는지도 중요하다.

5) 접근성

접근성이란 프로그램의 참여와 활동에 있어서 클라이언트의 접근이나 교통 및 이용기회의 제공이 특정 대상에게 편중되어 있거나 차별이 있는지 진단하는 것으로, 생활편익시설에 있어서 임산부나 장애인, 어린이 등이 사용하는 데 불편함이 없는지 혹은 정보의 접근성과 같은 비물리적 접근성에 관해서도 평가할 수 있어야 한다.

클라이언트의 서비스 이용에 있어서 접근성은 매우 중요한 요인이다. 아무리 훌륭한 프로그램이라도 쉽게 이용할 수 있도록 접근성이 고려되어야 한다.

6) 적절성

적절성이란 클라이언트에게 제공되는 프로그램이 클라이언트의 상황이나 특성과 제공되는 기관을 고려하여 적절히 제공되고 있는가를 평가하는 것이다. 클라이언트의 입장에서의 대응성과 개념이 유사하지만, 사회복지기관이나 사회복지사의 차원에서도 과연 적절한지를 평가하므로 좀 더 포괄적인 성격을 갖는다.

4. 기타 평가방식

평가방식은 맥락과 성격상 여러 측면의 접근이 있다. 그 예로 성과평가와 과정분석 평가를 소개하면 다음과 같다.

1) 성과평가

성과평가는 성과측정으로 휴먼서비스 프로그램의 효율성과 품질, 그리고 효과성에 관한 정보를 일정 규칙에 의하여 보고하는 것으로, 성과측정은 단지 프로그램의 책임성에 대한 접근방법 중 하나이며, 포괄적으로 효율성 관점, 품질 관점, 효과성 관점의 주요 관점을 측정하고 있다. 즉, 성과는 프로그램이 달성하고자 하는 목적과 목표로 그 과정에서 나타나는 모든 활동이 포함된다. 따라서 결과성과, 산출성과, 품질성과는 성과평가의 핵심과정이라 할 수 있을 것이다.

2) 결과성과 평가

결과성과란 프로그램에 의하여 의도된 결과들이 성취되었으며, 이로 인해 클라이언트가 어떤 영향을 받았고 변화하였는지에 주된 관심을 둔다. 따라서 결과성과는 프로그램의 과정이나 그 종결에서 나타나는 참가자들의 변화라고 할 수 있다. 결론적으로는 프로그램이 달성하고자 하는 효과성의 관점이다. 또 산출(output)보다 달성목표나 변화된 것을 중심을 측정하므로 실적보다 목표구현에 더 관심을 두고 있다. 따라서 휴먼서비스 평가에 유용한 개념이다. 이는 기간에 따라 단기, 중기, 장기성과로 구분된다.

3) 산출성과 평가

프로그램에서 생산하는 산출이라고 정의할 수 있으며, 산출성과의 측정은 체계가 생산하는 산출의 유형과 양에 대한 정보를 평가한다는 것을 의미한다. 산출성과는 투입대비 산출을 계량적 비율로 산출하여 생산성의 수준을 파악할 수 있는 표준화된 평가방식으로 효율성의 관점이다. 따라서 여기에는 비용편익분석과 비용성과분석이 포함된다. 비용편익분석은 프로그램의 수행에 따라 나타나는 산출량을 실적으로 하여 평가하는 것이며, 산출량 대 비용의 비율을 계산하는 것이다. 그리고 비용성과분석은 프로그램이 달성하고자 하는 결과성과의 달성정도를 실적으로 평가하는 것으로, 달성효과 대비 비용비율을 계산하는 것으로 나타낸다.

4) 품질성과 평가

품질 관점에서의 평가는 비용과 실적 중심의 효율성과 달리 서비스의 질적인 측면에 관심을 갖는 것으로, TQM이론에 근거한 것이다. 사회복지 프로그램에서 생산성에 대한 이러한 평가는 기부자와 재원, 그리고 클라이언트에 대한 더 높은 만족도를 제공하여 낮은 비용으로 더 좋은 효과성이 도출되도록 하는 것이다.

5. 과정분석 평가

그 밖에 과정분석 평가는 성과평가에서의 준비, 진행, 종결과 그와 상호작용하는 인적 및 환경적 요인과의 관련성을 프로그램의 과정에 따라 분석하는 기법으로, 첫째, 연구가 진행되는 과정에서의 상호작용과 이를 통한 성장과 발전이 고루 분배되었는지, 둘째, 연구의 구조화된 단계별로 각기 어떻게 진행되거나 서로 영향을 미치는지, 셋째, 프로그램 과정에서 나타난 상호작용에 대한 체계적인 기록, 넷째, 현상과 상호작용에 대한 기록을 토대로 추정될 수 있는 프로그램의 적합성과 목표달성 등에 대한 해석이라 할 수 있다. 마지막으로 사회복지 프로그램 평가가 가지는 총체적인 장점과 효과는 무엇이며, 단점과 애로사항, 즉 변수, 돌발사항, 특수사항 등은 무엇인지 구체적으로 고찰한다. 이러한 평가는 신뢰성 확보를 위하여 가급적 다수의 평가자가 참여하고 수행하며, 이에 대한 상호 피드백을 존중한다.

생각해 보기

현대사회에서는 많은 지역사회의 복지현안에 대하여 주민의 참여제 형식이 활발히 도입되고 있다. 이에 대한 함의에 관하여 논의해보고 실제 참여를 통한 평가가 어떤 형식으로 이루어지고 있는지 사례를 조사해보고 이를 발표해보자.

▍참고▍ PDCA

PDCA란 PLAN DO CHECK ACTION의 의미로 조직의 관리용어이다. 이것은 계획→실천→확인→조치를 반복해서 환류로 실행하여 소기의 목적과 목표를 달성하고자 하는데 사용하는 기법을 의미한다. 이러한 PDCA(plan-do-check-act, PDSA)는 사업 활동에 있어서 생산 및 품질 등을 관리하는 방법이기도 하다. Plan(계획)-Do(실행)-Check(평가)-Act(개선)의 4단계를 반복하여 업무를 지속적으로 개선하는 이러한 과정은 월터 슈하트(Walter A. Shewhart), 에드워즈 데밍(W. Edwards Deming)에 의하여 보편적인 용어가 되었다.

Chapter

9

프로그램 결과의 평가

제1절 평가의 의미와 목적

사회복지서비스 제공에서 예를 들면 요양보호사에 의한 서비스 제공의 비교적 장기간의 서비스를 재가 및 시설 프로그램의 일종이라고 본다면, 서비스의 품질차원은 다음과 같은 유형으로 나눌 수 있다.

1. 제1단계 : 품질차원 선택하기

첫 번째 단계는 제공하게 될 품질의 차원을 정의하여 제시하는 것이다. 예를 들면, 품질차원은 신뢰성과 즉응성이 제시될 수 있는데 이것은 사회복지 프로그램의 제공 속에서 설명된다. 신뢰성은 믿음과 관련하여 클라이언트에게 기대된 일련의 서비스의 제공에 대한 부분에 초점이 있다면, 즉응성은 제공되는 서비스의 시기적절성에 관련된다고 할 수 있다.

이러한 부분을 평가하기 위해서 조사 질문이 활용되며, 클라이언트의 전반적인 만족 정도에 대한 질문과 각 제공된 서비스의 품질차원에 대하여 하나의 서비스에 하나의 특정한 질문을 구체적으로 포함하도록 개발하도록 한다.

2. 제2단계 : 결과성과 측정하기

1) 클라이언트 생활의 질적인 변화 측정

사회복지 프로그램의 성과와 클라이언트의 문제를 연결하여 도움을 주고자 하는 시도가 전개되어 왔다. 이러한 접근은 사회복지 프로그램의 실시결과로 나타난 클라이언트의 질적인 변화와 영향에 대한 진단으로 여러 사항을 복합적으로 고려하여, 성과 수행평가의 정의를 클라이언트의 생활의 변화를 통해 사회복지 프로그램의 결과나 영향, 즉 파급효과로 결과성과를 측정할 수 있다.

사회복지실천에 있어서의 클라이언트의 문제요인을 약물중독문제, 거주의 문제, 알코올문제, 경제의 문제, 자녀 양육의 문제 또는 기타 문제들로 복합적인 문제가 있다면, 질적인 변화로 클라이언트의 상태와 지위, 행동, 기능, 태도, 느낌, 또는 생각들을 바람직한 방향으로 변화시키고 바람직하지 못한 클라이언트의 상태와 지위, 행동, 기능, 태도에 대하여 이를 개선하기 위한 활동계획을 착수할 수 있다.

다음은 성과 수행평가로 클라이언트 생활의 질적인 변화에 대한 몇 가지 예를 보여주고 있다. 여기에서 바람직하거나 바람직하지 못한 클라이언트의 상태와 지위, 행동, 기능, 태도, 느낌이나 생각들의 관계를 보며주고 있다. 이러한 자료들을 통한 점검은 성과 수행평가에 있어서 유용하다.

생각해 보기

다양한 계층에 적용될 수 있는 클라이언트의 생활의 질적인 변화의 예에 대하여 생각해보고 발표해보자.

〈표 9-1〉 클라이언트 생활의 질적인 변화의 예

1. 바람직한 변화에 관한 예

a. 상태 → 노숙자인 클라이언트가 쉼터를 찾는 것
b. 지위 → 실직상태의 클라이언트가 취업을 하게 되는 것
c. 행동 → 청소년 클라이언트의 수업의 출석률이 증가하는 것

d. 기능 → 클라이언트의 대처 전략이 전보다 향상되는 것
e. 태도 → 청소년 클라이언트의 규범과 교육의 수용이 증가하는 것
f. 감정 → 클라이언트의 소속감이 증대되는 것
g. 인식 → 클라이언트의 자존감이 향상되는 것

2. 바람직하지 않은 변화로부터 멀어지는 것에 관한 예
a. 상태 → 노숙자가 길에서 밤을 보낸 날의 수
b. 지위 → 약물중독문제를 지닌 클라이언트가 실직 상태로 보내는 날의 수
c. 행동 → 청소년 클라이언트가 학교에 빠지는 횟수의 감소
d. 기능 → 클라이언트가 배우자와 싸우는 빈도 수 감소
e. 태도 → 청소년 클라이언트가 싸우는 횟수 감소
f. 감정 → 클라이언트가 주어진 환경 속에서 느끼는 무력감 감소
g. 인식 → 클라이언트가 이질적인 집단에 대해 가진 부정적인 인식 감소

출처: 정무성(2000). 사회복지 프로그램 평가 매뉴얼.

2) 결과성과측정의 4가지 유형

사회복지 프로그램에 대한 결과성과측정을 다음과 같이 4가지 타입으로 분류할 수 있다. 즉, 첫째, 산술적인 계산(numeric counts), 둘째, 표준화측정(standardized measures), 셋째, 기능수준척도(level of functioning scales: LOF scales), 넷째, 클라이언트 만족도(client satisfaction) 등으로 분류할 수 있다. 이때 산술적인 계산은 생활의 질적인 향상을 보인 클라이언트의 수를 집계하는 방식이며, LOF척도는 클라이언트 생활에 대한 질적인 향상을 측정하기 위해 기관이나 프로그램에 의해 만들어진 사전 및 사후 테스트를 의미한다. 또한 성과 수행평가를 위해 위의 방법이 사용될 때에는 클라이언트에게 직접 생활

〈표 9-2〉 결과성과측정의 유형과 클라이언트 생활의 질적인 변화를 측정하기 위한 다른 시도들

- 산술적인 측정 : 일반적으로 클라이언트의 상태, 지위와 행동을 측정하기 위해서 활용한다.
- 표준화측정 : 일반적으로 클라이언트의 느낌, 태도와 생각을 측정하기 위해 활용한다.
- 기능수준 척도 : 일반적으로 클라이언트 또는 클라이언트 가족의 기능적인 면을 측정하기 위해 활용한다.
- 클라이언트 만족도 : 일반적으로 클라이언트 생각을 측정하기 위해 활용한다.

출처: 정무성(2000). 사회복지 프로그램 평가 매뉴얼.

에 대한 질적인 향상을 질문하는 자기 보고서 형식을 참고하여 클라이언트 만족도를 측정하도록 하고 있다.

정리

결과성과측정의 방식들은 다음과 같이 각각의 특징이 있다. 예를 들어, 산술적인 측정이 클라이언트의 상태, 지위나 행동을 측정하는 데 사용된다면, 표준화 측정은 클라이언트의 인식, 느낌, 태도를 측정하는데 활용된다. LOF척도는 클라이언트나 클라이언트의 주변인 혹은 가족의 기능적인 면을 측정하는 데 사용되며, 표준화 평가방법의 사용이 불가능하거나 표적집단의 연령과 같은 기타 요인들로 인하여 표준화 평가의 사용이 적절하지 못한 경우 사용한다. 클라이언트 만족도는 클라이언트가 프로그램을 제공 받은 이후의 변화에 대한 생각을 측정하기 위해 사용되는 방식이다.

3) 중간 결과성과측정과 최종 결과성과측정

결과성과측정은 측정시기에 따라 중간 결과성과측정과 최종 결과성과측정의 2가지 범주로 재분류할 수 있다. 중간 결과성과측정은 정해진 일정 시기, 예를 들어 3개월, 6개월, 1년 등의 일정시점에서 클라이언트 생활의 질적인 자료를 파악한다. 또한 최종 결과성과측정은 프로그램을 마친 직후뿐 아니라, 사후관리도 점검되는 것이 필요하다. 결과성과의 측정을 선택하는 경우 다음의 3단계 과정이 결과성과측정에서 제안된다.

정리

- 제1단계 : 사회복지 프로그램 관계자들로 구성된 대표집단이 소집되어 최신의 인정되는 개념적 토대와 이론, 평가, 사회복지 프로그램에 관련되는 현장경험과 함께 고안된 연구(research)에 능통해야 한다.
- 제2단계 : 가능한 수의 결과성과측정이 토의되고 심사숙고되어야 한다. 이러한 과정에서 사회문제와 사회복지 프로그램의 가치, 그리고 인과관계들은 보다 명확해질 것이다.
- 제3단계 : 사회복지 프로그램을 위한 최상의 결과성과측정에 대한 합의도출이 필요하다.

제2절 평가의 요소

1. 지표에 관한 자료준비

이 장에서는 결과측정계획을 위한 구성 틀을 완성하고 그 계획을 행동에 옮길 절차를 개발한다.

1) 과제 1 : 지표에 대한 자료확보

먼저 프로그램을 평가할 수 있는 적절한 지표에 대한 지표를 선정한다. 현재 수집한 정보를 점검하고 그를 통한 지표에 대한 자료출처를 고려한다. 그 밖에 개인의 인터뷰 자료도 포함되는데 클라이언트를 둘러싼 지원과 선생님, 직원, 기타 중요 인물들에 관한 인터뷰로 다음과 같은 보고가 가능하다.

① 클라이언트들이 프로그램 동안, 그리고 그 이후의 지식, 태도 혹은 기술에 대하여 어떤 반응이 있었으며 행동의 변화가 있었는가?

② 클라이언트의 지위, 혹은 조건의 향상에 대한 변화는 어떠한가?

2) 과제 2 : 자료수집방법 설계

만약 자료출처가 결정되었다면, 이런 출처에 대한 자료들을 획득하고, 자료수집도구들을 만들거나 구하고 그 도구들의 이용방법에 대한 절차를 개발한다. 기관이 이런 것에 대한 경험 있는 인력이 없다면, 지역 대학교 및 대학, 기업들, 관련 전문가들로부터 자원활동 도움을 얻는다. 자료수집도구나 절차가 부실하게 설계되었다면, 좋은 성과와 지표를 인식할 수 없으므로 이 부분에 주의를 기울인다.

자료수집방법을 선택할 때, 비용, 응답률, 자료를 얻는 데 걸리는 시간, 기타 요인들 간의 상쇄작용을 고려한다. 자료획득방식들을 고려할 때는 다음의 질문들을 명심하는 것이 도움이 될 것이다. 자료수집방법에 많은 비용이 들지 않는가? 그렇다면 시간이나 비용이 덜 드는 방법은 무엇인가?

3) 과제 3 : 비밀보장문제

클라이언트에 대한 비밀보장문제는 중요하다. 따라서 프로그램과 자료수집자들에 대한 윤리적 함의와 비밀보장에 따른 법적 결과에 관해 논의한다. 수집방법은 클라이언트의 성함과 인식번호가 나타나 있는 겉표지를 각각의 자료수집양식에 부착한다. 또한 다른 양식의 페이지에는 인식번호만을 이용한 후, 자료수집자가 완성된 양식을 제출하자마자 겉표지를 분리한 후에 완성된 양식들을 분리하여 파일에 보관한다. 그리고 자료와 관련 없는 사람들이 자료에 접근하지 못하도록 점검하는 절차를 취한다. 클라이언트에게 보호받아야 할 권리들에 대하여 고지된 동의 혹은 거부, 그리고 사생활과 비밀보장에 관한 권리를 미리 고지한다.

4) 과제 4 : 자료수집도구와 절차에 대한 점검

(1) 질문의 용어

질문의 용어는 질문에 대한 오해의 소지가 없어야 하며, 적절한 어휘로 표현되어야 한다. 이는 대상 집단에 따라 다를 수 있으므로 질문의 이해를 돕는 간단한 양식이나 인터뷰자의 설명이 추가되는 것도 좋을 것이다. 또한 이것은 질문의 내용에도 해당할 것이다.

(2) 응답범주의 적절성

응답의 범주는 한 문항당 한 가지 질문에 답할 수 있어야 하며, 응답범주에서는 대답할 수 있는 응답의 범주가 한 번호씩 매칭될 수 있어야 한다. 이는 질문과 응답 모두에 해당한다.

(3) 도구의 형식

기타 상기와 같은 사항에 대하여 사전조사 후, 도구와 자료수집절차를 적절하게 수정을 한다. 도구와 절차에 있어 수정할 부분이 있다면, 어떠한 문제점들이 제기되었는지를 확인하기 위해 재검사를 실시하는 것도 하나의 방법이다. 이와 같은 점검에 따라 클라이언트의 전반적 사항이 점검될 수 있다. 다음은 기초양식의 예이다.

Key Point

기록의 형식은 구체적이며 자리의 이동과 배치에 따라 누가 보아도 같은 수준으로 이해할 수 있도록 명확하게 기재되어야 한다.

〈표 9-3〉 치매노인 일상생활수행능력 프로그램의 평가분석 틀

구분		
목표	• 2001년 12월 7일까지 참여한 치매노인의 70%가 일상생활수행능력에 유의미한 차이가 있도록 향상시킨다.	• 2001년 12월 7일까지 참여한 치매노인의 70%가 수단적 일상생활능력 유의미한 차이가 있도록 향상시킨다.
평가 지표	• 전체 치매노인 중 보행, 식사, 옷 입기, 배변관리, 목욕 등 일반적 일상생활수행능력을 일정점수(7점) 이상 훌륭히 수행한 클라이언트의 수와 퍼센트	• 전체 치매노인 중 혼자 힘으로 식사준비, 방청소, 외출, 전화받기, 돈관리 등 수단적 일상생활수행능력을 일정점수(7점) 이상 훌륭히 수행한 클라이언트의 수와 퍼센트
자료출처 및 수집방법	직원에 의한 클라이언트 일상생활수행능력 척도 기입	
측정 도구 및 방법	• Modified Barthel Index of Daily Living이라는 일상생활 수행능력 척도를 사용한다. 각 하위지표들을 도움을 필요로 하는 빈도, 다시 말해 혼자 수행한 빈도에 따라 5점 척도로 측정한다(예: ② 자주 도움이 필요하다, ④ 자주 혼자서 할 수 있다). • 프로그램에 참여한 치매노인 중 70%(7명)가 각 측정도구 10개의 문항 중 7개 문항에서 문항당 평균점수 4점 이상이 되었을 때 프로그램 수행에 따른 유의미한 차이가 있다고 본다. • 평가자는 사회복지사와 자원봉사자들의 체크를 기준으로 하고, 이들 간에 점수 차이가 큰 클라이언트에 대해서는 사회복지사의 개별일지 내용을 참고로 하여 평가의 객관성을 확보한다.	
평가 예	• 클라이언트 김○○ 할아버지 측정도구의 평균점수, ①-5점, ②-3점, ③-3점, ④-3점, ⑤-4점을 얻었다면, 혼자 힘으로 보행하기와 혼자 힘으로 목욕하기에서 프로그램 시행에 따는 효과성이 있다고 본다. 이러한 과정으로 프로그램에 참여한 클라이언트 10명 중 7명이 10개의 문항 중 7개에 평균 4점 이상을 얻었을 때 프로그램 목표 1이 달성되었고, 본 프로그램이 효과성이 있는 것으로 본다.	• 클라이언트 이○○ 할머니는 측정도구의 평균점수, ①-3점, ②-3점, ③-2점, ④-3점, ⑤-2점을 얻었다면, 이 클라이언트는 프로그램 시행에 따는 효과성이 없다고 본다. 이때는 담당 사회복지사의 개별일지를 참고하여 클라이언트의 프로그램 참여도와 노력성을 다시 판단하고, 클라이언트의 요구를 반영하여 타 기관에 의뢰하거나 좀 더 쉬운 프로그램을 사용한다. 그러나 이 클라이언트에게 본 프로그램은 효과성이 없는 것으로 본다.

영향을 주는 요인들	• 클라이언트의 연령, 성별, 학력, 유병률 기간, 현재치료유무 등	• 클라이언트의 수행능력의 개별적 차이	• 클라이언트의 거주지 및 이웃관계 등
자료출처 및 수집방법	가족을 통한 면접	상기설문지를 이용한 사전검사	가족 및 이웃 방문면접

출처: 정무성(2000). 사회복지 프로그램 평가 매뉴얼.

제3절 평가의 유형

1. 산술적 측정

1) 산술적 측정의 정의

산술적 측정의 개념은 프로그램의 성과를 산술적인 방법으로 나타내는 것으로 측정방법은 다음과 같다. 첫째, 사회복지 프로그램의 결과에 의하여 얼마나 많은 클라이언트들의 삶의 질이 변화되었는가에 대하여 인원 수를 세는 방법이 있다. 둘째, 클라이언트에 대하여 목적한 세부 측정목표에 대한 달성정도를 이분법적으로 예 혹은 아니요로 답함으로써 성취된 정도를 산술적으로 나타낼 수 있다. 단, 질적인 부분을 언급할 수 없는 단점이 있다.

즉, 산출측정을 통한 결과성과의 측정은 클라이언트에 초점을 맞추고 있으나, 산출과 품질의 성과측정은 서비스에 초점을 맞추는 차이가 있다. 다시 말해, 산출 성과측정은 각 프로그램에 의하여 제공된 서비스가 어느 정도인가에 관한 정보를 획득하기 위해 설계된 것이다. 또한 결과성과의 측정은 프로그램을 통하여 클라이언트의 삶의 질의 변화에 의하여 측정된 각각의 결과 혹은 프로그램의 영향에 관한 정보를 제공하기 위해 설계되어야 한다.

2) 산술적 측정의 선택

산술적 측정은 사회복지 프로그램의 목적에 의해 선택될 수 있다. 예를 들면, 어떤 사회복지 프로그램에 대한 결과성과 측정방식으로서 클라이언트의 만족이나 LOF(Level of Functioning) 척도, 표준화측정방식을 사용하는 것을 더 선호하는 경우에 정부나 어떤 다른 이해관계자들은 산술적 측정을 선호하기도 하고, 어떤 경우는 표준화측정이나 LOF 척도, 그리고 클라이언트의 만족도를 산술적 측정으로 전환하는 방법을 적용해줄 것을 요청하기도 한다. 따라서 사회복지전문가는 표준화측정, LOF 척도, 그리고 클라이언트 만족도에 분석유형들의 결과성과측정을 산술적 측정으로 전환하는 방법 등도 익혀두는 것이 바람직하다.

2. 표준화 측정

1) 표준화측정의 정의

표준화측정의 정의는 클라이언트의 삶의 질에 대한 변화를 사정하는 것으로 표준화 측정도구에 의한 '사전-사후검사'라고 할 수 있다. 몇몇 표준화된 측정은 클라이언트와 클라이언트의 가족 등 양측 다 객관적인 초점을 둘 수 있다. 그러나 표준화측정은 보통 저작권이 보호되어 있고, 사용 시 지속적으로 사용료를 지불하는 저작권에 대한 소유자의 허가를 받아야 사용할 수 있게 되어 있다.

표준화측정은 두 가지 공통점을 가진다. 첫째, 일반적으로 클라이언트나 주변인의 클라이언트에 대한 상태, 행동, 태도, 감정, 성격 발달성, 그리고 다른 특성에 관한 정보를 평가하기 위해 한 세트의 신뢰도와 타당도가 고려되어 구조화된 질문들의 목록으로 구성된다. 둘째, 일반적으로 이것은 대개 단일의 점수를 산출하는 것에 있어서 측정된 특성의 대소, 강도, 혹은 정도를 평가하는 데 활용된다. 몇몇 표준화된 측정도구는 길고, 클라이언트의 철저한 사정을 시도하고자 한다. 반면에 신속사정도구(Rapid Assessment Instrument: RAI)는 보다 간결한 경향이 있다. 이러한 간결성의 이유로 하여 RAI가 널리 사용된다. 사회복지 프로그램에서 결과의 성과측정으로 사용되는 표준화

측정의 대부분은 RAI라고 할 수 있다.

2) 표준화측정의 유형

표준화측정은 실질적인 초점과 누가 그것을 완성하는가, 그리고 응답척도의 구성을 포함한다(정무성, 2000).

정리

(1) 실질적인 초점

표준화측정은 초점에 따라서 변화의 폭이 넓으므로, 표준화측정은 아동, 부부, 가족, 성인, 또는 노인 등과 같은 인구집단에 초점을 둘 수 있다. 예를 들어, 가족사정도구(Family Assessment Device: FAD)는 인구집단에 보다 초점을 둔 표준화측정이다. 또 다른 표준화측정은 행동(behavior)에 초점을 두기도 한다. 예를 들면, 폭력, 부모 행동, 구직 행동, 건강과 관련한 습관 및 다른 많은 행동들이 표준화측정을 사용하여 평가되고 사정될 수 있다. 그 밖에는 태도(attitude)에 의한 것으로, 예를 들어 자신, 자녀, 중요한 타자 등에 관한 태도가 활용될 수 있다. 그리고 표준화측정은 문제에 초점을 두기도 하는데, 마약이나 알코올의 남용, 신체적 건강, 사회적 기능, 일상적인 삶의 활동 수행 능력과 같은 문제가 표준화측정을 통하여 사정될 수 있을 것이다. 또한 몇몇의 표준화측정은 내적(intrapersonal) 기능 또는 대인관계(interpersonal)의 기능에 초점을 두기도 한다. 예를 들어, 내적 기능의 측정은 개인의 기질, 자아존중감, 사고방식, 우울과 같은 영역을 포함하며, 대인관계기능에 관한 측정은 가족 및 다른 사회적 만남을 포함하는 방식으로 클라이언트의 능력을 다룬다. 마지막으로 아동에게 사용되는 표준화측정은 아동의 발달에 초점을 둔다. MMPI(Minnesota Multiphasic Personality Inventory) 검사는 구분된 항목을 통하여 성격적 특성에 초점을 둔다. 또한 직업 훈련 프로그램에서 사용되는 많은 표준화측정은 성취, 지식, 적성 등과 같은 직업적 요인들에 초점을 둔다. 결국 몇몇의 표준화측정은 서비스에 초점을 두기도 한다.

(2) 응답척도

표준화측정은 응답척도의 구성에 있어서 빈도를 나타내는 범주로 응답하는 리커트 척도를 사용하는 경우가 많다.

(3) 결과성과측정으로서의 표준화측정 이용

사회복지 프로그램을 위한 결과성과측정으로서 표준화측정을 사용할 때는 첫째, 사회복지 프로그램에서 활용될 표준화 측정도구의 종류와 수가 결정되어야 한다. 둘째, 모든 클라이언트는 사전과 사후 선택된 표준화 측정을 사용하여 사정해야 한다. 이것은 클라이언트의 기초선 정보를 가지며 프로그램의 효과성을 파악하는 것에 도움이 된다. 셋째, 비교와 기록을 통한 정보의 저장은 각 개인 클라이언트가 가지는 기초선, 치료 기록과 치료 후 기록 간의 비교를 가능하게 한다.

(4) 표준화측정을 산술적인 측정으로 전환하기

성과측정이 프로그램을 그것의 분석단위로 활용하기 때문에, 표준화측정은 숫자의 계산, 즉, 산술적 표현으로 어떻게 바뀌는지를 고려할 때 다음과 같은 것들이 수량으로 파악되는 것이 바람직하다(정무성, 2000).

① 측정 가능한 향상을 보이고 있는 클라이언트의 수를 나타낸다.
② 치료를 완수했거나 모든 완전한 서비스의 제공을 받은 클라이언트에 대하여 향상된 비용을 나타낸다.
③ 임상적 향상을 나타낸 클라이언트의 수를 기록한다.
④ 치료를 완수했거나 서비스를 종결한 클라이언트에 대해 임상적 향상을 나타낸 클라이언트의 비율을 나타낸다.
⑤ 목표 수준의 향상을 나타낸 클라이언트의 수를 제시한다.
⑥ 치료를 완수했거나 서비스제공을 마친 클라이언트의 총수에 대하여 목표 수준의 향상을 나타낸 클라이언트의 비율을 제시한다.

목표 수준의 향상이라는 개념은 이와 같이 복합 표준화측정을 활용하여 사회복지 프로그램에서 산술적 측정자료를 종합하여, 각 표준화측정에 대하여 차원별로 분석하고 보고할 수 있다. 예를 들어, 표준화된 도구를 통하여 산술적 측정자료를 축적하고, 이를 통해 보고서를 작성하는 접근은 더 많은 결과성과측정 정보와 자료들을 관련 당사자들에게 제공한다.

3. 클라이언트 만족도

사회복지 프로그램의 작성을 통해 클라이언트의 만족도 조사는 중요하다. 이 방식은 프로그램의 성과에 대하여 이용자를 중심으로 다양한 질문의 형식을 리커트 형식이나 오픈질문을 통하여 혹은 인터뷰를 통하여 피드백하는 방식이다. 클라이언트 만족도는 품질성과측정뿐 아니라, 결과성과측정에서도 이용될 수 있다. 이러한 과정은 클라이언트가 자기 보고형식으로 사회복지 프로그램에 참여하여 결과성과측정으로 품질성과자료의 자료의 토대가 될 수 있다.

결과성과측정으로서 클라이언트의 만족도 조사는 산술적 측정으로 전환하는 방식이 적용될 수 있다. 예를 들어, 클라이언트 중 80%의 응답자가 해당 프로그램이 필요한 서비스를 통하여 매우 도움이 된 것으로 평가하고 있다. 또한 이렇게 응답한 클라이언트 중 50%의 응답자가 특정 서비스 항목이 매우 도움이 된 것으로 평가하고 있으며, 그 중에서도 구체적으로 어떤 부분의 개선이 가장 컸다 등을 비율과 수치를 활용하여 산술적으로 제시하고, 그래프 등의 시각적 자료를 활용한다면 분석자료를 이해하기 용이해진다.

4. 각 유형의 결과성과측정의 비교

이와 같은 결과 및 성과측정으로 프로그램의 유용성, 타당성, 신뢰성, 정밀성, 실행가능성, 비용 및 단위비용 등을 비교하고 적용할 수 있다. 대체적으로 표준화측정과 LOF 척도는 보다 더 정밀하고, 타당하고, 신뢰성이 높다고 평가되지만, 비용이 더 소요될 수 있다. 반면 산술측정은 보다 유용하고 비용이 적게 들 수 있을 것으로 간주되지만, 타당성이나 신뢰성 혹은 정밀성은 떨어지는 경향이 있다. 이러한 기준은 아마도 사회복지 프로그램의 특성과 관련자들의 기호이며, 어느 것이 보다 우월하다고 할 수는 없다. 또한 경우에 따라 이와 같은 것들이 복합적으로 사용될 수 있을 것이다.

과 제 **다양한 프로그램에 관한 아이디어 수집**

프로그램의 개발과 평가에 대한 의견은 다양한 근원들로부터 아이디어를 얻는 것이 좋으며, 이에 대한 몇 가지 방법들을 소개하고자 한다.

① 클라이언트들에 대한 평가로 기관 혹은 프로그램의 자료들을 비교 검토한다.

② 클라이언트들과 함께 일하는 프로그램 직원들이나 관련 자원봉사자들과 얘기해 본다.

③ 유사한 서비스를 전달하는 타기관의 자료들을 상호 비교한다.
④ 다른 부서의 직원이나 외부자가 프로그램을 모니터링 하도록 요청한다.
⑤ 결과측정을 지원하고 있는 기금제공자들과 토론하여 그들의 기대를 명확히 하고, 유사한 목적이나 클라이언트 대상을 가진 다른 프로그램들의 경험을 근거로 해당 프로그램에 피드백 할 수 있다.

Key Point

다양한 프로그램에 대한 아이디어는 프로그램의 개발초기의 단계나 피드백을 통한 과정에 도입될 수 있으며 이를 위하여 그룹이나 부서별로 브레인 스토밍(brain storming) 방식 또는 SWAT 방식이 적용될 수 있다.

Chapter

10 프로그램 결과의 실행 및 결과보고

제1절 프로그램 평가의 결과측정체계의 실행

1. 프로그램 평가결과의 적용

모의 프로그램 평가의 결과가 산출되었다면, 이를 본 프로그램에 적용하는 단계이다. 만일 파일럿 조사로 클라이언트들의 일부만이 측정되었다면, 본격적으로 클라이언트 집단에 적용하는 방식으로 장소나 직원단위를 선택하는 것이 필요하다. 각 단계에서 자료수집자들의 제안과 기획에 따라 수립된 자료는 다양하고 적절한 클라이언트들을 모집하여 프로그램으로 활용할 수 있어야 한다. 또한 클라이언트와 함께 프로그램에 대한 계약과 동의절차에 관한 정보를 제공하는 것과 클라이언트나 설문 응답자에 대한 윤리적 차원에서의 비밀보장이 중요하다.

성공적인 프로그램의 수행을 위해서는 일련의 모니터링 표를 작성하여 원활한 프로그램의 진행이 되도록 한다. 또한 같은 프로그램이라도 적용되는 집단에 따라 다른 결과가 도출되는 경우도 있다. 이러한 경우에는 변인이 되는 요인이 무엇인지 확실히 할 필요가 있다. 각각의 결과지표들에 대하여 전반적인 공통점이 있다면 하나의 성격으로서의 프로그램으로 형성되어 완성될 수 있을 것이다. 이러한 지표들은 분류되고 도식화되어 적용과 분석에 도움이 되도록 작업해놓는다. 그리고 프로그램이 종결된 이후에도 각 클라이언트에 대한 분석에 추가되어야 할 사항은 다음과 같다.

① 전체 클라이언트 대상의 수
② 각각의 결과를 성취한 클라이언트 수 : 프로그램 종료 직후 목적달성이나 주제에 대한 향상을 보여준 클라이언트들의 수를 분석하고 각 결과를 성취한 클라이언트의 퍼센트를 산출한다.
③ 프로그램 종료 일정기간 이후 변화가 유지되는 클라이언트의 수 : 일정 추가기간의 경과 후 클라이언트의 상황 및 조건의 변화, 효과성 등을 언급하는 클라이언트의 수와 퍼센트를 산출한다.
④ 기타 분석에 필요한 통계치로 평균이나 인구사회학적 특성 등을 파악한다.

만일 무작위표집절차를 이용한 샘플의 표집이 필요하다면, 클라이언트의 표본을 확보하고 특정결과에 도달한 클라이언트에 대하여 전체적인 효과성을 산출하여 측정할 수 있다. 목적했던 결과를 성취한 표본 클라이언트에 대한 수량과 퍼센트를 전체 클라이언트의 수와 퍼센트에 산정하여 결과를 산출하게 된다.

2. 프로그램의 주요특징을 반영한 자료분석하기

프로그램의 목적달성과 같은 프로그램의 결과에 영향을 줄 수 있는 클라이언트와 프로그램의 특성 및 요인들을 구별하는 것은 전문가로서의 역할이며, 따라서 실행하고자 하는 자료에 대한 정확한 식별이 중요한 과제이다. 각 요인에 의하여 밝혀진 자료를 통하여 프로그램은 순환적 과정을 거치면서 리뉴얼된다. 이때 다음과 같은 부분을 참고하는 것이 좋다(정우성, 2000).

① 클라이언트의 상황을 상중하로 나누어 상태에 따른 결과의 측정도 가능하다. 그러나 성숙의 효과나 통계적 회귀[1)]와 같은 요인도 고려되어야 한다. 각각의 그룹에 따라 효과의 정도와 달성정도의 수적인 퍼센트도 다를 수 있다. 이러한 세부사항을 파악하는 것은 바로 전문가의 몫이다. 결과상 두 그룹의 차이점을 이해하는 것은 보다 정교한 프로그램의 차기 제작에 도움이 된다.

② 성, 연령 등과 같은 인구학적 특성이나 경제상황 등에 따라 프로그램의 성공비율을 비교할 수 있다. 예를 들어, 건강, 소득, 경제, 성별, 교육 등에 따라 어떤 유형의 프로그램이 어떤 유형의 클라이언트들에게 더 유효한가 하는 것을 통하여 프로그램 제작에 반영할 수 있다.

③ 클라이언트들이 어떤 장소에서, 어떤 방식으로 프로그램에 참여하는 것이 보다 바람직한가 하는 정보도 필요하며, 진행자의 어떤 경력이 도움이 되는지도 파악할 필요가 있다.

④ 결과자료를 제시할 때에는 클라이언트 이용자들에게 결과가 달리 나타나는 이유에 대한 분석이 필요하며, 이것은 같은 클라이언트라 할지라도 어떤 상황에 의해서인가? 혹시 안 좋은 결과가 산출되었다면 그 결과를 향상시키기 위해 기관이 어떤 점을 개선에 반영해야 한다거나, 계획하고 있는 것을 서술하여 기록하도록 한다. 이런 전략은 비록 일시적으로 성과적 측면의 결과에 부정적인 영향을 보였다고 하더라도, 그것들을 인지하고 차기에 극복할 능력을 보유하고 있다는 것을 나타내 준다. 또한 책무성을 제시해야 하는 관련자들에게 신뢰감을 높이고, 그들의 기대성과에 부응하는 프로그램으로 거듭날 기회를 얻게 된다.

⑤ 프로그램의 성과에 대하여 다양한 관련자들에게 보고하기 위해서는 단시간에 파악이 가능하고 명료한 가시적인 효과를 높일 수 있는 표와 차트로 시각적인 제시를 하는 것이 좋다. 자료를 명확하고 이해할 수 있는 형태로 제시하는 것은 자원의 제공자에 대한 에티켓이 될 수 있다. 이러한 결과분석결과에 대한 효율적인 양식의 개발은 차기의 분석에 대한 노하우를 축적시키며, 단시간에 변화에 대한 기록을 효율적이고 효과적으로 기록하는 것에 도움을 준다. 또한 이러한 결과를 토대로 정보에 관하여 관련자와 클라이언트의 의견을 공유하고 나누는 시간이 필요하다.

이는 시간에 따른 변화뿐 아니라 결과물에 대한 논의가 중요하다. 정보의 정확한 분류는 이러한 작업을 보다 용이하게 하고, 이러한 과정은 향후 프로그램에 대한 더욱 참신한 아이디어의 도출에 중요한 기여를 할 가능성을 준다.

1) 위기 클라이언트가 평상시 상황과 위험수준으로 회귀하는 현상

제2절 프로그램 결과의 보고

프로그램의 평가에서 결과를 분석하는 과정은 매우 중요하다. 자료를 분석하고 그것을 명확하게 피드백 한다면, 향후 더욱 유용하게 프로그램이 작성될 수 있으며 프로그램의 중복을 막고 더 정교하고 개선된 프로그램이 기획될 수 있다. 또한 분석결과에 대한 자료입력, 즉 문서화작업은 자료를 분석하기 위해 설문지나 질문지에 기록된 정보, 관찰자의 정보, 기록요약표 및 기타 사례관련 자료들을 새로운 저장 형태로 옮겨 그에 대한 함의를 도출해내는 작업이다. 이 자료처리과정에서 명확한 자료입력방식은 그 과정 중에 발생할 수 있는 오류를 최소화하고 올바른 대안과 방안을 도출하는 것에 대한 기본토대를 제공하게 될 것이다.

Key Point

프로그램 결과의 보고는 전달하기 위한 내용을 압축하여 수치에 입각한 구체적인 보고와 함께 시각적 분석자료 등을 활용하면 보다 효과적인 보고가 될 수 있다.

Chapter

11 양적 평가와 질적 평가

제1절 사회복지 프로그램 평가의 방법론

사회복지 프로그램에 대한 평가는 방법론적인 차원에서는 크게 두 가지로 구분할 수 있다. 즉, 양적 평가와 질적 평가로 구분할 수 있다. 평가는 사회복지의 프로그램의 목적을 평가하기 위한 하나의 도구로서 개인의 복지 욕구를 충족시키고, 사회적 문제를 해결하기 위한 방안을 강구하기 위해 자료를 수집하는 지식탐구 절차이다(김갑용 외, 2009). 따라서 사회복지조사와 평가는 과학적 방법으로 수행해야 하는 것이 바람직하다. 다음은 이에 따른 연구방법이다. 연구방법의 기본을 숙지하는 것은 프로그램의 개발에 따른 평가에서 매우 유용한 평가도구가 되며, 전문적 사회복지실천의 근간이 된다.

Key Point

사회복지 프로그램 평가의 방법은 크게 질적 평가와 양적 평가로 나눌 수 있으며, 각각의 장단점이 있어 해당 프로그램의 성격에 따라 적절히 활용될 수 있다.

1. 방법론의 분류

과학적 연구방법	비과학적 연구방법
• 논리적 성격 • 재생가능의 성격 • 일반성의 적용 • 검증 가능성 • 수정 가능성	• 과도한 일반화 • 부정확한 관찰 • 선택적 관찰 • 주관적 가설 • 비논리적

1) 연역적 연구방법

연역적 방법은 일반적 이론으로부터 특정 가설을 끌어내는 것으로 이론에서 가설을 세우고 그를 기반으로 검증하고자 하는 변수에 대하여 조작적 정의를 내린 후에 가설을 검증하는 조사의 형태이다. 이러한 양적 연구는 탐색적 연구, 기술적 연구, 설명적 연구 등으로 나뉠 수 있다. 탐색적 연구는 초보적인 탐색수준이며 설명적 연구는 인과관계까지 알아보는 수준이라고 할 수 있다.

2) 귀납적 연구방법

귀납적 방법은 특정 상황에 대하여 시험 및 관찰을 통하여 현상을 설명하여 그를 토대로 이론으로 발전하는 형태로 진행된다. 사실의 조사를 통해서 더 이상의 알아낼 수 있는 사실이 없을 만큼 인터뷰 및 관찰을 통해 일반화할 수 있도록 이론으로 발전시키기 위한 작업을 하는데, 이를 통해 탐색 및 기술연구를 진척시킨다.

3) 사회복지조사과정

사회복지조사과정으로서의 연구조사의 목표는 프로그램 효과성 검증이라고 할 수 있다.

① 질문의 결정과 발전을 위해 데이터를 수집하고 설계해서 적절 인구를 샘플링하여 데이터를 분석하고, 조사결과를 기술해서 조사결과를 적용하는 단계를 거쳐서 평가한다.

② 연구문제의 설정부터 보고서 작성까지의 흐름도이다.

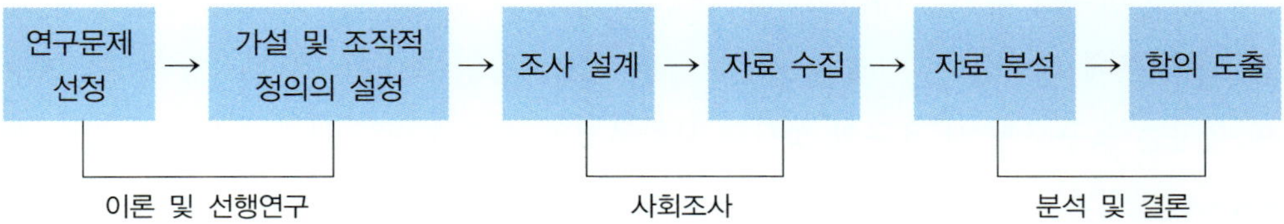

4) 연구윤리

① 고지에 입각한 자발적 동의가 되어야 한다. 즉, 조사에 대한 설명 후 서면으로 자발적인 참여 의사를 받아야 한다.

② 참여자에게 피해를 주지 않아야 한다.

③ 익명성과 비밀보장에 충실해야 한다.

2. 질적 연구방법론

질적 연구방법론은 연구자가 면접을 통하여 특정한 현상을 어떻게 느끼고 경험하는지 알고자 하며, 이에 내포된 주요한 의미를 배우고자 하는 것이 목적이다. 따라서 채택한 연구문제나 주제에 적합한 조사설계를 위해 연구전략이 필요하다. 이러한 연구전략은 연구의 목적이나 의도, 그리고 연구주제에 대해서 이미 알고 있는 정보의 양에 의하여 결정되며 연구의 전략으로는 다음과 같은 것이 있다.

1) 탐색적 연구

탐색적 연구는 어떤 문제 영역에 대해 거의 모르고 있을 때, 혹은 문제에 대한 통찰력을 얻기 위한 경우에 사용되는 방법으로 연구의 실행 가능성에 대한 탐색이 주요한 목적이다.

2) 기술적 연구

기술적 연구의 목적은 사건이나 상황을 객관적으로 기술하는 것으로, 예를 들면 표본조사연구에 해당한다. 이것은 원인보다는 정보제공의 목적을 지니고 있다. 본 연구의 활용은 욕구사정 시 욕구의 성질과 사회문제의 범위에 대한 보고서에 주로 많이 쓰이는 방법이다.

3) 설명적 연구(인과적 조사연구)

설명적 연구(인과적 조사연구)는 원인을 밝힘으로써 어떤 사건이나 현상을 설명하는 것을 목적으로 하며, '왜 그러한가?'라는 연구질문에 대해서 답하는 형식으로 이루어진다. 설명적 연구(인과적 조사연구)에 대한 인과관계의 형성조건은 다음과 같다.

① 상호관련성으로 두 개의 요인들은 하나가 다른 하나와 관련이 있어야 한다.
② 시간의 선행 : 원인이 결과보다 시간상으로 먼저 선행되어야 한다.
③ 두 요인 사이의 관계는 다른 요소들에 의해 설명이 되어서는 안 된다.

- 탐색적 연구보다는 기술적 연구가, 기술적 연구보다는 설명적 연구가 구체적인 특징을 지닌다. 질적 연구에서는 이 모두가 쓰이고 있으나 주로는 탐색적 연구와 기술적 연구를 활용하는 것이 일반적이다.

4) 질적 연구의 진행방법

질적 연구의 진행방법은 면접과 인터뷰가 주요한 방법으로 실행된다. 면접과 인터뷰는 구조화된 면접과 비구조화된 면접으로 나뉜다.

① 구조화된 면접 : 질문의 방향과 틀을 미리 선정해두고 진행하는 면접으로 면접자가 비숙련 경우에 적합한 방식이다.

② 비구조화된 면접 : 면접을 통해서 방향과 틀을 미리 정해놓지 않고 진행하는 형식으로 숙련된 경우에 가능하다. 또한 비구조화된 체계적 관찰을 통해 참여 관찰자와 같이 인간행동을 관찰하고자 하는 경우에 많이 쓰인다. 이에 대한 세부종류

로는 민족지학적 조사연구, 사례연구, 생애사 연구, 근거이론, 현상학적 연구가 있다.

3. 양적 연구방법

양적 연구방법은 대상의 속성을 수적개념과 계량적으로 표현하고 변수 간의 관계를 통계적 분석에 의해 밝혀내는 조사방법이다. 양적 연구방법은 사회현상에 대한 의미 있는 정보를 얻어내기 위한 것으로 연구방법으로는 질문지 조사(설문조사), 인터뷰, 실험집단과 통제집단의 비교, 내용분석, 기존의 통계자료 2차 분석 등이 있다. 양적 연구에서의 '기술'이란 특정 모집단에서 추출한 대표성 있는 표본을 통해서 모집단의 특성을 밝히고, 이를 타 집단에 적용해서 타당성을 예측하는 것이다. 따라서 기술자료들은 객관성, 정확성, 일반화 가능성이 매우 중요하다. 이러한 작업을 위해서 수량화하기 쉬운 속성, 즉 사회인구학적 특성인 연령, 소득, 교육정도, 성별 등이 사용된다. 양적 연구에서 쓰이는 연역법은 이론의 재검토를 통해 확인할 가설들을 발전시켜 가설검증

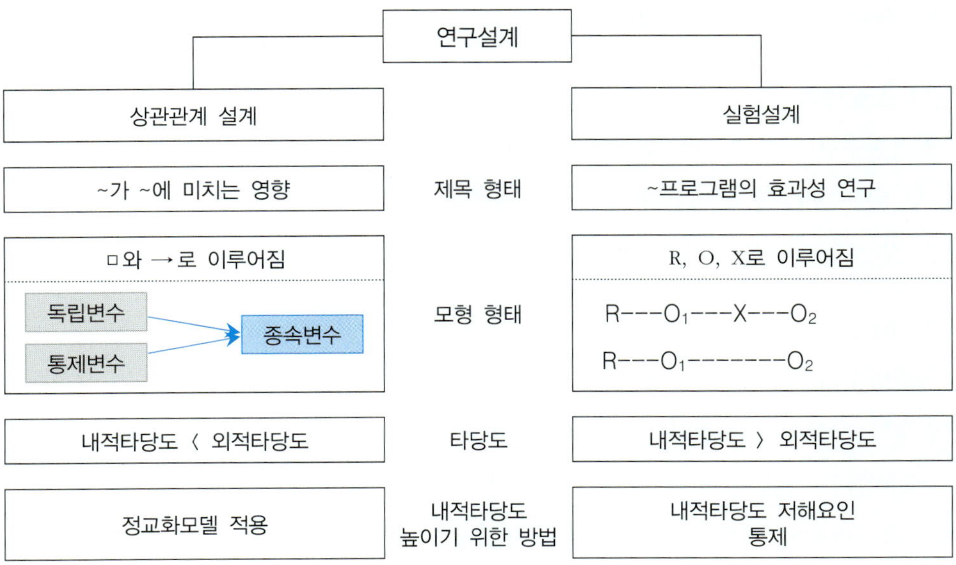

을 통해 타당성이나 사실확인 혹은 추론을 지향하는 논리실증주의적인 입장을 취한다.

이러한 양적 연구와 질적 연구는 상호보완적인 성격을 지니며 양적 연구에서도 탐색적 연구와 기술적 연구, 그리고 설명적 연구가 쓰이지만 주요 쓰이는 방법으로는 기술적 연구와 설명적 연구를 중심으로 하는 경향이 있다.

1) 가설의 형성

가설이란 문헌 검토를 통해서 논리적으로 도출된 결론으로 두 개 이상의 변수들 간의 관계를 검증 가능한 형태로 서술해 놓은 것이다. 가설의 구성요소는 다음과 같다.

(1) 독립변수와 종속변수

① **독립변수**(Independent variable)

독립변수란 종속변수에 영향을 미치는 하나 혹은 여러 변수들을 뜻한다.

② **종속변수**(Dependent variable)

종속변수란 독립변수의 값에 영향을 받는 변수로 독립변수 외의 다른 변수들의 영향을 받지 않을 것을 가정한다. 원인이 되는 변수는 독립변수, 원인의 결과가 되는 변수는 종속변수라고 할 수 있다.

(2) 조절변수

조절변수란 독립변수가 종속변수에 영향을 미칠 때 그 영향을 증가시키거나 감소시킬 수 있는 변수를 의미한다. 사회복지실천에서 조절변수는 프로그램 노출이 조절효과를 갖는지 살펴보는 방식으로 활용될 수 있다.

(3) 매개변수

독립변수와 종속변수의 관계에 영향을 미치되 종속변수에 영향을 미치기 위하여 독립변수가 작용하는 시점과 종속변수에 영향을 미치는 시점의 중간을 거쳐 영향을 주는 변수이다. 예를 들면, 클라이언트의 정서상태(매개변수)에 따라 클라이언트의 원인변수가 결과변수에 영향을 미치는 것을 사회적 지지나 임파워먼트 등이 매개효과를 갖는다는 것으로 설명될 수 있다. 단, 매개변수의 증명은 탄탄한 이론적 토대를 필요로 하는 특징이 있다.

2) 연구가설을 통한 검증

(1) 필요개념

연구가설은 이론적 바탕을 통해 의사전달이 될 수 있도록 논리적으로 간결하고 완전하게 서술해야 하며, 변수들은 구체적이며 계량화 할 수 있도록 간단명료한 표현으로 해야 한다.

① **개념정의**

가설은 변수를 사전적으로 정의하여 기존 연구로부터 특정 변수의 정확한 의미를 밝혀, 연구의 원인과 결과의 관계 또는 상관관계보다 더 신뢰를 반영하여 증명을 위해 정의한다.

② **조작적 정의**(**변수의 조작화**)

개념적 정의가 측정 가능하도록 변수들을 명확하게 재정의하고 변수의 수량화를 위한 규칙을 세우는 것이다.

(2) 가설의 종류

① **영가설**(null hypothesis) = **귀무가설**

변수들 간의 관계가 없다는 식으로 서술하여 기각을 검증하기 위해 사용한다. 연구가설에 대한 반대 서술이다.

② **지시적 가설**(directional hypothesis)

방향을 가지는 가설(예, 증가할 것이다. 낮아질 것이다 등)로 어떤 집단이나 변수가 더욱 높게 혹은 낮아질 것이다 등으로 예측하는 가설이다.

③ **비지시적 가설**(non-directional hypothesis)

비지시적 가설이란 변수 간의 차이는 있지만 차이의 방향성은 예측하지 않는 가설을 뜻한다.

④ **상관관계**(correlation)

한 변수의 값이 다른 변수의 변화의 원인이 된다고 말하지는 못하지만 변수들 사이에서 존재하는 관계패턴을 설명한다. 예를 들면, 독립변수의 변수값 증가가 종속변수의 변수값 증가를 가져올 때는 정적 상관관계라 하며, 독립변수의 변수값 증가가 종속변수의 변수값 감소를 가져올 때는 부적 상관관계라 한다.

(3) 척도

① **명목척도**

측정할 대상의 속성을 유사한 집단과 상이한 집단으로 분류하여 각 집단에 숫자나 명칭을 부여하는 척도를 뜻한다. 여기에서 숫자의 의미는 명목적이며 대상을 분별할 뿐 숫자의 의미는 없다는 것이 특징이다. 명목변수의 충족조건은 다음과 같다.

㉠ 실증적 원칙 : 동일한 속성을 동일한 범주에 해당시키고 상이한 속성을 서로 상이한 범주에 포함시키는 것을 의미한다.

㉡ 완전성 원칙 : 설문의 질문에 반드시 응답할 수 있어야 하고, 하나에 해당되는 유사한 범주에 속하거나 상이한 범주 중 어느 한 곳에 속해야 한다.

㉢ 상호 배타성 원칙 : 모든 대상은 이중으로 하나 이상의 범주에 속할 수 없다는 원칙이다.

변수	측정값의 범주
성별	1) 남자 2) 여자
종교	1) 기독교 2) 불교 3) 천주교 4) 기타 종교

출처: 김병진 외(2006: 121).

② **서열척도**

변수의 서열이나 순서를 정할 수 있어 집단 간의 비교와 서열상의 측정이 가능하도록 한 변수측정의 방법이다. 등급 간의 거리는 일정하지 않으며, 정도의 차이만 나타낼 뿐으로 숫자 간의 간격에 대한 엄밀한 거리나 간격의 차이를 의미하지는 않기 때문에 계산은 불가능하다.

변수	측정값의 범주
사회계층	1) 상류 2) 중류 3) 하류
경제변수	1) 매우 호황 2) 호황 3) 보통 4) 불황 5) 매우 불황

출처: 김병진 외(2006: 124).

③ 등간척도

등간척도란 명목측정과 서열측정이 가지고 있는 특성뿐 아니라 대상 간의 간격 또한 일정해 항목 간의 측정이 가능하며, 절대영점이 아니며 임의영점이다. 수량으로 표기될 수 있는 척도이다. 리커트 척도는 알고자 하는 변수에 대한 인지적 수준을 숫자로 표기하도록 한다.

변수	측정값의 범주
학점	1) 1.0 2) 1.5 3) 2.0 4) 2.5 5) 3.0 6) 3.5 7) 4.0 8) 4.5
인사 평점	1) 4.0 2) 3.0 3) 2.0 4) 1.0

출처: 김병진 외(2006: 125).

④ 비율척도

비율척도란 명목, 서열, 등간 측정의 모든 조건을 충족하며 그 외에도 실제 존재하는 값을 측정할 수 있도록 만들어져 가감승제가 가능하다. 즉, 비율척도의 0은 절대값의 성질을 지닌다고 할 수 있다. 주로 연령, 키, 몸무게, 소득, 교육수준 등은 비율적 비교에 쓰이는 좋은 예이다.

(1) 현재 당신의 정기적 소득은 얼마입니까? (　　　)원
(2) 현재 당신의 자녀는 몇 명입니까? (　　　)명
(3) 현재 당신의 몸무게는 몇 입니까? (　　　)kg

(4) 측정도구 검증

① 신뢰도

신뢰도란 반복되는 측정에서 동일한 결과를 얻게 될 때 신뢰도가 있다고 한다.

• 신뢰도 검증방법

신뢰도의 검증방법은 동일한 측정도구를 두 번 이상 사용하여 결과의 정도를 비교하여 얻으며 다음과 같은 검사방법이 있다.

• 검사 재검사법

검사 재검사법(재조사법)은 동일한 측정도구를 서로 다른 시기에 반복하여 측정하여 그 결과를 비교하고 신뢰도를 평가하는 방법이다. 장점은 측정한 결과를 쉽게 비교할 수 있으며, 단점은 첫 질문의 기억이 검사요인에 영향을 미칠 수 있고, 반복하여 측정하는 시간 동안 성숙 등의 문제가 발생할 수 있는 소지가 있다.

• 대안법

대안법은 서로 다른 질문 문항을 통해 동일한 내용을 측정하기 위해 만들어진 도구를 활용하여 동일한 대상의 응답자에게 검사하는 방법이다. 그러나 단점은 두 가지 유형의 문제지를 만드는 것이 용이하지 않고 재조사법의 문제점이 여전히 나타날 수 있다는 것이다.

• 반분법

반분법이란 측정도구의 질문문항들을 유사하게 반으로 나누어서 만들어 사용하는 방법으로, 장점은 검사효과를 제거할 수 있고 단점은 양분된 측정도구가 항목 수 자체가 완전한 척도를 이루어야 하므로, 즉 유사하게 만들기 어려우며 원래 척도의 측정문항이 적은 경우에는 사용할 수 없다는 단점이 있다.

• 관찰자의 신뢰도

관찰자의 신뢰도는 하나의 측정도구 결과를 관찰자나 면접자를 달리 두어 측정한 결과를 비교하는 방식이다. 이는 실험연구에서 사용될 수 있다.

• 크론바흐 알파(Cronbach Alpha)

크론바흐 알파의 통계적 기법은 측정도구에서 사용되는 모든 질문에 대하여 문항간의 평균 상관관계에 의해 값이 결정되는 값이다.

② **타당도란 측정하려는 것을 잘 측정하고 있는지를 반영하는 것이다.**

• 내용타당도

내용타당도란 측정하려는 속성이나 개념을 얼마나 대표할 수 있는지 평가하는 방법이다. 즉, 내용타당도란 척도가 설명하고자 하는 내용을 내용, 수준, 범위에서 잘 대표하는 것인지를 보는 것이다. 예를 들어, 운전면허시험에서 차량공정내용만 출제된 경우에는 내용타당도가 떨어지는 것이다.

• 기준타당도

기준타당도란 사용하는 측정도구의 측정치와 기준이 이미 검증된 측정기구 간의 상관관계로 나타나는 것을 말하며, 동시적 타당도는 동시에 측정을 하여 두 측정치의 상관관계를 증거로 제공하고, 예측적 타당도는 어떤 조사에서 현재 행위의 측정 결과로 조사대상자의 미래 행동이나 특성을 예측하는 정도를 말한다.

• 구성(개념)타당도

구성타당도는 이론적 틀 안에서 시험하는 것을 증명하고, 그것 자체의 개념과 다른 변수들과의 관계에 관하여 설명할 수 있는 척도로, 우울증 진단척도 등은 구성타당도 안에 수렴타당도,[1] 판별타당도[2]로 분류될 수 있다.

③ **신뢰도와 타당도와의 관계**

신뢰도란 반복실행하여 같은 결과가 나타난다는 의미이고, 타당도란 정확성에 근거한 개념으로 같은 결과가 다른 집단에도 적용될 수 있다는 것이다. 신뢰도와 타당도는 항상 정의 관계를 갖는 것은 아니며, 타당도가 있으려면 신뢰도가 전제되어야 하지만

1) 수렴타당도 : 비슷한 것을 측정하고자 했을 경우에는 유사한 응답에 수렴된다.
2) 판별타당도 : 상이한 개념을 측정했을 경우에는 응답도 상이한 범주에 포함되어야 한다는 논리이다.

척도가 신뢰도가 높더라도 반드시 타당도가 높은 것은 아니다.

(5) 표집의 정의 및 종류

표본추출의 방법은 확률표집과 비확률표집이 있으며, 표본은 모집단의 대표성을 가져야 한다. 표본이 대표성을 지닌다는 것은 모집단의 분산, 분포경향을 유사하게 나타낸다는 의미이며 표본을 사용하는 장점은 모집단을 측정할 수 없거나 비용이나 시간이 너무 많이 소요될 때 사용된다. 따라서 장점은 경제성, 신속성, 정확성, 신뢰도 등이 있으며, 단점은 모집단을 대표할 수 있는 표본을 찾기 어렵거나 모집단의 크기가 작은 경우는 표집이 큰 의미 없다는 것이다.

① **확률표집**

모집단의 각각의 요소가 우연한 추출 기회를 가지고 일정한 방식으로 무작위적인 방법으로 표집하는 것을 뜻한다. 표집을 하기 위한 표집 틀이 존재하며 의도적 개입이 허용되지 않으므로 대표성이 증가되어 일반화가 가능하지만, 일정한 간격으로 표본이 추출될 경우 비슷한 조건만의 변인이 추출될 수 있다.

- 단순 무작위표집

가장 쉬운 방법으로는 집단 전체를 하나의 단위로 보고, 각 요인이 표본 집단에 선택될 확률을 동일하게 하여 계산한다. 예를 들면, 조사대상자 모두에게 번호를 부여한 후 번호표를 뽑아내는 것이나 난수표를 이용하여 원하는 표본의 수만큼 추출하는 방법이 있다.

- 체계적 표집

전체목록에서 매번 N번째를 표본으로 뽑는 방식을 말하며, 표본의 크기는 표집 틀과 표본의 크기에 따라 달라진다. 그러나 문제점은 계통적 무작위표집에서 목록이 특정한 유형을 가지고 배열되어 있다면 편중된 표본이 추출되는 문제가 발생할 수 있다.

- 층화표집

층화표집이란 단순무작위표집과 계통적 무작위표집을 수정하여 만든 것이다. 즉, 모집단을 일련의 하위집단으로 층화시킨 다음 각 하위집단에서 무작위 표본을 뽑는 것을 의미한다. 그러나 유의점으로는 첫째, 연구하는 현상에 대한 영향을 가지고 있는 것으로 판단되는 요인을 명확히 반영해야 하고, 둘째, 모집단에 나타나는 특성적 비율을 반영해야 한다.

- 군집표집(또는 집락표집)

표본 틀을 가지기 어려우나 확률표집방법을 사용해야 하는 경우에 사용하는 방식으로, 모집단으로부터 집단을 무작위로 선정한 다음에 집단에서 요소를 표본으로 추출하는 방법이다. 예를 들어, 특정학교의 의식조사를 하는 경우 각 학교를 무작위 추출하여 표본을 선정하는 방식이다. 단, 작은 수의 단위에서 표집을 할 경우 표집오차가 클 확률이 높으나 각종 패널을 사용하는 기관분석에서 흔히 사용하는 방식이다.

층화표집과 군집표집을 비교하면 층화표집은 부분집단(층화) 간은 이질적이지만 집단(층화) 내에서는 동질적인 성격을 가지며, 군집표집은 부분집단(집락) 간은 동질적이나, 부분집단(집락) 내에서는 이질적인 특성을 지닌다.

② 비확률표집

비확률표집은 주로 탐색적 조사나 실천에 대한 평가를 할 경우 선택하는 표집방법으로, 표집 틀이 존재하지 않으며 의도적 개입이 허용되어 대표성이 감소되어 일반화가 제한되는 특징이 있다.

- 임의표집(편의표집)

사회복지 등의 연구에서 광범위하게 사용하는 방법으로 지나가는 사람에게 의뢰해서 설문을 받는 방식이 대표적이다. 혹은 특정 시간과 장소를 정해서 그곳을 지나가는 사람이나 특정 장소에 모인 사람을 대상으로 우발적으로 표본을 정하여 조사하는 방식이다. 그러나 문제점으로는 대표성과 일반화의 문제가 있다.

- 할당표집

할당표집은 특정 성격을 갖는 요소들의 비율을 표본에 포함하는 방식으로 진행된다. 유의사항으로는 층화표집과 마찬가지로 연구자가 분류되거나 선택된 변수들의 중요한 변수에 대한 지식이 있어야 하며, 모집단 변수의 비율을 알아야 한다. 예를 들어, 프로그램 이용자 100명의 표본을 할당표집할 경우에는 이용자 남녀 혹은 나이의 비율을 고려하여 비례적으로 표본 수를 할당하는 것이 모집단을 대표하는 표본이 될 수 있다.

- 유의표집(편의표집)

연구자에게 관심 있는 요인을 연구의 목적을 가지고 표집하는 경우로, 문제점으로는 대표성과 일반화의 문제가 있다.

- 눈덩이 표집

예를 들어, 미혼모집단이나 동성애집단, 장애부모 등 접근하기 어려운 집단은 소개를 통하여 모집단으로부터 특정 구성원을 소개받아 진행하는 경우에 활용되는데, 접근성이 떨어지는 집단에 대해 연구할 때 유용한 연구방법이다. 따라서 신뢰관계를 쌓고 그 관계를 바탕으로 다른 대상자의 명단을 받아 차츰 조사대상자를 늘리는 방식으로 진행된다.

- 표본의 크기

표본의 크기는 일반적으로 모집단의 1/10 정도로 모집단의 동질성을 갖추고 있는 표본이 바람직하다.

(6) 표본설계 절차

샘플링의 표본설계절차는 다음과 같이 요약될 수 있다.

즉, 모집단의 규정 → 표집 틀의 확보 → 포집방법을 결정 → 표집크기를 결정 → 샘플링 설문실시의 순으로 진행될 수 있다.

모집단 구성
▼
표집 틀의 확보
▼
표집방법을 결정
▼
표집크기를 결정
▼
샘플링 설문 실시

[그림 11-1] **표본설계 절차**

먼저 일반화 할 수 있는 모집단을 규정한다. 이후 기본단위의 집합이며 표집단위들의 목록인 표집 틀을 확보한다. 예를 들어, 학생들의 표본추출이 필요하다면 학생명부가 표집 틀이 된다. 이후 표집방법을 결정하고 표본의 크기를 결정한 후에 표집을 실시한다.

(7) 조사설계

조사설계는 건축도면, 즉 청사진을 만드는 것과 같아서 조사설계에서 연구방법의 선택, 변수의 조작적 정의, 자료수집방법, 조사대상자 선정, 측정도구 선정 등의 내용을 담고 있다. 조사설계에서는 주제와 가설을 설정하고 조사대상을 선정한 후 표본을 수집한다. 이후 조사방법을 선택하여 측정의 척도와 자료의 수준을 어떻게 할 것인가(탐색적 수준, 기술적 수준, 설명적 수준)를 결정한 이후, 조사결과를 분석할 자료와 분석방법, 통계기법, 결과분석의 해석을 통하여 결론을 설정하고 조사결과서를 작성하게 된다.

(8) 집단 실험설계

집단 실험설계는 여러 클라이언트 체계에 있어 독립변수가 종속변수에 미치는 영향에 관심을 두는 것을 의미하는 것으로, 프로그램이 클라이언트 집단에 어떠한 영향을 미치는지 살펴보는 프로그램 평가에 주로 활용되는 방식이다. 따라서 한 개인, 한 집단, 한 가족, 한 조직체계와 같이 한 단위에 대한 개입의 영향력을 연구하는 단일구조 설계와는 구별이 되는 개념이라 할 수 있다.

① 실험의 중요개념

• 인과관계와 통제

실험연구를 수행하기 위해서는 세팅되는 것들에 대한 개념과 용어의 이해가 필요하다. 다음과 같은 개념을 중심으로 생각해볼 수 있다.

㉠ 피실험자(연구대상자)의 개념은 실험상황에 노출되어 있는 사람들을 의미한다.

㉡ 실험자극(실험처치)이란 어떤 조건이나 변수들, 즉 결과에 영향을 미치는 것을 평가하기 위하여 실험자에게 간접적으로 조작된 독립변수에 해당하는 것을 뜻한다.

㉢ 실험집단이란 실험자극에 노출된 대상자들의 집단을 의미한다.

㉣ 사전검사란 실험처치 전에 영향을 받기 이전의 종속변수를 측정하는 것이다.

㉤ 사후검사란 피실험자를 실험자극에 노출시키고, 그 변화가 있는지 보기 위해 결과변수를 측정하는 것을 뜻한다.

㉥ 실험변산성이란 독립변수(혹은 실험처치)에 의해 야기되는 종속변수 변화의 정도이다.

㉦ 외부변산성이란 실험자극이 아닌 다른 요인으로 인한 종속변수의 변화를 의미한다.

㉧ 통제변수란 실험의 모든 조건에서 그 가치가 일정한 변수를 뜻한다. 예를 들어, 인구사회학적 특성 등이 해당하는 경우가 일반적이다.

㉨ 통제집단이란 실험조건이 동일한 환경에서 실험자극에 노출되지 않은 비교집단을 의미한다.

㉩ 실험설계와 관련한 기호는 다음과 같은 것이 있다. O는 관찰 혹은 종속변수의 측정을 뜻한다. 그리고 X는 실험자극에 노출된 사람 혹은 독립변수를 뜻한다. R이란 랜덤의 의미로 무작위 할당의 의미이다.

사회복지 프로그램의 효과성을 살펴보기 위하여 실험집단과 통제집단(프로그램이라는 처치를 받지 않은 비교집단)을 형성하는 방법은 다음과 같이 배합, 난선화, 구획화가 있다. 각각의 의미를 정리하면 다음과 같이 나타낼 수 있다.

- 배합

배합이란 실험집단과 통제집단을 동질화 시키는 방법으로, 실험집단에 있는 구성인들을 통제집단과 비슷한 구성인들로 배합하는 것을 의미한다. 그러나 많은 변수들을 고려하여 배합하는 것은 비현실적이다. 즉, 종속변수에 영향을 미치는 요인들을 미리 알아내는 선행지식의 활용의 한계가 있을 수 있으므로 난선화보다 덜 바람직할 수 있다.

- 난선화

난선화란 집단을 동질화시키기 위한 방법으로 실험집단과 통제집단 사이에 편차를 줄이기 위해 우연하게 집단을 구성하도록 하는 것이다. 예를 들면, 프로그램에(실험) 참가하는 사람들에게 난수표를 주고 그 번호를 순서대로 정렬시킨 후, 홀수나 짝수 등으로 사람들의 명단을 추첨하여 실험집단에 할당하는 방식이다. 그러나 윤리적인 문제를 고려하여 추첨을 받지 못한 사람들은 다음의 순서로 프로그램에 참여될 수 있는 기회를 부여하는 것이 바람직하다. 단점으로는 할당된 집단 간의 우연한 차이를 배제할 수 없다.

- 구획화(블록킹)

구획화란 배합과 난선화를 혼합하여 사용하는 방식이다. 블록을 만들기 위해 주요변수를 배합한 뒤에 각 블록에 속한 구성원들을 무작위로 실험집단과 통제집단에 할당하는 방식이다. 그러나 시간과 비용 및 절차의 복잡성을 사전에 예측하는 것이 바람직하다.

② 실험설계의 종류

- 단일집단 사후시험설계

단일집단 사후시험설계방식은 비교집단이 없는 단일집단에서 자료를 수집하게 된다. 이를 간략하게 표기하면 다음과 같다.

프로그램 / 개입	→	사후시험

이러한 방식은 프로그램이 어떻게 기능하였는지를 살펴보는 방식에 유용하나, 비교집단이라는 통제집단이 없기 때문에 프로그램과 클라이언트 변화 간의 인과관계가 연구결과의 일반화를 설명하는 데에 제한이 있다. 즉, 사전검사가 없으므로 프로그램에 의한 효과인지를 알 수 없는 것이 단점이다. 이러한 결과가 여타의 집단에서도 적용될 수 있는지의 문제는 타당도로 설명할 수 있는데, 타당도는 다음과 같이 내적 타당도와 외적 타당도가 있다.

A. 내적 타당도의 대한 점검

- 선택 : 프로그램 집단에 선택된 사람들과 프로그램에 선택되지 않은 사람들이 서로 다를 가능성이 있다. 그런 경우에는 비교집단이 성립될 수 없으므로 실험연구에 있어서 편향(바이어스)이 발생하게 된다.
- 우연적 사건 : 실험연구의 결과에 영향을 미칠 수 있는 우연적 사건이 프로그램 진행 중에 발생하여 프로그램의 결과측정에 영향을 미칠 수 있다. 즉, 다른 우연한 사건에 의하여 프로그램의 결과측정에 영향을 미칠 가능성이 있다.
- 중도 탈락 : 프로그램 가운데 피실험자가 집단에서 이탈하는 것은 집단이 결과측정단계에서 동질적이지 않은 결과를 초래하므로, 사전사후검증에 오류가 발생할 가능성이 있다. 따라서 결과가 더 높거나 낮은 성공률을 보일 수 있게 된다.

B. 외적 타당도의 대한 위협

- 선택과 처치의 상호작용 : 선택과 처치의 상호작용은 표본이 무작위로 선택되지 않거나, 사전검사가 없기 때문에 프로그램의 결과분석을 일반화시키기에는 제한사항이 될 수 있다. 예를 들어, 클라이언트의 프로그램 참여 동기는 프로그램의 개입 여부와 상관없이 결과에 영향을 줄 가능성이 있다.
- 사건과 처치 상호작용 : 프로그램의 개입 이외의 다른 요인들이 결과의 분석에 기여하거나, 결과를 일반화시키는 데 영향을 미치는 경우에 발생할 수 있다.

- 단일집단 사전-사후시험설계

사전시험 → 프로그램 / 개입 → 사후시험

내적 타당성을 위협하는 요인으로는 우연적 사건(시대적 상황 등), 실험집단의 성숙(자연 성숙현상)의 효과, 검사효과(피실험자가 측정도구에 한번 이상 노출된 경우에 사후검사에 영향을 미칠 수 있음) 등 다음과 같은 것이 있을 수 있다는 것을 감안하여 결과를 점검하는 것이 바람직하다. 그 밖에도 사전검사와 사후검사에 있어 측정도구를 달리 하거나 실시요원이 다른 경우, 결과에 영향을 미칠 수 있는 도구효과와 극단적인 사례를 집단에 포함시킬 때 발생하는 경우로 극단적인 측정값이 시간이 경과한 사후검사 시에는 집단 평균인 중간값 쪽으로 이동하는 경향이 있다는 것은 프로그램 평가 시 고려되어야 한다. 그 밖에도 실험집단과 통제집단이 프로그램의 효과와 달리, 애초부터 성향상 바이어스가 있는 경우의 선택과의 상호작용현상이 일어날 수 있다는 점은 프로그램의 효과성 점검에서 필요한 사항이다.

- 정태적 집단비교설계

프로그램 / 개입 → 사후시험
프로그램 없음 / 개입 없음 → 사후시험

본 측정방식은 그룹이 무작위 할당되지 않아 두 집단, 즉 실험집단과 통제집단이 서로 유사한지 알 방법 없다는 것이다. 따라서 앞서 설명한 배합 등의 방법이 활용되는 것이 바람직하다. 그 밖에는 반응적 효과로 동질적이지 않은 비교집단으로 설계되는 경우에는 집단 사이의 오염 문제에 당면하게 될 가능성도 있다.

- 사전-사후시험 비교집단설계

사전-사후시험 비교집단설계는 정태적 비교와 단일집단 사전-사후시험설계를 혼합한 형태이다. 특징은 무작위로 할당되지 않고 비교집단이 있어 프로그램의 효과성을 비교할 수 있다. 그러나 내적타당도의 문제로 성숙, 선택문제, 그리고 외적타당도의 문제로 선택-처치 상호작용, 성숙-처치 상호작용문제가 발생할 수 있다.

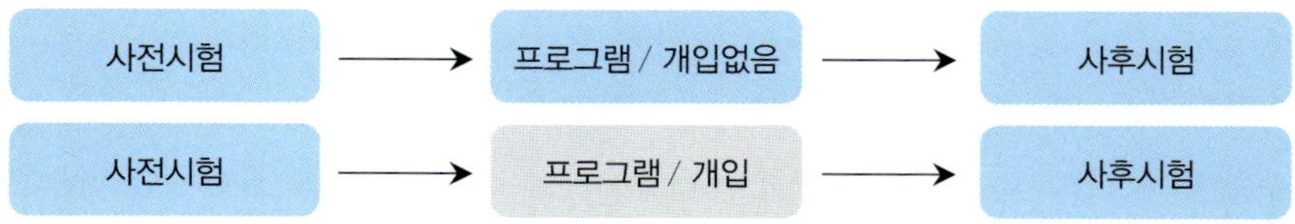

- 사전-사후시험 통제집단설계

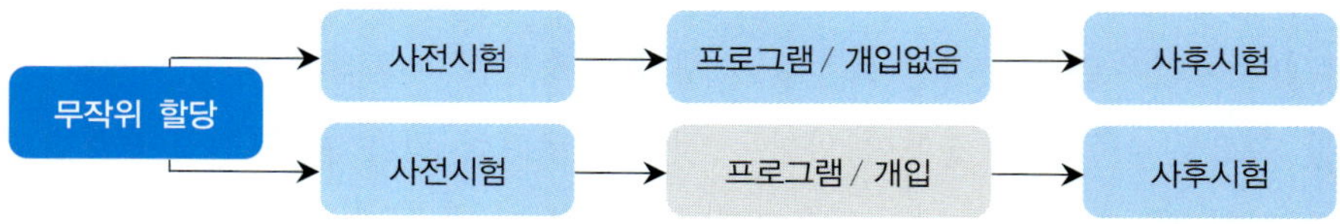

사전-사후시험 통제집단설계는 비교집단과 실험집단이 무작위 할당되어 비교집단이 통제집단으로 활용되는 형식이다. 단, 집단 간 또는 각 집단이 개입 유형의 일관성이라는 관점에서 오염문제가 발생할 수 있다.

- 사후시험 통제집단설계

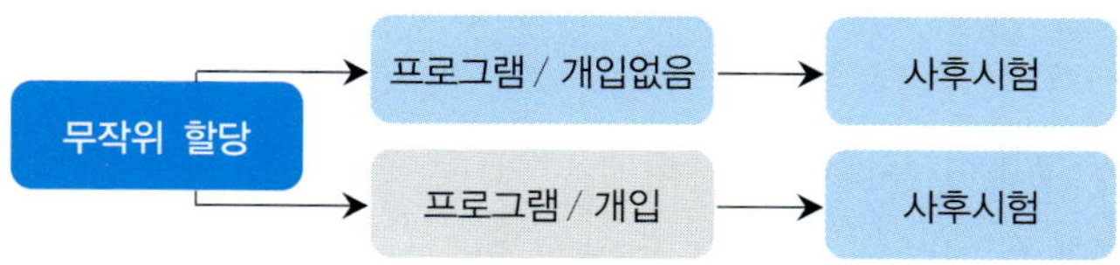

사후시험 통제집단설계는 두 집단이 무작위로 할당되어 결과적으로 동질적이므로 사전시험의 필요성이 없다는 특징이 있다.

- 솔로몬 4집단설계

솔로몬 4집단설계방식은 사전-사후시험 통제집단설계와 사후시험 통제집단설계를 혼합한 형태이다. 매우 효과적이지만 시간 및 비용, 표집집단선정의 문제로 거의 사용하지는 않으나 내적, 외적 타당도의 위험 요소가 거의 없다는 점에서는 실험연구 중에서 가장 완벽할 수 있는 모형이다.

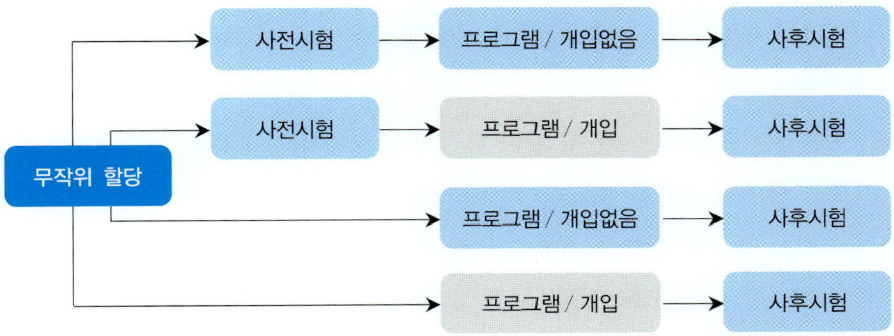

- 시계열설계

이밖에도 시간차이를 두고 여러 번 프로그램 등의 처치 효과성을 살펴볼 수 있는 시계열설계방식이 있다.

3) 단일사례연구

단일사례연구는 개인, 가족, 집단 등의 단일사례를 대상으로 하여 특정한 개입(프로그램 등)이 프로그램 등의 처치 후 어떤 결과를 가져오는가를 검증하는 연구방법이다. 이때 개입을 독립변수로 하고, 대상 문제를 종속변수로 하여 인과관계를 추론할 수도 있고 개입이 조절이나 매개변수로 들어가는 방법도 가능할 것이다.

(1) 단일설계 수행과정

단일설계 수행과정은 표적문제를 선정하고 문제에 대하여 조작화한다. 표적문제(표적행동)란 개입의 대상이 되는 문제로 개입을 통하여 변화시키고자 하는 대상이며, 개입목표와 밀접히 관련되는 것으로 명확하고 측정이 가능한 것이어야 한다. 측정방법은 직접적인 관찰로 표적문제가 외부로 드러나는 행동인 경우에 활용할 수 있고 자기보고식 척도로는 클라이언트의 생각, 태도, 감정 등 쉽게 겉으로 드러나지 않는 문제를 자기보고식 척도를 사용하여 다룰 수 있다.

단일설계의 수행과정을 위해서는 다음과 같은 단계가 요구된다. 첫째, 기초선 단계를 통하여 개입제공 전 표적문제 반복 측정하여 표적문제에 대한 개입 전의 경향성을 파악하는 것이 필요하다. 둘째, 개입 단계에서는 개입을 제공하면서 반복측정을 지속하는 것이 필요하다. 이 단계에서는 기초선 단계를 마무리하고, 기준선을 설정한 이후 개입을 도입하는 단계이다. 셋째, 결과 분석의 단계에서는 개입을 진행하면서 개입 단계와 기초선 단계의 자료를 비교하여 프로그램 등의 처치에 대한 개입의 효과성을 평가하도록 한다. 분석을 위해서 기초선 단계와 개입 단계의 그래프의 높이 차이를 통하여 효과의 차이를 추정할 수 있다. 또한 그래프의 모양을 통해 표적문제의 양상이 어떤 방향성과 경향을 나타내는지 살펴보는 것을 통하여 단일사례의 결과를 알 수 있다. 이것은 시각적 분석으로 기초선과 개입단계의 경향성과 변화를 시각적으로 비교하고 분석함으로써 개입의 효과성을 평가할 수 있다.

또한 통계적 분석자료는 시각적 분석에서 수준이나 경향성의 변화가 뚜렷하지 않을 경우에 사용하는데, 평균 비교를 통하여[3] 기초선 단계에서 나타난 표적문제의 평균값과 개입단계에서의 평균값을 비교하여 두 평균값에 있어서 통계적으로 유의한 차이가 있는지 검증하는 방법이다.

① AB설계(기초선에서 개입)

AB설계란 하나의 기초선 단계(A)와 하나의 개입 단계(B)로 이루어진 가장 기본적 설계로 실천현장에서 가장 많이 사용되는 형식이다. 반복측정을 통하여 클라이언트에 미치는 영향에 대한 경험적이고 논리적인 증거를 제공한다. 이에 대한 장점은 다양한 대상과 상황에 용이한 적용이 가능하다는 것을 들 수 있다. 또한 개입에 대한 평가가 즉각적으로 이루어지며, 신속한 결과를 얻을 수 있다는 장점이 있다. 단점으로는 제3의 요인에 대하여 통제가 불가능하다.

3) 표준편차(SD)란 평균값과 떨어져 있는 정도의 차이를 의미한다.

② ABA설계(기초선 단계에서 개입하여 제2기초선 단계를 측정)

AB설계에서 제2의 기초선 단계(A)를 추가하는 설계방법이다. 장점은 AB설계에서 외부사건의 영향을 통제하지 못하는 단점을 극복한 것이다. 이는 AB설계의 외부요인 효과를 효율적으로 차단할 수 있는 장점이 있다. 그러나 단점으로는 개입을 중단하는 또 다른 기초선 단계 A를 도입하는 것은 개입을 인위적으로 중단한 뒤 변화를 관찰하는 것이기 때문에 조사연구에 있어서 방법적 차원에서 비윤리적이라는 비난을 받을 수 있다. 제2기초선 단계에 대한 개입은 이월효과가 문제될 수 있다.

③ ABAB설계(기초선 단계에서 개입하고 제2기초선 단계에서 다시 개입)

이는 ABA설계에 두 번째 개입 단계(B)를 추가한 설계로, 장점은 개입의 효과와 다른 요인으로 인하여 영향을 확인해 볼 수 있다는 것이다. AB설계나 ABC설계보다 인과관계를 설명하는 능력이 보다 크다는 장점이 있다. 또한 ABA설계의 윤리적 문제를 극복하기 위해서 제2기초선 단계를 가능한 짧게 잡고, 제2의 개입 단계를 추가한 설계로 설명할 수 있다. 그러나 단점은 ABA설계의 윤리적 문제를 완전히 극복하지 못하는 단점이 있다. 또한 연구기간이 길고, 이월효과를 배제하기 어렵다.

④ BAB설계(개입에서 기초선을 관찰하고 이후에 다시 개입)

BAB설계는 처음 기초선의 기간을 설정하지 않고 바로 개입 단계(B)로 들어가는 특징이 있다. 따라서 장점은 빠른 개입에 유용하며 반복된 개입을 통해 개입의 효과를 가져 올 수 있다는 것을 들 수 있다. 그러나 개입효과가 지속적인 경우 프로그램 등의 개입효과를 평가하기가 힘든 점이 있다.

⑤ ABCD설계(복수요소설계)

ABCD설계는 하나의 기초선자료에 관하여 B, C, D라는 복수의 다른 개입방법을 연속적으로 도입하는 방식을 취한다. 장점으로는 각각에 대한 기초선이 요구되지 않는 상태에서 다른 개입방법들에 관한 비교가 가능하므로, 효율적이며 실천적인 상황에서 각 다른 개입들이 연속되어 이루어지기 쉬우므로 그에 적합한 설계가 가능하다. 그러나 해석의 한계로 인해 각 개입방법에 대한 독자적인 효과성에 대한 인과관계를 파악하기 어려울 수 있다는 단점이 있다.

⑥ 다중기초선 설계

다중기초선 설계는 AB설계와 동일한 과정을 여러 대상과 표적문제 및 세팅에 적용하는 것으로, 기초선 단계는 동시에 시작하지만 개입을 하는 시기를 달리해서 효과가 서로 다른 대상과 표적문제 및 세팅의 변화를 개입시기를 맞추어 유사점 및 차이점을 관찰하는 방법으로 진행된다. 장점으로는 서로 다른 클라이언트와 서로 다른 장소와 서로 다른 문제행동을 비교하는 것에 사용될 수 있으며, 한 사람의 클라이언트만 보는 것보다는 개입 효과성에 대한 확신을 가질 수 있다. 반면, 외부효과의 가능성으로 인해 일반화가 어렵다는 단점이 있다.

(2) 단일사례설계의 장점과 한계점

◆ 단일사례설계가 갖는 장점은 다음과 같다.

첫째, 실천과 조사연구의 관점이 통합될 수 있다는 것이 장점이다.

둘째, 클라이언트 한 사람에 대한 개입의 효과성과 변화패턴을 파악할 수 있다.

셋째, 시간과 비용의 효율성이 뛰어난 장점을 지닌다.

◆ 단일사례설계가 갖는 단점은 다음과 같다.

첫째, 외적 타당도가 낮으므로 일반화가 어려운 단점이 있다.

둘째, 반복 측정을 위하여 시간적 여유를 확보하기 어렵고, 반응성의 문제가 있을 수 있다.

셋째, 사전조사의 시간이 오래 걸리는 것으로 인하여 도움을 주는 시간이 미루어지는 것이 단점이다.

4) 설문조사

설문지의 작성 시 다음과 같은 사항이 고려되어야 한다.

① 설문의 작성 시에는 측정하고자 하는 개념에 대해 개념적 정의와 조작적 정의가 명확해야 하며, 신뢰도와 타당도를 고려해야 한다. 설문지는 가설을 검증할 때 필요한 분석기법을 고려해야 한다.

② 설문의 질문은 명확한 문항으로 구성되어야 한다.

③ 주관식 질문과 객관식 질문의 적절한 조화되어야 하며, 명확한 문항의 구성으로 이중질문은 피해야 한다.

④ 응답자의 능력을 고려하여 질문은 직접질문과 간접질문을 적절히 사용하여 간결한 질문으로 하며, 유도질문이나 부정적 질문을 하지 않도록 유의한다. 또한 편견이 섞인 용어나 항목이 포함되지 않도록 유의하는 것이 필요하다. 설문의 항목 배열은 민감한 문제나 주관식문제는 뒤에 배치하여 면접시작에는 인구학적 질문으로 시작하는 것이 좋다. 그러나 일반 설문지일 경우에는 비교적 중요한 부분이 앞서 나올 수 있으며, 인구학적 특성을 설문의 뒤에 배치될 수도 있다. 그리고 고정반응을 막기 위한 항목을 배치하는 것을 고려하며 질문 항목들의 유형과 길이를 다양화하는 것이 필요하다. 또한 신뢰도를 측정하기 위해 도입된 문제 짝들을 분리하여 배치하는 것이 좋다. 즉, 일정한 유형의 응답경향이 구성되지 않도록 역질문을 배치하는 것도 하나의 방법이다.

(1) 질문의 유형-폐쇄형 질문과 개방형 질문

① 폐쇄형 질문 : 객관문항과 같이 응답자에게 미리 정해진 응답범주를 제공하는 형식으로 신뢰성 있는 응답의 확보가 가능한 장점이 있으나, 응답범주가 이미 구성되어 있으므로 응답자가 자신의 의견과 느낌을 자유롭게 전달 못하는 단점이 있다.

② 개방형 질문 : 이에 반하여 개방형 질문은 응답자에게 미리 정해진 응답범주를 제공하기보다는 주관식과 같이 응답자의 생각, 느낌 혹은 의견 등을 자유롭게 표현하도록 하는 질문의 형식이다. 따라서 응답자가 갖고 있는 정보의 양 및 의견

과 감정의 강도에 대한 표현이 가능한 장점이 있다. 반면 응답자의 자유로운 응답에 따른 추후의 재분류를 통한 분석에 많은 시간이 소모되는 단점이 있다.

> ① 폐쇄형 질문의 예 : 식사는 하셨어요? (Yes / No로 답할 수 있음)
> 몇 학년이세요? (단답형 대답)
> ② 개방형 질문의 예 : 동아리 활동에 대해 어떻게 생각하세요? (다양한 대답이 가능)

(2) 면접법

면접범의 장점은 환경을 통제하고 질문과정의 유연성을 높이며 높은 응답률과 타당도를 지닐 수 있다. 그러나 단점으로는 시간과 비용이 소요되고 면접자의 편의가 발생할 수 있으며 익명성 부족으로 접근성이 낮고 질문어법의 표준화가 부족할 수 있다. 면접의 유형은 다음과 같이 구조화 면접, 반구조화 면접, 비구조화면접이 있다.

구분	구조화 면접	반구조화 면접	비구조화 면접
의미	• 면접자가 구체적인 면접 계획(질문 문항순서, 질문 순서, 어조 등)을 미리 선정하여 진행(면접조사표)된다. • 폐쇄형 질문 • 표준화된 면접	• 면접은 일정수준에 대한 표준화 지침을 제공하되, 구체적인 면접지침이 아닌 자율권이 일부 주어지는 방법(면접지침 참조)이다. • 반표준화된 면접	• 면접원은 단지 전반적인 면접 주제만 알고, 면접의 진행에 맞추어 연구범위에서 질문하는 방법이라 할 수 있다. • 개방형 질문 • 비표준화된 면접형태

(3) 전화설문

전화설문은 훈련된 조사원이 전화를 통하여 응답자들에게 질문을 하고 응답을 얻는 방식으로 신속하고 대표성 있는 정보를 수집하는 데 적절한 장점이 있으며, 따라서 간편하고 신속하여 시간과 비용이 절약되고 접근성이 높으며 익명성이 보장된다. 반면 단점으로는 응답자의 표정이나 주변 상황을 알 수 없으며, 주변 환경의 영향을 많이 받고 시간의 제한(전화시간의 적정시간)이 있으므로 조사내용의 분량에 제한이 따르는 단점이 있다. 또한 전화설문은 상대방의 전화를 받는 환경에 있어서 상호신뢰에 대한 문제가 발생할 수 있고 상황에 따라 언제든 끊길 수 있다는 단점이 있다.

(4) 전자설문조사

전자설문조사는 크게 이메일을 이용한 설문과 웹사이트에 게시하는 e-survey로 나눌 수 있다. 신속하고 비용이 저렴한 장점이 있으나, 표본추출의 문제에서 대표성이 떨어지고 낮은 응답률과 회수율이 발생할 수 있으며, 자기선택의 편의가 발생할 수 있다.

5) 내용분석

내용분석이란 의사소통 기록물의 내용을 객관적이며 체계적인 방법으로 실시하는 양적 조사방법이다. 즉, 사진이나, 기사, 책 등의 질적인 내용을 양적 자료로 전환하는 방법으로 단순한 형태의 내용분석으로는 선전문이나 신문과 같이 분석할 자료를 선정하고, 그에 대한 내용을 범주로 분류하여 구성한 후 각 범주에 따라 코딩을 진행하는 방법이 있다.

(1) 내용분석법의 범주와 분석단위

내용분석에서 분석단위가 내용을 분석하기 위한 기준항목이라고 하면 범주는 그러한 기준항목들의 특성을 파악하기 위한 틀을 의미한다. 분석단위는 주어진 범주로 구분하여 계산하고자 하는 내용의 최소단위이며, 분석단위의 종류는 다음과 같다.

단어	문헌자료의 내용분석을 위한 최소 분석단위로서 얼마나 많이 사용되었는가를 분석해 봄으로써 비중 있는 텍스트가 가지는 의미를 분석함
주제	어떤 내용이 중심이 되는 제목이나 문제, 혹은 여러 문장, 문단, 전체 본문에서 나타날 수 있는 내용을 분석함
인물	수필, 소설, 전기, 연극, 영화 등 주인공이나 역사적 인물을 중심으로 인물을 분석하는 방식이다.
항목	서적, 잡지, 신문, 학술지 등 소재를 분류하는 방식으로 의사소통 전체의 단위를 말한다. 간접측정으로는 이에 대한 마모도 등을 분석하는 것 등이 있다.

공간 및 시간	인쇄물의 지면이나 방송의 시간도 내용분석의 단위가 될 수 있다.

(2) 내용분석과정

내용분석과정은 연구주제 및 문제의 선정으로부터 문헌자료의 모집단을 선정하고 그에 따른 표본을 추출 후에 범주를 설정한다. 그리고 내용의 성질에 관한 범주를 통하여 주제, 방향, 기준, 가치, 방법, 특성, 행위자, 기원, 표적을 선정하고 내용의 형식에 관하여 의사소통의 형식, 진술의 형식, 강도 등을 설정한다. 이후 단어, 주제, 인물, 문장이나 문단, 항목, 공간 및 시간, 코딩방법분석단위의 결정함으로써 분석단위를 결정한다. 그 밖에 출현 여부, 빈도, 시간적 · 공간적 양, 강도를 통하여 계량화 체계를 설정한다.

예를 들어, 내용분석의 적용으로 정약용의 목민심서에서 사용한 단어를 통하여 당시에 중시한 애민사상 혹은 사회복지정신에는 어떤 것들이 있는가를 분석할 수 있다.

(3) 내용분석의 장 · 단점

내용분석의 장 · 단점은 다음과 같다. 먼저 장점으로는 시간과 비용이 절약된다. 또한 조사자가 비관여적인 형태로 참여하여 연구대상에 영향을 주지 않고 조사 자체에 대한 반응이 없다. 뿐만 아니라, 융통성이 있고 자료의 반복조사와 수정이 가능하다는 안정성을 확보할 수 있으며, 장기간에 걸친 연구가 가능하다. 따라서 간접적인 방법의 접근을 통하여 다양한 가치, 태도, 창의성, 인간성 등의 심리적 변수가 측정 가능하다. 반면, 단점으로는 기록된 의사전달만을 다루므로 타당도 확보의 어려움이 있다. 따라서 수집상의 타당도 확보는 가능하나 실제적인 타당도 확보는 어려운 단점이 있으며, 자료를 구하는 데 한계가 있을 수 있다.

제2절 사회복지 프로그램의 평가와 종결

1. 프로그램 평가

1) 프로그램의 욕구조사에 관한 평가

◆ 프로그램의 기본사항은 다음과 같이 평가할 수 있다.

① 욕구 : 인간의 생존과 성장발전을 위해 요구되는 문제의식으로 충족되고 해결되어야 할 문제로 간주된다.

② 목적 : 특정 프로그램이 달성하고자 하는 것이 클라이언트에게 필요한 것인지를 객관적으로 판단하기 위한 것으로 알아보고자 하는 문제의 정의와 실제적이고 바람직한 조건에 관한 묘사, 그리고 충족되지 못한 욕구의 발견과 욕구가 충족되지 못한 이유나 장애물을 진단하는 것이 포함된다. 이에 따라 어떤 유형의 정보들을 수집하며, 어떠한 서비스가 필요하며, 얼마나 제공해야 하는지에 관하여 살펴본다.

2) 프로그램 과정에 대한 평가

대표적으로는 프로그램의 중간에 실행되는 과정평가(형성평가)를 통하여 원래 의도대로 프로그램이 수행되었는지 평가하고, 프로그램 개선을 위한 제안점을 발견하여 프로그램의 목적달성을 용이하게 하고 서비스 전달체계 및 효율성 증진을 도모하도록 한다.

3) 프로그램 결과에 관한 평가

프로그램이 원래의 목적을 성취하고 본래 임무를 달성하였는지를 판별하기 위하여 목적의 달성 정도를 최종적으로 평가하여 프로그램 효과성(목적 성취 여부)과 프로그램 효율성(얻은 결과와 투입된 노력 및 자원과의 관계)에 대하여 최종적으로 평가한다.

4) 비용편익분석

프로그램으로 인해 발생하는 가시적 및 비가시적 편익과 프로그램을 수행하는 데 소용되는 직접 및 간접 비용을 알아보기 위한 시도로 비용편익분석을 시행한다. 여기에서 소요 비용에 비하여 나타난 편익비율을 통하여 평가자는 프로그램의 실시에 따른 사회투자의 결과를 측정하는 지표를 측정한다.

5) 프로그램 영향 분석

프로그램의 실시에는 다양한 변수의 개입 가능성이 존재하고 있다. 그러므로 프로그램 효과를 구분하기 어려운 특징이 있으며 프로그램 결과의 장기적인 효과 분석이 관심대상이 될 수 있다.

6) 평가자

평가자는 연구조사와 평가에 관한 지식을 갖고 있고 기관의 내부 직원인 사람을 평가자로 선정하여, 해당 프로그램 대상자의 특성, 프로그램에 대한 해석에 대한 이해도가 높으며 비용 절감이 가능한 내부 평가자에 의한 진행방법이 있다. 그러나 이 방법은 평가와 관련된 객관성이 미확보될 수 있으며 내부 종사자와의 관계에 영향을 받을 수 있다. 그 밖에는 전문성, 객관성이 확보된 외부 평가자에 의한 진행방법이 있으나, 이 방법은 비용이 발생하며 경우에 따라 기관의 상세 상황과 프로그램이나 참여대상에 대한 이해도가 부족할 수 있다. 또한 기관평가로 프로그램이 지역사회 욕구에 반응하는 정도와 제공하는 서비스의 질, 그리고 클라이언트의 만족도 및 자원이용의 효율성 등을 사정하는 기관평가를 통하여 프로그램의 전략과 계획 수립, 동기 부여 등의 사항을 체크하는 평가방식이 있다. 마지막으로 프로그램의 수혜대상자인 클라이언트의 만족도 평가가 있다.

2. 사회복지실천의 프로그램의 종결

평가란 사회복지개입의 결과를 조사기법을 사용하여 개입 프로그램 등이 효과적, 효율적이었는지를 알아보는 것이다. 사회복지실천의 프로그램의 종결을 위하여 종결의 유형과 과업을 아는 것이 중요하다. 이에 평가의 기준과 원칙과 평가의 종류(형성평가, 총괄평가, 효과성평가, 효율성평가, 메타평가, 노력성평가 등)에 대하여 전문적 지식을 기른다. 형성평가를 통하여 프로그램 개입의 과정을 살펴보고, 개입과정의 어떤 요인이 좋은 성과를 보여주었는지 살펴보는 것으로 운영 도중에 이루어지는 조사로서 계속되는 프로그램을 수정 · 보완하기 위하여 이루어지는 조사이다. 총괄평가개입의 결과를 분석하여 프로그램의 전반적 효과성 및 효율성에 대한 분석을 통하여 프로그램의 피드백의 관련 사항을 결정하는 데 활용한다. 이러한 평가는 전문가적인 입장에서 평가하는 실무자 평가와 사회복지사의 행동, 태도, 속성 등이 개입과정에 어떤 영향을 미쳤다고 생각하는지에 대한 피드백까지 포함하는 클라이언트, 즉 이용자에 대한 만족도 평가가 있으며 이를 통하여 평가가 가능하다. 이러한 평가는 결국 종결과 관련되는 행위이다. 클라이언트의 변화를 위한 활동을 끝내는 시점에 원만하고 만족스러운 종결로 종결할 수 있는 능력이 효과적인 사회복지 실천의 핵심요소이다. 따라서 종결은 적절한 시간에 긍정적인 결과와 함께 이루어져야 하지만, 만족스러운 성과가 따르지 않는 경우에도 어떠한 이유에서 그러한 결과가 도출되었는지 점검하고 이에 대하여 클라이언트와의 합의에 의해 종결을 실시할 수 있다.

1) 종결유형

종결은 다음과 같은 다양한 상황에서 일어날 수 있다.

(1) 일정 기간 제공되는 계획된 종결

정해진 기간 동안에 제공되는 계획된 종결은 미리 고지된 것이므로 클라이언트 입장에서 갑작스러운 종결을 맞이하는 것보다 충격이 적으며, 그에 대한 마음의 대비를 할 수 있어 종결에 의한 감정을 해소할 충분한 시간을 가질 수 있게 된다. 따라서 초기부터 사회복지사와 클라이언트는 개입의 시간을 미리 선정하고 시작하여, 클라이언트가 사회복지사나 프로그램에 정서적으로 애착하거나 의존을 줄여주어 종결에 따른 상실감을 예측하고 감소하고자 하는 노력이 필요하다.

(2) 시간제한이 없는 종결

시간제한이 없는 종결은 일반적으로 사회복지사와의 만남을 통해 클라이언트가 얻는 것이 줄어들고, 프로그램 등의 세션에서 얻는 이득이 점차 의미성과 개선 및 중요성이 없어질 시점이 종결할 시기로 본다.

(3) 클라이언트의 일방적 종결

클라이언트가 갑자기 약속을 어기거나 더 이상 자신의 문제를 노출시키지 않으면서 다양한 핑계를 하는 경우 혹은 종결을 원할 때 성립될 수 있다. 사회복지사는 클라이언트의 자기결정권을 존중하는 것이 바람직하다.

(4) 사회복지사의 이동으로 인한 종결

사회복지사의 이동으로 인한 종결의 경우에 사회복지사는 감정표현을 허용하고, 다른 사회복지사에 대한 좋은 이미지와 업무의 정확한 인계 등을 통하여 클라이언트의 무리 없는 수용을 도와야 한다.

2) 종결에 대한 클라이언트의 반응

종결에 대한 반응은 전형적으로 다음과 같이 네 가지로 나타난다.

① 사회복지사에게 의존심이 증가하여 계속 상담해줄 것을 요청 : 클라이언트에게 독립적으로 문제를 해결하는 것이 목표였음을 강조하고 보다 독립적인 자세를 상기시킨다.

② 과거문제가 재발했다고 의뢰하는 경우 : 과거의 문제가 재발했음을 보고하는 경우에는 클라이언트가 세션을 통해 획득한 자원과 장점을 강조하여 자기효율성을 높여주도록 한다.

③ 새로운 문제를 갖고 오는 경우 : 새로운 문제를 가지고 오는 경우에는 우선 사회

복지사는 그 문제를 다루기 전에 먼저 종결에 따른 감정을 탐색하여야 한다.

④ 사회복지사를 대치할 다른 대상을 찾는 경우 : 사회복지사를 대치할 대상을 찾는 경우에는 클라이언트의 의존심을 지속시키고자 하는 욕구 때문일 수 있으므로, 그 역할을 인식하도록 돕거나 그 이유에 대한 탐색이 필요하다.

3) 변화결과 굳히기

개입과정에서 사회복지사는 프로그램이 진행되는 동안 달성한 결과를 인지시키고 그것을 클라이언트의 일상생활에 일반화시켜서 지속성을 가질 수 있도록 지지한다.

4) 프로그램의 사후관리

프로그램을 종결한 후 일정기한이 지났을 때 클라이언트의 변화가 유지되고 있는지 경우에 따라서 사후세션을 갖는 것이 필요하다. 사회복지사는 항상 목적과 목표를 명확하게 설정하여 개입해야 한다. 목표를 설정하지 않고서는 이후의 개입이 성공적이었는지 평가할 수 없다. 프로그램의 성공 여부를 분석하는 척도는 다음과 같은 것이 있다.

(1) 과제달성척도

클라이언트와 사회복지사가 개입과제를 완수한 정도를 분석하는 척도로 개입의 기초선의 설정이나 단일사례설계의 적용이 어려운 경우에 유용하다.

(2) 목적달성척도

목적달성척도는 클라이언트가 개별화된 목적을 달성한 정도를 측정하기 위해 사용된다. 이 척도는 정신건강, 알코올 및 약물남용 프로그램, 보호관찰과 가석방, 비행 등 기타의 많은 현장에서 사용되어 왔다.

(3) 서비스 결과 체크리스트

서비스 결과 체크리스트는 한 기관에서 접수에서 종결까지 클라이언트가 수행한 개선의 자료를 수집하는 데 활용하기 위한 기록과 점검의 도구이다.

(4) 개별화된 척도

개별화된 척도는 개별 클라이언트와 상황에 독특한 측정척도를 만들어 사회복지사와 클라이언트의 특정한 클라이언트의 문제 등을 측정하기 위해 고안한 척도이다.

(5) 동료검토

동료검토는 사회복지사의 활동을 일련의 원칙과 기준에 따라 그 실천의 질을 동료가 평가하는 방식이다. 기관의 구성요인, 클라이언트, 정책, 절차 등에 관하여 이를 이해하고 있는 동료 사회복지사가 사회복지사의 수행을 정기적으로 평가하는 품질관리의 한 형태이다.

(6) 사회복지사 수행평가

수행평가는 사회복지사와 기관 모두에게 생산적인 것이 되도록 수행평가의 목적과 절차를 먼저 이해시키는 것이 중요하다. 이를 통하여 기관의 직원들이 일정기간 동안 그들의 일을 얼마나 잘 수행하고 있는지 체계적으로 사정하는 것과 연관된다.

제3절 프로그램 평가 후 과제들

1. 프로그램의 반영 및 개선

프로그램의 결과를 분석한 이후 그에 대한 실시에 의미 있고 가치 있는 정보가 산출되었다면, 프로그램의 체계를 전체 범위에서 반영할 때이다. 이를 통하여 더 많은 경험이 축적된 이후, 프로그램 결과의 반영은 계속하여 프로그램을 통하여 반영될 것이며 또한 계속적인 모니터링을 통하여 프로그램이 향상될 것이다. 이를 통하여 프로그램의 실시 및 평가체계의 기획 및 실행이 이루어졌다면, 프로그램을 개선시키기 위해 결과와 분석을 최대한 활용할 때가 온 것이다. 비록 결과측정실행이 기금유치의 요건을 충족시키기 위해서였다 하더라도, 그 결과에 대한 정보를 프로그램 설계와 관리에 적용하는 것은 매우 의미 있고 유용한 작업이 된다.

1) 피드백과 모니터링의 반영

프로그램의 시범운영 동안 다양한 측면들이 모니터링 되고, 다양한 평가측정으로부터 피드백을 얻었으며, 수집된 자료가 분석물로 전환되고 다양한 관련당사자들에 대한 보고를 준비하는 과정이 필요하다. 이러한 평가를 통하여 무엇이 잘 되고 그 체계가 어떻게 반영될 수 있는지 살펴보아야 한다. 시작은 결과에 대한 분석자료를 통해서이다. 이에 따라 다음과 같은 사항들이 점검되어야 한다.

첫째, 자료수집도구의 점검으로 도구에 대한 사전검사를 하더라도, 운영과정에서 많은 개선점들이 나타날 수 있으므로 이에 관하여 점검하여야 한다.

둘째, 자료수집자 훈련의 점검으로 자료수집자들이 전문성을 갖추고 있는지 그에 따른 개선점들이 바람직한지를 점검한다.

셋째, 자료수집절차로 절차과정의 적절성과 프로그램의 질을 점검하기 위해 획득한 자료를 검토하여 그것이 의도한 것이었는지와 자료수집자들이나 기관관계자, 서비스 수혜자들이 요청하고 실시한 서비스에 대한 정보제공과의 매칭이 적절한 것이었는지 등에 관하여 점검한다. 설문지를 사용하였다면 문항의 적정성, 인터뷰라면 질문의 적정성 등도 포함되며, 샘플링 단위 등도 점검될 수 있다.

넷째, 자료입력절차로는 과정이 원활히 진행되었는지 하는 부분과 자료입력담당자들의 훈련성 여부가 점검되어야 한다.

다섯째, 자료수집 및 분석의 시간과 비용으로 가장 많이 드는 비용은 인력비용이며 기타 비용은 사무용품비, 컴퓨터사용비, 분석비, 자문시간 등을 포함할 수 있다.

여섯째, 절차 모니터링으로 모니터링절차가 제공한 정보를 검토한 후에 절차 자체의 적정성을 검토한다. 무엇을 알고 싶은 것인지, 새로운 형식을 도입할 것인지, 현재 절차에서 문제가 없는지, 세부사항들이 추가되는 것이 필요한지 점검한다.

이러한 검토에 기반하여 더 효과적이고 용이하게 일련의 과정에 어떤 수정을 가할 수 있다.

2) 체계에 대한 정기적 점검과 검토

(1) 다양한 클라이언트 특성 간의 결과성 측정

프로그램 관리자가 효과가 있는 클라이언트 집단에 대하여 그 이유를 분석하고 서비스를 배치하는 것이 좋으며, 그렇지 않은 클라이언트에게는 더 효과적인 전략을 모색하는 것이 바람직하다.

(2) 프로그램 단위 간의 결과 비교

프로그램 단위별로 결과를 산출함으로써 프로그램의 어떤 부분들이 더 나은 결과들을 성취했는지 살펴보고 그에 대한 부분을 반영한다. 과학적이고 계량화된 결과가 도출되었다면 보다 정밀한 반영이 될 것이다.

(3) 다양한 서비스 전달전략의 필요성과 결과 비교

프로그램 입안자들은 서비스의 유형과 제공 면에서 다양한 서비스 전달접근법들과 전달체계에 대한 상대적인 성과를 비교할 수 있다. 이것은 기존의 서비스와 도입될 새로운 접근법 모두를 적절히 사정하는 것에 도움이 될 수 있다.

(4) 프로그램 이전 시행의 결과와 비교

프로그램의 이전 시행과의 결과를 비교함으로써, 프로그램 검토와 개선을 하는 데 도움이 될 수 있다. 특히 프로그램 결과에 영향을 미치는 외부 영향들과 지역 환경 및 경제의 변화, 의식의 변화 등을 통해 해결하려는 문제들에 대한 어젠다 형성과 합의를 불러일으키는 이슈들, 프로그램의 수행을 지원하는 재원수준의 변화들 등을 인식하고 이를 반영하는 능력이 중요하다.

3) 향후 기획의 반영

(1) 예산 조율과 자원의 정당성 제공

피드백된 자료는 자연스럽게 차기의 자금 및 기타자원에 관하여 결정하는 것으로 연결된다. 어떤 결과를 더 반영하여 차기 목적한 결과를 달성하기 위해 어떤 자원을 투여해야 하는 것에 관한 기획이 정당화된다. 어떤 그룹에게 성공적이었던 프로그램을 확대시키는 것과 지지하는 결과자료들의 적용은 전문가의 몫이기도 하고, 확대된 서비스에 참여할 클라이언트들에게 배분하는 자원의 정당성이 확보된다.

(2) 재능 있는 인적자원의 투입

바람직한 결과를 반영하여 서비스를 향상시키기 위해서는 정보를 활용할 줄 아는 전문적 인적자원이 필요하다. 이런 노력이 클라이언트들을 위한 더 좋은 프로그램의 진행과 그에 따른 혜택을 만들고, 사회복지서비스에서 책임성을 증대시키는 기반이 된다.

전문가가 정확한 비전으로 미래의 효과성에 대한 그림을 그릴 때, 프로그램의 목적과 가치관이 구현된다. 이것은 근무환경의 개선과도 연결이 되어야 하는 문제이지만 개선된 좋은 근무조건, 경쟁력 있는 혜택들을 전문적 기술을 제공하는 전문가에게 제공하는 것과 더불어 프로그램이 클라이언트에게 어떤 도움이 될 것인가에 대한 지식적인 기반과 경험적인 기반이 축적되어야 할 것이다.

(3) 프로그램 홍보

다른 클라이언트들이 프로그램에서 얻은 변화들을 프로그램을 통하여 확인하였다면, 그러한 욕구를 가진 클라이언트와 집단에 대하여 특정 서비스를 제공할 수 있다는 정보는 이용자에게 매우 도움이 되는 정보가 될 것이다. 클라이언트들은 그들이 어떤 프로그램을 활용할 수 있을 것인지, 그에 대한 정보 및 의뢰서비스에 대한 프로그램들이나 기타 서비스를 제시할 때, 클라이언트들의 기대가 어느 정도 충족될지를 예측할 수 있다. 또한 프로그램에 소개된 내용들이 클라이언트가 욕구로 제시한 것에 대한 의도한 결과를 낳을 수 있는지 혹은 서비스를 통하여 개선될 수 있다는 재확신도 제공할 수 있다.

(4) 협력자들의 인식

분석결과에 대한 결과를 다른 기관과 공유한다면, 이것은 프로그램의 중복을 피하거나 더욱 개선되는 효과를 얻거나 혹은 협력들을 촉진할 것이다. 또한 서비스를 혜택이 적은 접근성이 낮은 지역으로 확대하거나, 기존의 서비스 범위를 개선하여 확대하는 촉진적 활동으로 이어질 수 있다. 각 기관은 상호 서비스의 질을 모니터하고, 향상시키기 위해서, 훈련에 대한 노하우를 공유하거나, 기법상의 조언, 특수 자원들 등을 공유하는 것에 도움이 될 수 있다. 이러한 협력의 가치는 비영리사회복지에게 점점 더 중요해지고 있으며, 국가기간과 민간기관 간의 협력에도 도움이 될 수 있을 것이다.

(5) 프로그램의 사회적 이미지 향상

프로그램은 개인 및 집단들에게 실제 효과가 있음을 결과분석을 통해 보여줌으로써, 클라이언트가 가지는 프로그램의 효과성에 대한 확신을 가질 수 있게 한다. 따라서 프로그램은 객관적인 비교자료를 통해 결과물의 맥락을 제시하는 것이 좋다. 그렇지 않다면 개인적 판단과 취향에 따라 주관적 평가가 될 수 있다. 또한 자료를 받아볼 클라이언트들이 표본의 결과와 연관성이 있을 때 결과관련 정보의 활용은 더욱 유용할 것이다.

(6) 기금의 확보 및 증액

기금 확보문제는 중요하며 이는 기관과 지방 및 중앙정부뿐만 아니라, 법인기금제공자에게도 해당된다. 이것은 제 3의 기금제공자들도 결과를 제공하는 프로그램들에 의해 깊은 신뢰를 갖게 된다. 프로그램 지원금을 요청하고 개선사항을 보고할 때, 객관적 결과물, 측정물, 연구성과물 등을 포함시킨다면, 기금제공자들에 대한 책무성과 책임성에 대한 신뢰가 높아지며 관심도 이끌어 낼 수 있다. 이때 비교수치를 제시하는 것이 바람직하고, 실질적인 정보를 포함시키는 것이 중요하다.

생각해 보기

많은 프로그램들이 주로 이용자들의 만족도 조사와 같은 형식으로 진행되는 경우가 많다. 그러나 보다 전문성을 발휘하여 이번 장에서 배운 연구방법론을 적용하여 이를 토대로 직접 설계한 프로그램에 대한 평가를 연습해 볼 수 있다. 혹은 이번 장을 학습한 후 어떠한 사례에 어떠한 방법을 적용하는 것이 좋은지 논의해보자.

Chapter

12 사회복지 프로그램 전달체계에 대한 전망

제1절 전달체계-사회복지서비스의 활용

사회복지기관은 어떻게 하면 한정된 자원을 가장 필요로 하는 클라이언트의 욕구충족을 위해 최적화된 서비스를 제공할 수 있을지 관심을 가지고 있다. 이것은 한정된 희소자원을 어떻게 하면 최대한의 효용을 발휘할 수 있도록 서비스가 꼭 필요한 클라이언트 집단에게 전달하도록 할 것인가에 대한 고민이다. 이에 대한 전달체계를 통한 서비스 제공에 있어서 다음 사항들이 고려되어야 할 것이다.

1. 사회복지서비스 전달에 대한 접근성 고려

사회복지 프로그램을 적절한 서비스를 적절한 시기에 적절한 클라이언트에게 공급하기 위한 시도로 실시되는 의도적인 활동은 욕구를 갖는 표적인구집단에서 서비스를 실제로 이용하는 클라이언트 인구집단이 선정될 때, 접근성 면에서 어려움이 없도록 가능한 한 표적집단과 클라이언트 집단이 일치될 수 있도록 노력하는 것이 필요하다. 이때 선정집단의 차이는 다음과 같은 의도하지 않은 결과를 야기할 수 있다.

1) 사회복지서비스의 과활용

사회복지서비스에 대한 욕구가 낮은 사람들이 서비스를 이용하는 경우에 나타나는 현상으로, 수요자의 기대와 공급자의 기대가 맞지 않는 경우에 발생한다. 따라서 서비스의 과활용에 대한 비용은 서비스 자원이 실제로 필요로 하는 사람들에게 미치지 않고, 필요 없는 사람에게 쓰이게 되어 보다 생산적으로 쓰이지 못하다고 할 수 있다. 또한 기회비용(opportunity cost)으로 잠재적인 개인적 서비스 및 사회적 급여의 상실이 발생할 수 있으므로 이에 대한 점검이 필요하다.

2) 서비스의 저활용

사회복지서비스의 욕구를 가진 인구가 사회복지 프로그램이나 서비스 접근에 어려움을 겪는 경우는 서비스의 저활용 현상이 일어날 수 있으며, 프로그램에 대한 낮은 전달은 효과성을 낮추는 요인으로 작용할 수 있다. 이는 서비스의 홍보 미흡이나 접근성 부재 혹은 클라이언트에 대한 과한 선별성에 의해 발생할 수 있다.

저활용에 따른 비용은 욕구를 가지고 있으나 서비스를 받지 못한 사람들이나 해결되지 않은 사회적 문제 때문에 발생하는 비용이기 때문에, 접근성을 높이거나 좀 더 포괄적으로 전반적인 행정비용을 높여가는 노력이 필요하다. 행정비용이란 과활용과 저활용을 줄이기 위한 노력에 드는 비용으로 이에는 인력, 수송비용, 정보시스템에 대한 시설 및 점검, 절차 등에 따른 비용이 있을 수 있다.

따라서 서비스 활용의 적절성을 위한 전략을 다음과 같이 생각해 보아야 한다. 예를 들면, 아웃리치, 정보의 위탁의뢰, 다양한 방식의 홍보, 서비스 조직의 개선, 클라이언트와의 강한 신뢰관계의 구축 등이 있을 것이다.

첫째, 아웃리치(outreach)란 출장서비스란 의미로 서비스 이용자가 찾아오기를 기다리는 것이 아니라, 서비스 기관이나 담당자가 이들을 찾아 적극적으로 이용자를 발굴해 내기 위해 찾아 나서는 시도를 의미한다. 이것은 정보의 홍보와 욕구사정의 발굴 및 활동과의 연계 그리고 서비스 활용에 대한 동기 및 참여유도 등의 효과를 가져올 수 있다. 이러한 아웃리치서비스는 찾아가는 서비스의 역할을 담당할 때 서비스 활용에 대한 이용자들의 심리적 장애 극복에 도움을 준다. 예를 들어, 셔틀버스나 방문서비스가 제공된다면 그것은 클라이언트의 서비스 활용에 도움이 될 것이다. 또한 이것은 다양한 인테이크를 가능하게 할 뿐만 아니라 서비스 종료 후의 후속확인 절차(follow-up)에도 도움을 줄 수 있다.

둘째, 정보와 의뢰(Information and Referral)는 각 기관이나 프로그램이 자신들이 제공하는 서비스와 일치하지 않는 클라이언트를 만나게 된 경우, 인테이크의 형식으로 다른 적절한 서비스의 종류 및 소재를 파악하여 의뢰하도록 하는 전문 사회복지시스템 구축의 근간이 된다.

셋째, 홍보란 전단지나 광고의 수단, 혹은 대중매체에 뉴스레터나 혹은 각종 방송과 선전의 형태로 나타날 수 있으며 여기에는 안내 소책자(booklet), 전단지(flier), 소식지(news letter), 기타 리플릿(leaflet) 등이 포함될 수 있다. 또한 기관의 발표회를 통한 프로그램 소개와 마을 축제 그리고 기관이나 전문가 회의를 통한 프로그램 안내 및 지역사회 주민의 초청, 기관방문 및 견학 등을 통해 각종 프로그램을 소개할 수 있다.

3) 서비스 조직의 개선

서비스 조직의 개선으로 관료제적 병폐, 즉 효과성이 높은 클라이언트에게 서비스를 제공하는 크리밍(creaming) 현상에 대응하는 시스템이 필요하다. 크리밍 현상은 각종 사회복지서비스 조직들이 접근성 메커니즘을 조정하여 다루기 유순하고 프로그램의 효과성에 있어서 성공 가능성이 높은 클라이언트를 위주로 선발하고, 비협조적이거나 다루기 어려울 것으로 예상되는 클라이언트는 배척하는 현상에 대한 감독이 가능한 체계가 필요하다. 즉, 관리의 이원화나 전문조직의 배치는 이러한 현상을 지양하는 것에 도움이 될 수 있다. 그러나 아직까지 민간기관은 클라이언트 선별에 있어서 재량권의 폭이 넓어 크리밍 현상이 비교적 잘 나타나므로 공공기관의 공정한 위탁이 필요하다. 단, 이러한 개입에는 시간과 비용이 들고, 조사연구와 관련한 전문적인 능력을 필요로 한다.

4) 지역사회 자원의 활용

사회복지 프로그램의 형성은 지역사회의 다양한 구성원들로부터 가치, 태도, 의견

등을 직·간접적으로 수렴해서 자료를 수집을 할 수 있다. 그 형태는 포럼이나 공개토론회 혹은 공청회 형식이 될 수 있으나 중요한 것은 의사소통의 장이며 그에 대한 수용능력과 개선의지일 것이다. 지역사회 주민의 초청은 자유로운 지역사회의 의견을 도출할 수 있고 지역사회의 특성과 분위기를 파악할 수 있다. 또한 서베이 등에 비해 비용, 즉 시간과 경제적 비용이 적게 들지만 지역사회의 대표성을 고루 갖춘 참석자를 확보하기 어렵다는 단점을 극복해야 하는 과제가 있다.

5) 정부와 민간의 사회복지서비스 역할분담

(1) 사회복지서비스 역할분담 유형의 변천

정부부문과 민간부문의 사회복지서비스 역할분담의 변화역동성을 구분하면 다음과 같다(Karmer, 1981: ch. 14; 백종만, 1995: 129-132). 먼저 정부부문이 서비스 전달체계의 대부분인 국유화모형(nationalization model)과 정부만이 보편적이고 형평성과 책임성이 있고 권리로 이용 가능한 포괄적 사회복지체계를 운영하는 정부주도모형(goverment operation model)에서부터, 차츰 정부가 기본적 서비스의 제공을 지속적으로 추구하지만 서비스 전달과정에서 비영리 민간부문에 자금을 제공하고 운영권을 위임하여 관료화를 방지하고 다양성을 살리는 실용적 동반자모형(pragmatic partnership model)으로 변화하고 있다. 또한 비영리 민간부문 및 비공식 민간부문에 대한 믿음에서 출발해서 자원단체, 종교단체, 근린지역, 일차적 사회체계의 활용을 강조한 민간강화모형(empowerment voluntary organization model) 및 영리부문을 활용하고 합리적 가격으로 양질의 서비스를 전달하기 위해 시장경제에서의 경쟁에 의존하는 민영화모형(privatization model)의 형태로 확장되고 있고, 성격 또한 다채로운 다양성을 지향하는 다원화 추세에 있다.

(2) 사회복지서비스의 역할분담 필요성

정경배는 정부와 민간의 사회복지서비스 역할의 변화에 따라 정부와 민간의 역할분담의 필요성을 다음과 같이 설명하고 있다(정경배, 1998: 12). 첫째, 한정된 자원에 비해 사람들의 욕구는 다양하므로 역할분담이 필요하다. 둘째, 연대성 강화와 사회통합 유지를 위한 역할분담이 필요하다. 셋째, 사회구성원들의 욕구에 효율적으로 대응하기 위한 역할분담이 필요하다. 따라서 사회복지서비스 역할분담의 필요성에 의해 사회복지서비스를 어떤 차원에서 제공하는 것이 바람직한지에 대한 기준은 다음과 같다. 첫째, 서비스 선택에서 서비스에 대한 정보가 없거나 비용이 많이 소요되는 경우 정부에서 제공하는 것이 바람직하다(김태성, 1992: 73). 둘째, 서비스 공공재적 성격의 정도 및 외부효과의 정도를 고려해야 하며, 민간부문의 자발적 가입인 경우 유지에 어려움이 있는 경우는 정부부문에서 제공하는 것이 이상적이다(송근원, 김태성, 1995: 355). 셋째, 어떤 서비스 제공이 추구하는 중요한 가치가 평등인 경우 민간부문보다 정부부문에서 제공하는 것이 바람직하다. 그리고 어떤 서비스를 사람들한테 제공할 때 지속적으로 제공할 필요가 있을 때 정부예산의 사용이 가능한 정부부문이 바람직하다. 넷째, 그러나 사람들의 사회복지서비스에 대한 욕구형태는 시간이 지남에 따라 변한다. 따라서 다음과 같이 사회복지의 주요 영역인 소득보장, 의료보장, 주거보장, 사회서비스 등의 2가지 영역에서 역할분담 방향을 제시하면 다음과 같이 나타낼 수 있다. 첫째, 국민의 최소한의 소득보장은 정부부문에서 이루어져야 한다. 둘째, 공공재적 성격이 강하고 산업사회에서 건강한 노동력의 지속적 공급이라는 외부효과가 있으므로 의료보장의 복지분야도 정부부문에서 제공하는 것이 바람직하다.

우리나라의 경우 재원의 비중이 크지 않아 복지공급[illegible] 자체가 선진국에 비해 적고, 그에 따라 정부부문의 사회복지 [illegible]의 비중에 따른 정부의 국민복지 수준을 보다 향상시키기 위한 방안모색이 필요하다. 이에 따른 사회복지서비스의 재원조달방법은 현재 다음과 같은 것이 있다. 즉, 중앙정부가 지방정부에 재정지원을 하는 방법은 다음과 같다(송근원, 김태성, 1995: 365-367). 첫째, 항목별 보조금(categorical grants)으로 재원이 사용될 세부적인 항목을 지정한다. 둘째, 기능별 보조금(block grants)을 통해 프로그램의 기능별로 묶어 지원한다. 셋째, 특별보조금(special revenue sharing)의 형식으로 중앙정부의 예산 중 일부분을 지방정부에 위임하는 방법이 있다. 이러한 방법 등을 정부에서는 활용하게 되며, 이를 통하여 향후 보다 다양한 사회복지분야의 지원이 있기를 바란다.

제2절 사회복지 프로그램의 적용범위에 대한 이해

1. 지역사회에 대한 이해

과거의 전통적인 공동사회의 개념은 점차 사라지고 현대사회는 이익사회가 되었다. 따라서 현대사회에서도 전통적인 특색을 지니며 지속 발전이 가능하고 생태체계와 부합하며, 아래로부터의 발전을 지향하기 위해 지역사회복지의 개념이 사회적 인식에 부응하게 되었다. 현재 우리나라는 새마을운동의 정신을 이어받기 위해 공동육아나 지역 화폐운동 등 전통적인 상부상조운동을 되살리는 마을운동을 펼치고 있다.

1) 지역사회의 개념

지역사회의 개념은 다음과 같은 차원에서 다양하게 분류될 수 있고 프로그램에 활용할 수 있다.

① 지리적 지역사회 : 지역사회는 지리적으로 지역을 구성하는 개인 구성원이나 조직들에 대한 지리적 분포라는 점을 기본으로 한다. 따라서 지리적인 특성과 분포를 통하여 마을 만들기 사업 등이 진행거점을 찾을 수 있다. 예를 들면, 행정단위 특별시, 광역시, 도, 시, 군, 읍, 면으로 즉, 일정한 지역에 사는 사람들의 집합체이다. 따라서 지역사회의 프로그램은 주로 이러한 단위의 범위 안에서 실시되게 된다.

② 사회적 지역사회 : 사회적으로 동질성을 띤 지역으로서의 지역사회는 지리적인 국한성을 넘어서 사회적 특성을 지닌 독립적인 지역으로 사회적 상호작용의 역동성을 지닌 곳이다. 즉, 지역사회란 지역사회 내에서 공동의 관심사를 위해 함께 행동하게 되는 같은 목적을 지니거나 방향성을 갖는 사람들로 구성된 단위이다. 따라서 지역사회는 민주적인 공동생활을 영위하는 '작은 사회'라고 볼 수 있으며, 지역사회 주민들 간의 의견 합의성, 정서적 일체감, 공동생활양식에 대한 관심과 가치 및 사회적 상호작용의 역동성의 결과 형성된 집단이다.

이러한 개념에 따라 지역사회복지의 개념은 지역사회를 개입대상으로 보며 그곳에 존재하는 사회문제를 예방하거나 해결하고자 하는 일체의 사회적인 노력에 의해 지리적 경계보다는 사회적 동질성을 강조하여 민주주의의 이념을 실현시켜 사회복지를 실천하는 기본적인 단위이다. 따라서 무엇보다 중요한 것이 사회적 상호작용의 역동성일 것이다.

③ 기능적 지역사회 : 기능적 지역사회는 사회의 공동적인 관심과 이해관계로 형성된 공동체를 의미하며 이는 인종, 직업, 종교, 사회계층 등 특성 및 이해관계의 공통성에 의하여 형성되는 개념으로 인해 활동이나 기타 비영리 사회복지 프로그램의 개발에 활용될 수 있다.

2. 지역사회에 관한 이론

따라서 지역사회에 대한 이론은 다양하게 정의될 수 있으나 다음과 같이 분류될 수 있다.

① 지역사회 상실이론 : 지역사회의 상실된 기능을 대체할 수 있는 국가적인 사회복지제도의 필요성을 강조하며, 이를 통해 새로운 연계성과 소속감을 창조할 수 있다는 이론이다.

② 지역사회 보존이론 : 지역사회 상실이론에 대한 반론으로 가족이나 지역사회가 갖고 있는 잠재적인 상호부조 기능의 수행을 끌어내어 지역사회를 보존할 수 있다는 이론이다.

③ 지역사회 개방이론 : 사회적 지지망의 관점에서 비공식적인 연계성을 강조하면서 지역사회의 지리적 의미와 기능적 의미를 모두 포괄적으로 함축하여 설명할 수 있는 지역사회에 관한 이론이다 즉, 지역사회 상실이론과 지역사회 보존이론에 대한 대안으로, 그 잠재적인 가능성에 보다 주안점을 두어 보다 창조적 기능을 수행할 수 있다는 가능성을 열어두고 있다. 지역사회가 지녀야 할 중요한 요인으로는 단순히 지역뿐 아니라 공동결속체, 즉 공동의 연대감과 사회적 상호작용을

예로 들 수 있다.

이에 퇴니스는 인간사회가 공동사회에서 이익사회로 발전하고 있다고 하면서 공동사회는 게마인샤프트의 개념으로 일차적으로는 유기적 연대관계 유지를 위해 혈연, 지연에 의한 지속을 강조하고 감정과 우정에 기초한 정서적 결합이 기본이 된다고 하였다. 둘째, 이익사회는 게젤샤프트로 이기주의 및 금전적 기타 목적을 염두에 두고 객관적 계약에 의해 이루어진다고 보았다. 사회복지 프로그램은 이 두 가지 개념을 모두 아우르는 것으로 집단의 성격에 따라 달리 기획되고 응용될 수 있다. 즉, 지역사회의 기능과 제도를 활용하여 가족제도 등을 통하여 사회가 향유하는 가치나 행동양태에 대한 새로운 의식을 사회구성원들에게 재사회화하는 기능을 담당해갈 수 있다. 또한 분배기능으로 할당된 재원을 가치 있게 사용하며 지역사회를 통해 상부상조하며 사회통합기능을 수행하며 구성원의 욕구충족에 부응할 수 있다. 그 밖에 지역사회가 그 구성원들에게 새로운 사회의 규범을 제시할 수 있으며 지역사회의 순기능적인 역할을 만들어 갈 수 있다. 즉, 필요한 자원을 얻고 재화를 만들어 내는 과정에 참여하도록 하는 생산기능 등을 통하여 인간을 사회의 성원으로 기능하게 하는 사회화 기능을 통해 사회가 항유해야 하는 새로운 트랜드와 가치와 행동양태를 구성원에게 전달하는 사회화 기능 창출은 매우 중요한 기능이라고 할 수 있다. 이와 같은 개념으로 길버트와 스펙트 역시 지역사회가 생산 소비 분배의 기능과 사회화 및 사회통합 및 통제를 담당하고 있다고 하였다.

따라서 이렇게 볼 때 좋은 지역사회의 특성은 다양한 소득, 종교, 이익집단이 포함되어 있고, 주민의 자율권이 충분히 보장되어 있으며 정책형성과정에서 갈등이 최소화되고 최대의 협력이 도출되어 구성원 간 인격적 관계가 이루어질 수 있는 집단으로 권력이 폭넓게 분산되어 있어야 할 것이다. 사회복지제도는 사회구성원들의 사회적 기능으로 질병, 사망, 실업, 사고 등의 이유나 또는 기타 부적절한 심리적 상황 등에 개입함으로써 지역사회 구성원의 웰빙을 위해 힘쓰고 있다. 이에 위렌은 지역사회기능을 지역적 자치성으로 타 지역에 어느 정도 의존하는가, 서비스 영역의 일치성으로 서비스 영역이 동일지역 내에서 이루어지고 있는가, 그리고 지역에 대한 주민들의 심리적 동일시로 지역사회주민들의 지역에 대한 소속감 및 지역사회 내의 단위조직들의 구조적, 기능적 연관성을 위해 힘쓰는 것이 지역사회의 역할이라고 하였다.

제3절 지역사회복지와 지역사회복지실천에 대한 프로그램 개발의 활용

이러한 개념에 의하여 지역복지란 일정한 지역사회의 사회적 욕구를 충족하는 공급체계로, 사회적 욕구의 확대와 다양화에 따라 지역사회 구성원의 욕구와 자원의 수요공급이 원활하지 못할 때 필요하고, 요보호문제를 중심으로 한 모든 사람을 대상으로 하는 복합적 공급체계로 주민의 참여를 강조하는 접근방법을 사용하게 된다. 지역복지의 기능은 재가복지 서비스를 개선하고 요보호 대상자에 대한 개별원조 및 환경개선 서비스를 제공하며 주민 참여를 도모하고 지역사회 조직화 활동 등에 개입하게 된다.

1. 지역사회복지 프로그램 실행의 원칙, 가치, 윤리

1) 지역사회복지실천

- 지역사회는 있는 그대로 이해하고 수용되어야 하되, 그의 내부에 가지는 가치와 비전을 보아야 한다.
- 지역사회복지실천은 사람들의 욕구에 관심을 가지는 것이며, 상호연계성을 가진다.
- 지역사회는 환경속의 인간이라는 개념을 실천하는 장이며, 체계이론적 차원에서 상생하여야 한다.

2) 존스의 지역사회복지실천의 원칙은 다음과 같다.

- 개인과 집단처럼 지역사회도 지역사회 특유의 문제 및 욕구와 역동성을 갖고 있다.
- 외부나 내부의 압력이나 부당한 권위에 의한 조정은 민주적 원칙에 위배되며, 이는 지양되어야 하며 지역사회의 문제해결 접근방법에 있어서 다양성이 존중되는 것이 바람직하다.
- 지역사회복지실천의 기반은 사회적 욕구로 출발하며 지역사회복지의 실천은 개별화의 원칙, 사회적 욕구의 다양성, 지역주민의 의사수렴이 우선적으로 고려되어야 하며 민주성, 다양성, 집중과 분산의 원칙 등이라는 지역사회가 지녀야 하는 당위

지역개발모델	지역사회 사회행동모델
• 지역개발모델의 특징은 지역사회의 문제나 욕구를 다룰 때 주민들의 자조정신을 강조하고 있다. 즉, 주민들이 문제를 스스로 해결할 수 있는 능력을 강화시키는 것이 포인트며 주민들의 민주적인 참여를 장려한다.	• 지역사회 사회행동모델은 사회, 정치, 경제적으로 나은 처우를 받을 수 있도록 지원하는 활동을 지칭한다. 따라서 항의나 시위, 협상 등이 문제해결 위한 수단으로 이용되며 나은 처우 개선을 위한 활동으로 실제적 행동을 취하는 것이 특징이다.
• 전문가 역할 : 분위기 조성, 조력, 조정, 문제해결, 기술훈련자 역할	• 특별히 전문가의 역할은 제시되지 않는다.
사회계획모델	**권력강화모델**
• 사회계획모델은 해결과정이 강조되는 모델이며 사회문제, 비행, 주택, 건강 등의 문제를 해결하고자 하는 기술(technical)인 과정을 강조하는 모델이다. 직접적인 문제해결을 위한 과정으로는 문제의 발견과 정의 → 의사전달 및 활동체계 구축 → 사회목표와 정책 결정 → 계획에 대한 실천 → 활동결과의 평가가 사회계획 모델의 주요 활동내용이다.	• 권력강화모델은 의도된 시민참여에 따른 정치적 권력강화에 초점을 두는 특징이 있다. 합법적으로 위임된 조직이나 자생조직으로 진전될 수 있으며, 사회복지사들이 지방의회나 국회로 진출하기도 하면서 개인에게 정보활용 등의 조력으로부터 시작하여 정치적인 힘을 얻기까지 조력하는 일련의 과정을 거치게 된다.
• 전문가 역할 : 분석, 계획, 조직, 행정가의 역할을 수행한다.	• 전문가 역할 : 교육, 자원개발, 운동가로서의 역할을 수행한다.

성을 프로그램 개발자는 이해하고 있어야 한다. 이를 위해서 앞의 표와 같이 모델에 관한 정리를 제시하고자 한다.

생각해 보기

우리가 살고 있는 지역에서는 어떠한 활동이 일어나고 있으며 보다 발전된 마을이 되기 위한 어떤 활동이 일어나고 있는지 알아보자. 이에 대한 예로 헤이리 마을, 양평정보화 마을, 북촌한옥마을 등은 어떠한 배경과 역동성을 가지고 개발된 경우인지 논의해보자. 그리고 그 밖의 마을의 예에 대하여 발표해보자.

2. 지역사회복지실천의 가치

지역사회복지의 실천에서는 다음과 같은 것들이 고려되어야 한다.

1) 다양성 및 문화적 이행

인간의 지역사회를 통한 성장과 발전을 이해하고 그에 따른 욕구의 다양성과 다양한 문화에 대한 이해는 프로그램의 작성에 있어서 필수적이다.

2) 자기결정과 역량강화(EMPOWERMETN)

개인이 대인관계와 사회 및 정치적 활동으로 스스로 환경을 이해하고, 선택하고, 조직화하는 활동이 중요하며, 지역사회의 각기 다른 집단 사이에서 권력의 분배에 있어서의 접근성과 역량을 강화하도록 한다. 임파워먼트는 자기성찰과 비판의식에서부터 출발하며, 상호 사회정의와 균등한 자원배분에 대한 의식적이고 지적이며 의견교환 등을 중시하는 활동이다.

임파워먼트(empowerment)의 사전적 의미는, "~에게 힘, 권한을 주다." 혹은 "~에게 능력, 자격을 부여하다."라는 의미가 있다. 이에 대한 학자들 간의 견해는 다양하나 임파워먼트의 맥락에서 본다면, 조직 구성원에게 자기 효능감을 고취시키는 과정이라 할 수 있다. 그 밖에 현대사회에서 긍정심리 등의 다양한 개념 등이 프로그램으로 다양하게 적용되어 활용되고 있는 추세이다.

▎참고▎

임파워먼트의 개념은 초기에는 사회적 소수 계층에 적용되었으나 최근에는 다양한 집단의 프로그램에 활용되고 적용된다.

3. 지역사회복지의 전망

지역사회의 다양한 기능이 보다 활성화되기 위해서는 다음과 같은 영역이 고려되어 프로그램이 개발되어야 할 것이다.

1) 시설보호의 발전방향

시설보호란 장애인 및 노인 등의 사회적 보호를 요하는 사람들이 일정한 시설에서 보호서비스와 함께 의식주를 제공받으며 장기 및 단기적으로 거주하는 형태의 사회적 보호이다. 따라서 주거 개념이 포함되고 훈련된 직원이 함께 거주하며 엄격한 규율과 절차가 있어 개인의 자유와 선택이 제한된다. 따라서 사회복지사는 이러한 특성을 숙지하고 정해진 규범 안에서 개인의 욕구가 반영되도록 프로그램을 기획해야 한다.

즉, 시설과 지역사회의 상호작용과정이 가능하도록 시설생활자의 인권존중과 생활보장이라는 공공성에 기초하여 시설생활자의 생활수준 향상을 위한 노력을 기울이는 것이 필요하며 지역사회복지 욕구에 대응하기 위해 시설의 자원을 활용하고 사회복지에 대한 주민의 교육과 체험을 돕는 활동이 되어야 한다. 서비스의 내용으로는 시설과 서비스의 개발, 시설운영방법의 개선 프로그램, 시설생활자의 지역사회참여 프로그램, 시설의 지역사회활동의 참여 및 지원 프로그램, 지역사회자원의 활용 프로그램 등으로 구상될 수 있다.

2) 지역사회보호의 발전방향

지역사회보호의 의미는 장애인과 노인 등 사회적으로 취약한 사람들에게 지역사회가 필요로 하는 보호서비스를 제공하는 것으로, 가정 또는 그와 유사한 지역사회 내의 환경에서 서비스를 제공하도록 하는 사회적 보호의 형태이다. 따라서 가정 또는 가정과 유사한 환경으로 통원치료기관 혹은 그룹 홈의 형식으로 운영되며, 서비스 제공을 위해 함께 동거하는 직원이 없고 일상적인 생활의 결정은 개인에 의하여 이루어지므로 가정이나 가정 외부로부터 서비스를 제공받는다. 공공의 책임이 될 수 있는 각종 시설이나 위탁보호기관 또는 재가처럼 명백한 규정에 의해서 관리되지 않는다면, 이와 같은 지역사회의 보호를 통한 발전은 자칫 사각지대로 남을 수 있으며 이에 대한 관심과 관리가 필요하다.

3) 재가서비스의 발전방향

재가서비스는 보호를 필요로 하는 사람들이 자신의 가정에서 보호를 받는다는 것으로 공공과 민간의 공식적 조직에 의한 보호와 가족, 친척, 이웃 등 비공식조직에 의한 보호 모두를 포함하고 있다. 현대사회에서는 아웃리치 서비스가 양육과 노인의 장기요양서비스를 통하여 지원되고 있고, 장애인 등의 분야에서도 활용되고 있다. 재가서비스에 관련한 사회복지 프로그램은 현재 거의 이루어지지 않고 있는 분야이다.

4) 탈시설화의 발전방향

탈시설화는 수용시설에서 탈피하여 지역사회와 격리된 생활보다 지역사회와 함께하는 개념으로, 서비스 대상자들의 거주지와 지역사회를 중심으로 통합된 생활이 가능하도록 돕는 것을 말한다. 따라서 통제된 생활에서 자유로운 생활로, 집단생활에서 개인생활로, 지역사회 내의 격리된 생활에서 통합된 생활로, 의존적인 생활에서 자립생활로 유도하므로 그에 따른 사회복지 프로그램도 필요한 실정이다. 이와 같은 결과를 토대로 실천방향을 잡으면 다음과 같다.

5) 지역사회복지의 향후 발전방향

지역사회복지의 향후 발전방향은 주민들과의 협력을 도모하여 사회문제를 함께 해결하고 이슈를 결정하는 힘을 증가시키는 것이 중요하다. 또한 지역사회를 통하여 민주원칙을 향상 및 발전시키고 각 계층의 힘(역량강화)을 촉진시키는 임파워먼트의 실현을 통하여 사회정의를 실현시키는 것이 중요하다. 또한 자원을 활용하는 자원봉사 및 사회봉사 등을 활성화하여 지역사회에 활력을 불어넣고 선순환적인 역동성을 기하는 사회복지 프로그램이 활성화되어야 할 것이다. 이는 사회복지사가 현대사회의 시민의식을 고취하고 사회정의의식을 실천적으로 구현해 간다는 점에서 매우 의미가 크다.

6) 지역사회복지 구성체계의 발전방향

그렇다면 지역사회복지 구성체계의 구체적인 발전방향을 알아보면 다음과 같다. 먼저 지역사회복지실천의 주체(기관)는 다양화될 수 있으며, 이는 조직, 종교단체, 정부 및 민간단체 등 다양하며 객체(대상)도 지역주민의 공통된 욕구나 결핍된 욕구를 반영하여 지역사회의 사회문제를 해결해 나갈 수 있도록 그 대상 역시 개인, 조직, 가족 등 다양하다는 것을 알고 사회복지 프로그램의 활용영역을 넓혀가야 할 것이다. 또한 재원의 다양한 발굴과 함께 인적자원의 확충, 그리고 참신한 아이디어가 도출되고 수렴되는 다양한 통로와 장이 구축될 필요가 있다.

지역사회는 다양한 영역들이 있으며 아동, 청소년, 노인 등 대상층이 있으며 민간활동이나 기타활동 등을 포괄하여 지역주민의 삶의 질 향상이라는 목표를 가지고 사회복지의 뉴 패러다임이 펼쳐지고 있다. 기본 이념 중 몇 가지를 소개하면 다음과 같다.

(1) 정상화와 사회복지

장애인복지나 재활분야에 있어서 현대사회의 정상화 개념은 변화를 보이고 있다. 이전에는 정상인에 기준을 맞추는 의료학적 모델이 대세였다면 이제는 사회모델, 즉 사회적 차원에서 장애를 있는 그대로 바라보며 사회적인 활동과 융합에 보다 주안점을 두고 있는 것이 사실이다. 특별한 장애나 욕구를 가진 사람이라고 해서 지역사회와 분리된 곳, 즉 시설이나 병원에서 살아가는 것은 인간다운 삶이 아니며 일반인이 살아가는 보편적인 삶과 조화를 이루는 생활을 영위해갈 수 있도록 하는 것을 의미한다.

(2) 사회통합과 사회복지

삶의 질의 함양에 있어서 형평성을 가지고 모두가 잘 사는 사회를 구축해가기 위해서는 계층 간의 격차를 줄이고, 사회의 전반적인 불평등을 감소시키는 사회문제 해결을 통해 사회문제를 함께 해결하고 삶의 질을 제고해나가는 것이 바람직하며, 이에 대한 사회복지 프로그램의 개입영역은 무궁무진하리라 전망된다.

(3) 주민참여와 지역사회복지의 실천

지역사회복지에서 가장 중요한 원칙은 지방자치의 실시 이후로 주민의 참여가 더욱 확대되는 추세에 있다고 할 수 있다. 지방자치단체와 동등한 파트너십을 형성하기 위해서는 먼저 주민의 욕구와 문제해결의 주체의식을 가지고 주민의 주체성을 일깨워 가는 것이 필요하다. 주민은 서비스 이용자임과 동시에 사회문제 제공자와 해결자로서의 양면성을 가지고 있다. 따라서 주민참여가 활발하기 위해서는 이웃이나 기관과의 네트워크가 주민에게 열려 있어 지역사회복지를 통하여 주민 욕구에 적합한 서비스를 제공하기 위한 일련의 노력이 매우 중요하게 되었다. 즉, 의료, 보건, 복지, 시설 등 다양한 영역에서의 연계성이 중요하며 이에 대한 프로그램 활성화에 대한 사회복지사들의 참신한 아이디어가 발현되어야 한다. 정책 및 사회복지실천에 영향을 미치는 것은 사회복지사의 역량과 전문성이기도 하다. 이에 던햄은 지역사회조직사업의 목표를 크게 과업중심(정책)과 과정중심(실천)으로 정의하고 있다. 이를 사회복지 프로그램에 접목할 수 있는 방법은 다음과 같다.

던햄에 의하면, 지역사회조직사업의 목표를 과업중심의 목표와 과정중심의 목표 두 가지로 정의하였다. 즉, 지역사회가 광범위한 지역사회주민 욕구를 충족하고 그 욕구와 자원 간의 조정과 균형을 도모하는 것의 주된 활동들이 과업중심의 목표이며, 지역주민들의 참여에 자조, 협동능력을 개발, 강화, 지속을 도와 주민들이 문제에 보다 효과적으로 대처할 수 있게 하는 실천적 활동이 과정중심의 목표라고 하였다. 따라서 지역사회복지는 지역사회조직사업, 실천사업, 사회사업, 지역사회보호 및 개발을 통하여 끊임없이 발전하고 있으며 그 영역을 넓혀가고 있다.

정리

- 주민이 함께할 수 있는 지역사회복지는 다음과 같다.
  ① 지역사회조직사업 : 지역사회조직사업은 지역주민을 조직화하여 지역문제를 해결하는 역동적인 과정이다.
  ② 지역사회실천사업 : 지역사회실천사업은 사회적 취약자와 주민의 욕구를 반영하여 지역의 사회경제적 삶의 질 향상을 목적으로 한다.
  ③ 지역사회사업 : 지역사회사업은 지역사회를 대상으로 전문가로서 사회사업적 지식과 기술을 적용하는 실천방법이다.
  ④ 지역사회보호시설 : 지역사회보호시설은 지역 내 노인이나 장애인, 미혼모 등의 특수 상황에 처한 사람들이 지역사회에서의 인간다운 삶을 유지하면서 적절한 사회복지서비스를 받을 수 있도록 하는 것을 목표로 한다.
  ⑤ 지역사회개발사업 : 지역사회개발사업은 단순히 물리적인 개발뿐 아니라, 지역사회 구성원 간의 상호 신뢰의 형성을 도모하고 지역사회 문제의 해결과정에 주민들의 참여가 확대되는 것까지 포함한다.

그러므로 사회복지 프로그램에서 지역자원에 관한 관점에 대한 활동은 중요하다. 우리 지역에는 어떠한 기관들이 있으며, 어떤 역동성을 가지고 있는지를 생각해보자.

▌다음과 같은 문제에 대하여 생각해보자▐

- 우리 지역사회 내의 사회복지조직이나 시설은 어떤 것이 있는가?
- 이러한 시설은 지역사회복지실천과정 중 '가치판단'의 과정으로 어떠한 문제를 발견하여 주목하고 있으며 어떻게 대응하고 있는가?
- 나라면 어떻게 대응해 나갈 것인가?
- 지역사회복지실천과정은 문제의 발견 및 분석 → 정책 및 실천 프로그램 개발 → 프로그램의 형성평가 → 총괄평가 및 피드백으로 이것은 사회복지 프로그램의 개발과정과 유사하다. 즉, 향후 프로그램 개발의 적용은 지역사회차원으로 수렴될 필요가 있다. 지역사회의 개발은 다음과 같이 프로그램 개발과 유사한 성격을 가진다.

* 지역사회복지실천을 효과적으로 수행하기 위한 1단계는 문제발견과 함께 이에 어떻게 개입할 것인가 하는 것에 대한 사회복지실천 과정 중 '가치판단'이 요구되는 단계가 필요하므로 문제를 파생하고 존속시키는 사회의 가치관과 제도를 조사하고 통계자료, 실태조사보고서 등을 분석하여 보다 설득력 높은 사회복지사로서의 프로그램 기획에 대한 당위성을 확보해야 할 것이다. 또한 평가에서는 지역사회복지실천과정에서 문제해결을 위한 정책을 수립할 때 고려해야 할 사항으로는 목표를 과업 지향적 목표와 과정 중심적 목표에 대한 다각적 평가를 통하여 차기 정책의 개선과 개선안의 실현가능성을 증대하고 문제와 관련되어 있는 행동체계가 문제해결 능력을 신장해갈 수 있도록 해야 할 것이다.

제4절 대상집단의 욕구 및 서비스 이용상태를 평가하는 방법의 요약

대상집단의 욕구 및 서비스 이용상태를 평가하는 방법으로는 구성원에게 필요한 서비스가 제공되었는지 살펴보는 것이 필요하다. 보통 지역사회에서 초점을 두고 있는 집단으로부터 시작되며 그 효과성에 따라 확대될 수 있다. 프로그램 계획에 따른 실제 실천에 대한 평가를 위해 욕구 사정과 함께 프로그램 및 재원의 사용에 대한 투명성, 서비스 수혜자의 형평성, 프로그램 수행, 지역사회의 역동의 민주성, 사회과학 연구단체들의 공정성 모두 포함될 수 있다. 일반적으로 실시되는 평가방법을 최종 개략적으로 요약하면 다음과 같다.

1. 형성평가

형성평가는 과정평가와 같이 프로그램의 종결 시 이루어지는 총괄평가와 달리 프로그램의 중간에 점검되는 평가이다. 주로 이루어지는 점검은 다음과 같다.

- 계획대로 활동이 시간과 장소와 대상에게 이루어졌는가?
- 계획된 자원이 계획된 시간에 계획된 양과 질로 투입되었는가?
- 프로그램이 의도했던 집단을 대상으로 실시되어 의도한 효과를 얻고 있는가?
- 관련 해당 법규나 규정을 잘 준수하고 있는가?
- 사업효과의 경로에 대한 점검은 어떠한가? 그리고 사업효과가 발생하지 않을 때 문제되는 경로는 어떠한가?
- 전반적인 운영계획의 실현 정도가 어느 정도인가?

2. 총괄평가

프로그램의 효과가 과연 그 프로그램의 효과이며, 결론적으로 의도했던 결과를 얻었는가? 이에 대한 다음과 같은 사항이 점검될 수 있다. 즉, 그것은 투입, 전환, 산출, 결과에 대한 평가로 목표로 했던 사업효과의 양적 및 질적 평가로 사후적 평가이다. 평가내용은 다음과 같은 것들이 점검되어야 한다. 즉, 산출을 통해 클라이언트가 실제로 제공받는 이용 가능한 서비스의 양을 측정하여 설계에 명시된 클라이언트의 개선사항 또는 서비스의 제공을 평가한다. 평가는 목적달성뿐 아니라 지속적 효과에 대하여도 사후서비스 제공이나 효과성이 검증이 되어야 할 것이다. 일시적 효과에 그친다면 재원의 낭비가 될 수 있다. 따라서 변화의 결과는 설문조사, 표준화된 척도나 지표, 클라이언트의 만족도 등을 통해 측정이 될 수 있다. 기타로는 다음과 같은 사항이 점검될 수 있다. 프로그램의 준비와 실행으로 프로그램 주관기관 또는 진행의 준비에 따른 실행성의 최종 달성정도는 어떠한가, 또한 실행과정의 결과적 측면은 어떠했으며 목적의 달성정도는 어떠했는가 등이다. 이에 대한 모니터링과 피드백은 적절한가, 어떠한 점이 다음 프로그램에서 개선될 수 있는가 하는 점이 총괄적으로 평가될 수 있을 것이다.

Key Point

형성평가와 총괄평가의 중요한 차이는 다음과 같다. 즉, 형성평가는 프로그램의 도중에 이에 대한 피드백을 반영하기 위해 하는 평가의 개념이며 총괄평가는 모든 프로그램을 종결한 이후에 하는 평가라는 것이 포인트이다.

제5절 상담 프로그램 개발의 적용

상담 프로그램의 활용을 위하여 다음과 같은 것들이 점검될 수 있다. 먼저 초기단계에 반드시 해야 할 것으로는 클라이언트의 인테이크에 관련한 것으로, 클라이언트가 기관이나 프로그램에서 수용된다면 표적문제를 설정한다. 이후 우선적으로 개선할 표적문제에서 우선순위를 결정하고 개입방법에 대한 동의와 계약을 체결한다. 그리고 표적문제 해결을 위한 과업을 일반적 과업, 구체적 과업을 통하여 점검하고 개입에 들어간다. 필요시 계약연장 및 타 기관에 의뢰할 수 있다. 이러한 일련의 과정도 상담 프로그램의 일환이라고 볼 수 있는데, 일반적 상담과 다른 것은 일련의 기획을 가지고 정해진 경로에 의하여 다양한 활동이 조직화되어 개입되고 진행된다면 일반 상담과 차이를 가질 수 있는 부분으로 상담에 활용되는 프로그램의 일환으로 적용될 수 있다.

만일 과제 중심모델을 적용한다면 표적문제를 완화하기 위한 프로그램이 기획될 수 있다. 표적문제는 클라이언트가 제시하는 문제 또는 해결하고자 하는 문제로 개입의 목표가 되는 문제인데, 주의할 점은 표적문제 선정 시 클라이언트의 의견이 최대한 반영되어 1~3개의 압축된 문제에 대하여 일련의 프로그램을 기획할 수 있다. 그에 대한 과제는 목표를 달성하기 위해 클라이언트와 사회복지사가 해야 하는 활동으로, 클라이언트와 사회복지사가 계획하고 동의한 후 수행할 수 있으나 문제를 유형화하고 그에 대한 프로그램을 기획해서 제공할 수도 있다. 이때 적용될 수 있는 과제의 유형은 첫째, 일반적 과제로 목표달성과 관련된 상위 과제를 선정하나 이것은 행동의 방향을 제시하지만 무엇을 해야 하는지 정확하고 구체적으로 언급하지 않으므로 조작적 과제를 통해서 상위과제에 도달하기 위한 구체적인 하위 과제를 선정하여 클라이언트가 수행해야 하는 구체적인 행동을 정한다. 경우에 따라 이를 위한 시연과 드라마 혹은 영화상영, 편지쓰기, 각종 도움이 되는 훈련, 게임 등을 프로그램화하여 도입할 수 있으며, 이러한 것들은 다음과 같은 과제를 통해 내면화할 수 있다. 예를 들면, 과제의 성격에 따른 유형은 다음과 같다.

① 유일과제 : 한 번의 수행을 목적으로 계획된 과제이다.
② 반복과제 : 반복적인 행동을 통해 내면화하기 위해 계획된 과제이다.
③ 단일과제 : 필요한 하나의 행동으로 구조화될 수 있도록 계획된 과제이다.
④ 복합과제 : 밀접하게 관련된 둘 또는 그 이상의 구분된 활동들로 계획된 과제이다.
⑤ 개별과제 : 혼자서 수행하는 과제이다.
⑥ 상호과제 : 두 사람 이상이 교환으로 상호작용하는 분리되어 있으나 연관성을 가지는 과제이다.
⑦ 공유과제 : 둘 이상의 사람이 유사하거나 동일한 과제를 하는 것을 의미한다.

이러한 과제의 제공 시 사회복지사가 고려해야 할 내용은 다음과 같다.

① 클라이언트의 동기에 대한 점검 : 클라이언트가 의욕이 있는지, 수행할 능력이나 에너지가 있는지, 해결할 수 있다는 희망을 주기 위한 동기의 부여가 필요하며 이 동기부여의 과정은 매우 중요하다.
② 과제의 실행가능성 : 프로그램을 통한 목적의 달성이 현실적으로 가능한지에 관한 점검이 꼭 필요하다.
③ 과제의 바람직성 : 프로그램의 실행이 꼭 필요한 것인지 효과성 달성을 통하여 어떤 활동이 이루어져야 하는지에 관한 고려가 필요하며, 이에 대하여 다양한 대안을 비교해서 적용한다. 다음은 개략적으로 사회복지상담 프로그램에서 적용될 수 있는 현실치료기법과 위기개입모델을 간략히 소개하겠다.

다음과 같은 것을 사회복지사는 각종 상담 프로그램에서 활용할 수 있다.

1. 현실치료

현실치료는 클라이언트들에게 필요한 것이 지적인 통찰보다는 현실적으로 적응하려는 용기와 책임성의 문제라는 주장에 따라 현실치료는 과거를 중시하는 전통적인 상담과 달리 내담자의 행동과 "지금 그리고 책임"을 강조하며, 심리적 · 정서적 문제로 시달리는 사람들에게 적용되었다. 이것은 현실치료는 사람들이 여러 가지 삶의 현장에 활용할 수 있는 실용적이며 구체적인 이론과 방법을 가르쳐 주어 성숙한 인간으로서 삶을 영위할 수 있도록 돕고자 하는 것인데, 사람은 궁극적으로 자기 결정적이며 자신의 삶에 대한 책임과 능력이 있다고 가정하므로, 강점관점과 같이 비결정론적이고 긍정적이다. 글래서가 현실치료에서 보고자 하는 인간은 자신과 주위 사람들이 자신을 사랑하고 가치 있게 여기면 성공적인 정체감이 발달한다고 보나, 그렇지 않을 경우 패배적인 정체감이 발달한다는 것이다. 따라서 개인의 바람이나 질적인 세계와 지각세계가 불일치하는 경우 갈등이 생기고 문제행동을 선택하게 되는 것으로 보는 시각이다. 그러므로 내담자가 자신이 선택한 행동과 그 결과에 대해 책임을 지도록 하는데 있어서 자신에게 성장의 힘을 가지고 있다는 점은 로저스의 전인적 인간관과 역량강화에 있어서 강점관점이 인간의 내면의 잠재된 힘을 인정한다는 점에서 공통점이 있다. 따라서 이러한 점을 부각시키고 인지할 수 있도록 하는 프로그램이 개발된다면, 그것은 많은 사람들이 일반적으로 겪는 여러 가지 어려움에 예방적으로 대처할 뿐 아니라 현실세계를 지탱하는 것에 도움이 될 수 있을 것이다. 이것은 부록의 과제1과 과제2에 제시하여 이를 보다 상세히 발전시켜나가는 방향을 모색해보도록 하는 과제를 제시하였다. 현실치료에서 제안하고 있는 인간관은 다음과 같다.

① 인간은 자신이 건강을 증진시키고 자신을 성장시킬 수 있는 잠재된 힘을 가지고 있다. 따라서 이러한 힘의 원천으로 말미암아 인간의 행동변화도 가능하다고 보는 시각이다.
② 인간은 스스로 자기 결정이 가능한 존재이다.
③ 인간은 이미 자신이나 환경을 통제할 수 있는 존재이다.

④ 인간은 성공적인 정체감을 반전시킬 수 있는 존재로 긍정성을 갖는다.
⑤ 인간은 기본적 욕구를 충족시키려는 의지가 있는 존재이다.

2. 위기개입모델

사회복지 프로그램은 기본적으로 클라이언트의 위기에 개입하고 해결하는 것을 목적으로 한다. 따라서 클라이언트의 위기로 인한 불균형 상태를 회복하기 위하여 일정한 원조수단을 개인, 가족, 집단이나 조직 그리고 지역사회 등에 적용하는 과정이 바로 위기이론에 따른 사회복지실천이다. 즉, 사회복지실천의 클라이언트들은 잠재적으로 위협적인 인생 사건들에 노출되어 있거나 현재 위기를 겪고 있다. 사회복지사들에게 있어 위기개입서비스의 일환으로 기획된 프로그램의 제공은 이에 대한 개입의 효과를 높여준다. 그리고 이러한 효과성으로 위기개입의 활용 영역이 넓혀지고 있는 추세이다. 위기개입모델의 기본가정은 위기를 구성하는 다섯 가지 요소가 있으며, 이것은 위험사건, 취약상태, 촉발요인, 실제위기상태, 재통합에 의해 순환된다는 것이다. 이러한 위기이론은 다음의 가정들을 기초로 하고 있다.

1) 위기의 개념

위기의 개념은 다음과 같은 것이 있다.

(1) 상황적 위기

위기상태를 촉발하는 사건을 중심으로 분류해보면 위기는 상황상 발생하며 심각한 질병, 외상, 사별, 자연재해, 폭력범죄 등과 같이 갑작스럽게 발생하는 외부사건에 기인하여 위기 등이 발생한다는 것이다.

(2) 발달적 위기

위기는 발달단계에서의 인간의 성숙과정에서 발생하는 생활사건과 발달의 단계마다 요구되는 발달과업에 의하여 새롭게 대처해야 하는 자원의 필요성에 의한 성숙위기 등이 있다. 이러한 성숙위기는 다음 단계의 발전에 영향을 준다.

(3) 실존적 위기

브래너는 실존적 위기를 위기에 추가하여 인간은 사고하는 동물이므로 목적, 책임, 독립성, 자유, 헌신 등 인간에게 있어서 중요한 이슈를 동반하는 내적 갈등이나 불안과 관련된 위기를 경험한다고 보았다. 이는 매슬로우의 최상위 욕구인 자기실현 욕구와 관련되어 이것이 충족되지 않는 경우에 내면으로부터 일어나는 갈등과 위기로 이해할 수 있다.

2) 위기상태

위기상태로는 일반적으로 정서적인 상태에 초점을 두어 혼돈, 걱정, 절망, 분노와 같은 감정을 동반하는 격심한 정서적인 혼란의 상태를 말한다. 이는 위기에 처한 개인이 심리적 취약성의 약화, 방어기제에 따른 위축, 문제해결 및 대처능력의 심각한 와해를 경험하게 될 때 발생하게 된다. 위기상태는 6~8주 정도 지속된다고 보며, 이에 대한 대처가 중요하므로 정서적인 상태는 인간의 위기극복에 있어서 중요한 부분이다. 그렇다면 이러한 위기에 대하여 어떠한 점검이 필요한가?

(1) 위험사건

위기는 하나의 개인 및 사회적 위험으로 간주할 수 있으며 따라서 개인, 조직, 가족, 집단, 지역사회에서 언제라도 발생할 수 있다. 위기는 대체로 위험사건에 의해 시작되는데, 위험사건은 외부적인 스트레스에서 발행할 수도 있고 혹은 내부적인 압력에 의할 수도 있으며, 하나의 재난인 사건일 수도 있으며 연속적으로 축적되어온 사건일 수도 있다. 예를 들어, 이것은 직장에서의 실직이나, 가족의 병약 등이 있을 수 있다.

(2) 취약상태

만일 위험사건에 대하여 항상적 균형을 잃는다면 취약상태가 된다. 취약상태는 이전의 평형상태를 회복하기 위해서 평소 사용하던 문제해결 기제를 시도하며(개인마다 사건을 인지하는 정도에 따라 나름대로의 방법으로 대처하는데, 예를 들면 취미생활, 수면, 폭식, 음주 등이 있다). 그러나 이에 성공하지 못하면 위기상황에 대처하기 위한 새로운 방법을 모색해야 하며 이에 쉽게 접근하여 대처할 수 있도록 하는 사회복지에 관련한 기관들이 폭넓게 오픈되어 있어야 할 것이다. 이에 대하여 한 사회복지관에서는 기러기 부부의 남편을 위한 음식조리와 같은 실질적 프로그램을 지역사회의 기러기 남편을 위해 제공하고 있다.

(3) 촉발요인

긴장과 불안이 최고 상태일 때의 취약상태를 불균형상태로 만드는 요인이 있다. 어떤 위기상황에서는 위험사건이 압도적이어서 위기상황이 촉발 요인이 되지만, 어떤 경우에 촉발요인은 위험사건과 직접 관련이 없을 수도 있으며 개인의 지각에 따라 발생하기도 하며 이것은 개인차가 많이 있다. 개인마다 지각하고 대처하는 정도가 다르기 때문이다.

(4) 위기에 대한 인식 차이

위기상황이 진행되면 개인이 가지고 있는 인식에 따라 위협, 상실, 도전으로 달리 인식되기도 한다. 따라서 정서적 반응의 차이가 개인적으로 달리 나타나는데 위기상황을 주관적으로 어떻게 인식하고 해석하는지에 따라 정서적 반응이 달라진다. 즉, '위협'으로 인식하는 경우의 사람들은 높은 수준의 불안을 경험하고, '상실'로 인식하는 사람들은 우울, 결핍감의 반응을 보이며, '도전'으로 인식하는 사람들은 어느 정도의 불안을 경험하더라도 여기에서 희망과 기대를 찾는다.

(5) 갈등의 재현

위기상황은 과거에 해결되지 않았거나 부분적으로 해결된 갈등을 현재 상황에서 재활성함으로써 현재의 대처능력을 저하시키기도 하며, 만일 과거에 성공적으로 대처했다면 이러한 위기는 오히려 하나의 도전의식이 될 것이다.

(6) 예측가능한 반응

위기는 다양한 상황을 포함하고 있지만, 특정 위기상황을 예측할 수 있는 단계를 거치며 각 단계에서 사람들이 예측할 수 있는 정서적 반응과 행동이 나타난다. 따라서 특정 단계에서 어떤 부분에 초점을 맞추어야 하는지에 대한 단서를 제공하고 있다. 예를 들어, 개인의 특징에 따라 집착하는 부분과 간과하는 부분, 외면하는 부분이 다르기 마련이다.

(7) 위기의 시간 제한성

위기는 오랜 기간 동안 지속되는 것이 아니라, 시간 제한적인 성격을 가지고 있다. 따라서 위기개입은 실제 위기기간을 넘지 않는 4~6주 이내에 이루어지나 경우에 따라 3~6개월에 이르기도 한다.

(8) 위기개입의 효율성

위기상황에 있는 사람들은 현재 자신의 대처기제가 적절하지 못하다는 것을 경험하고 외부의 영향과 원조에 쉽게 반응하기도 한다. 따라서 사회복지사는 이때 위기를 겪는 클라이언트에게 적은 원조로 큰 효과를 가져올 수 있다. 즉, 절실할 때 적시의 도움이 커다란 효과가 있다는 것이다. 이에 대한 개인적인 경험들에 비추어 생각해 본다면 쉽게 이해할 수 있다.

(9) 재통합

재통합의 단계에서는 현재 일어난 문제에 대해 인지적으로 이해하게 되고, 위기 관련 감정을 방출하고 변화를 수용하며, 새로운 대처 행동유형을 개발하게 한다. 그러나 이러한 상황은 개인의 성숙도에 따라 다르다. 또한 위기상황을 극복함으로써 숙련감, 자기존중감, 자기효능감의 증진을 경험하게 될 수 있다. 따라서 이 단계에서 학습하고 훈련한 적응기제는 장래 다른 상황을 효과적으로 대처하는 데에 적용될 수 있다.

3) 개입과정의 개략적 정리

초기단계 * 공식화(첫 회기 면접)	중간단계 * 수행(1~6번째 정도 면접)	종결단계 * 종결(최종 8회기 면접까지 포함)
A : 위기상태에 초점 두기 * '지금 여기'에 집중한다. * 정서가 감소됨에 따라 클라이언트의 정서적 반응을 표현케 하고, 위험한 사건 탐색하기가 필요하다. * 취약상태의 유형과 그 영향 발견하는 활동 * 위기상태로 인해 일어나는 장애를 사정한다.	A : 자료수집의 단계 * 빠진 자료 얻기 * 불일치 자료 확인하기 * 주요 주제(상실, 불안, 도전)에 대하여 선택하기	A : 종결 결정의 단계 * 의뢰된 이후의 기간 확인하고 클라이언트에게 고지시킨다. * 접촉의 여지를 남겨놓고 마친다. * 종결에 대한 저항을 다루는 것이 필요하다.
B : 평가의 단계 * 상황에 대한 설명을 하고, 우선적인 문제들을 정하여 진술한다. * 클라이언트의 우선순위를 확인한다. * 주요 문제를 정한다.	B : 행동변화의 단계 * 문제 영역에서 클라이언트의 대처기제 확인한다. * 현실적인 단기간의 목표를 정한다. * 전반적인 과업을 정한다. * 실제적인 과업들을 공동으로 성취한다. * '사고하는' 과업들을 공동으로 성취한다.	B : 진행상황 검토단계 * 진행과정 요약한다. * 주요 주제 검토한다. * 실행했던 과업들, 성취도니 목표, 변화, 미완성된 작업들 다시 생각해본다.
C : 계약의 단계 * 클라이언트와 사회복지사를 위해 목표, 과업을 정의한다.		C : 미래 계획의 단계 * 현재 문제 논의한다. * 클라이언트의 계획 논의하기, 클라이언트가 과정이 끝났음을 느끼도록 도와준다. * 클라이언트가 다른 문제들을 가지고 돌아가는 것에 대해 괜찮다고 느끼도록 도와주는 것이 필요하다.

3. 집단대상 사회복지실천 프로그램의 비교

사회복지실천에서 집단개입에는 3가지 주요 모델들이 있다. 즉, 집단구성의 목적에 따라 ① 사회적 목표모델, ② 치료모델, ③ 상호작용모델로 분류될 수 있다. 따라서 이를 사회복지 프로그램에 적용하여 활용할 수 있다.

특 징	사회목표모델	치료모델	상호작용모델
목적	사회적 의식의 변화를 도모한다. 이를 위하여 사회적 책임, 책임 있는 시민 및 사회·정치적 행동, 사회에 대한 개인의 적응, 집단 선 추구	역기능적 행동을 하는 성원의 치료와 재활을 목적으로 한다. 이를 위하여 개인의 목적 성취를 지원하기 위한 수단으로서의 집단강조, 개인선을 추구한다.	적정 수준의 적응과 사회화를 성취하기 위해 성원 간 상호지지체계 형성한다. 이를 위해 대인관계 향상, 집단 및 개인 양자의 선을 위한 집단과 개인 간 상호관계 강조하며 here and now, 상황과 집단이 관여하는 체계 자체에 관심을 갖는다.
담당 주체	지역사회복지관	임상기관, 사회복지기관·시설	지역복지관, 임상기관
초점	대규모 사회환경에 속한 개인에 초점을 둠	개인적 역기능 변화에 초점을 둠	성원 간의 자조, 상호지지 체계개발에 초점을 둠
지도자 역할	역할모델, 조력자, 교사의 역할	변화 대리인, 전문가, 조력자, 중개자의 역할	중개자, 조력자의 역할
대상	시민, 이웃, 지역주민을 대상	역기능이나 문제해결을 위해 원조를 필요로 하는 자를 대상	공동 관심사를 성취하기 위해 협력하는 구성원을 대상으로 함
활동	토론과 참여, 합의와 집단과제의 개발 및 실행, 지역사회 조직화, 성원의 사회적 행동기술의 습득과 사회변화에 필요한 프로그램 등	성원의 행동 유형을 변화시키기 위해 구조화된 운동을 하거나 직접 또는 간접적 영향력 발휘하도록 한다.	성원들의 관심사를 토론한다. 상호지지 형성하고 상호이익이 되는 결속된 사회체계를 형성한다.
집단	3~30명 정도로 구성된다.	7~10명 정도로 구성된다.	유동적이지만 15명 이상을 넘지 않도록 구성한다.
기간	지도력 유형에 따라 유동적임	정기적이며, 시간사용계획을 사전에 결정된다.	유동적 지도자와 성원의 합의가 필요하다.

사회복지 프로그램에 활용될 수 있는 상기모델에 관한 설명을 기술하면 다음과 같다.

1) 사회적 목표모델

사회적 목표모델은 초기 집단사회사업의 목표를 성취하기 위한 기본적 모델이며, 중심 개념은 사회의식과 사회 책임감이다. 사회적 목표모델은 선량한 시민양성에 목적을 둔 인보관 운동과 집단사회사업으로부터 성장하였다. 이 모델은 지역사회 내의 범죄, 빈곤과 같은 사회문제를 다루기 위해서 지역복지관이나 시민조직, 보건 또는 복지위원회 등에서 활용되었다.

2) 상호작용모델

상호작용모델은 집단 성원과 사회 간에 상호의존적인 관계를 통해 집단 성원들의 요구와 문제를 해결하는 것에 보다 초점을 둔다. 즉, 집단을 통해 개인의 기능과 사회기능을 향상시키는 것을 목적으로 한다. 대표적인 집단은 가정폭력 피해자 집단, 알코올 중독자 모임, 에이즈환자 집단 등이다. 이 집단 속에서 성원들은 상호를 지지하고 재보증(확신주기)을 통해 자신의 인생에 대한 통제력에 도움을 받는다. 인본주의 모델로도 불리는 상호작용모델은 개별 성원 및 집단 간의 상호관계에 초점을 두고 있다. 이 모델은 집단활동을 통하여 시작 이전에 특정한 목표를 설정하지 않으며, 그보다는 집단사회사업 과정을 통한 상호작용에 초점을 두어 과정 중에 목표를 설정하는 특징이 있다.

3) 치료모델

치료모델은 개인이 치료를 위한 도구로 집단을 활용하는 모델이다. 집단은 개인의 목적을 달성하는 방법이나 관계 상황으로 집단과정을 통한 변화를 목표하며, 그 자체가 목적이 아니라 개인의 치료와 재활을 위한 수단이다. 알코올 중독자들의 회복집단, 정신치료의 집단 등의 치료가 목적인 집단이 대표적인 예이다. 역사적 맥락에서 치료적 모델의 발전은 집단사회사업이 전문사회복지실천에 통합될 수 있게 하는 기원이 되었다. 치료모델은 사회적 기능수행에 있어서 문제가 있거나 문제발생 위험이 높은 개인에게 원조하는 것을 강조하고 있는 임상모델의 하나이다. 집단사회복지사의 역할은 전문가와 집단성원 간의 개별적으로 계약된 치료목표에 기초한 계획적이며, 목표지향적인 성격을 가지고 있다. 따라서 집단구조와 집단과정에서의 변화는 그 자체가 목적달성을 위한 수단이 된다. 이 모델은 그 밖에도 장애인, 범죄자, 교정시설, 병원, 가족서비스기관 등에서 활용된다.

4. 집단 프로그램의 역동성

집단은 역동적인 힘을 통하여 변화해 나가면서 개별 성원에게 영향을 주어 변화를 유도하고 문제해결 능력을 함양한다. 따라서 사회복지사는 집단에 영향을 주는 집단역학을 잘 이해하고 있으면서, 집단역동성을 이해할 수 있도록 집단과 개별성원, 그리고 집단발달 및 과정에 주는 영향을 분석하고 적절한 개입을 할 수 있는 프로그램 기획자가 되어야 한다.

◆ 프로그램의 실행, 문제해결, 과제성취, 문제경감 필요에 따라 선택할 수 있다. 다음의 활동에 대하여 조별 토론하거나 개인발표에 활용해보자.

- 표적문제에 대하여 명확히 규정하고 구체화한다(최대 3개 정도).
- 문제를 진술하고 명명한다(변화해야 할 특정조건과 행동들을 규정한다).
- 사정한다(표적문제와 목표와 연관하여 사정한다).
  - 표적문제에서 살펴볼 것은 무엇인가?
    얼마나 자주 일어나는가(빈도)?
    어디에서 일어나는가(장소)?
    누구와 함께 있을 때 발생하는가(참여자들)?
    기타 선행사건들
    결과(영향)과 의미성(중요성)은 무엇인가?

  - 사회적 맥락(문제를 촉발하고 지속하는 사회 조건들)
    예〉 직장-학교 상황들
    경제적 지위
    가족이나 또래집단
    주거상태나 문화배경

- 인지정서적 상황
  클라이언트의 성격
  기능양식
  개인의 자원점검
- 기타 사정

• 그에 대한 대안을 창출한다.
  - 가능한 범위 내의 문제해결 행동을 찾아내고 규명한다.

• 타인, 기관들과 지지적이고 협력적 행동들에 대해 협의한다.
• 의사결정(목표들을 확인하고 무엇을 할 것인지 선택하여 세부 개입전략을 계획한다.)
  - 계약과 목표를 재확인한다.
  - 기본적인 개입방법을 결정한다.
  - 시간과 순서를 정한다.
  - 참여자를 정한다.
  - 클라이언트가 동의하고 이해하도록 한다(고지된 동의).
  - 그리고 다른 사람들이 동의하고 이해하도록 한다.

• 실행(전략을 수행한다)하고 과제들을 개발한다.
  - 과제들을 형성한다.
  - 과제들에 관해 클라이언트가 이해하고 동의하도록 한다.
  - 과제들에 관한 근거와 보상에 대해 이해하도록 한다.
  - 과제에 관하여 요약한다.
  - 예측되는 어려움을 점검한다.
  - 클라이언트의 과제실행을 위한 계획을 세운다.
  - 과제들을 요약해 본다.

• 과제수행을 지원한다.
  - 과제의 남은 회기수를 점검한다.
  - 자원을 획득하고 사용한다.
  - 자원 제공의 장애물을 찾아낸다.
  - 지시하거나 지시한다.
  - 모의 훈련을 해본다.
  - 과제수행의 역할 연습, 모의 훈련, 지도 연습을 한다.
  - 모델링과 옹호를 위해 클라이언트를 동반하여 함께한다.
  - 과제수행의 장애물을 찾아낸다.
  - 장애물은 사회환경에서의 자원 부족, 스트레스, 차별, 구조적 문제들이나, 대인 간 상호작용에서의 결핍과 갈등, 협력 부족, 심리적 상태에서의 두려움, 의심, 지식 부족, 장애물을 제거, 감소,

변경하기 위한 행동을 계획한다.
- 기술의 부족, 다른 사람들의 협력과 지지의 부족, 자원 부족 등 과제수행의 실질적인 장애물을 개선하도록 한다.
- 과제수행의 인지적 장애물을 경감하기 위해 두려움, 의심, 지식 부족, 역신념에 대해 토의한다.
- 사회복지사의 과제에 대해 계획하고 진술한다. 즉, 클라이언트에게 사회복지사의 과제들에 대해 알려주고, 과제실행과 문제상태를 점검한다.

- 그에 관하여 검증한다(개입의 가능한 효과들을 점검, 검사, 확인, 구체화한다.)
- 모니터링한다(문제 상태에 대해 정기적으로 기록한다.－구조화된 표기법, 차트, 그래프, 간결한 이야체 코멘트를 사용한다.).
- 다음의 상황이 발생하면 계약을 수정 혹은 일부 변경한다.
  - 진보가 만족스럽지 못할 때
  - 진보가 기대 이상이 있을 때
  - 새로운 문제가 발생했을 때
  - 문제가 다른 성격을 취했을 때
  - 과제들이 수행되지 않거나 제대로 수행되지 않았을 경우
  - 지지와 자원이 비효과적일 경우
  - 사회복지사의 과제들이 비효과적이거나 비현실적일 경우

① S: Stength : 기관 내부의 장점 분석에 초점을 맞추며 기관의 모든 장점을 명세화한다.
기관의 목적을 효과적으로 달성하는 데 도움을 줄 수 있는 요소를 규명한다.
② W: Weakness : 기관 내부의 취약점에 초점을 두며(예: 기관의 재원 부족 등), 기관의 모든 단점을 명세화한다.
③ O: Opportunities : 기관의 목적 달성과 운영에 도움이 되는 기회적인 요소를 의미한다.
기관의 발달에 기여할 수 있는 외적인 요소로 기회적 측면을 중시한다.
④ T: Theats : 기관의 발전에 위협이 될 수 있는 요인으로 유사 프로그램, 사회의 인지도 등에 있어서의 위협적인 요인이 무엇인가 하는 점을 파악한다.

5. 환경에 대한 고려

사회복지 프로그램은 환경에 대한 고려가 필요하다. 사회복지조직은 특정한 목적을 추구하기 위해 정형화된 구조를 갖는 사회집단으로 정치(합법성과 정치관련조직 등), 경제(산출비용, 인력, 수요자)를 비롯하여 환경과 상황의 영향을 받는 성격을 지닌다. 이는 조직과 환

경 간의 상호작용이 조직의 내부 역학관계에 영향을 미친다는 것을 가정하고 있으며, 조직의 서비스 생산이라는 거시적인 목적달성을 위해 반드시 고려되어야 한다. 따라서 사회복지조직은 외부환경을 고려하여 탄력적으로 다양한 전략을 사용해야 한다. 이것에는 경쟁(competition), 협력(cooperation), 계약(contract) 등의 요인 등이 활용된다. 또한 외부환경에 적응하는 과정에서 사회복지조직들이 채택하는 전략이 사회복지조직의 구조와 과정에 어떻게 영향을 미치는지 정치경제이론을 통하여 살펴볼 수 있다. 그러나 정치경제 이론뿐 아니라 각종 무형의 가치와 이념과 환경이 생태학적으로 혹은 체계이론적으로 명확하게 어떻게 영향을 주고받는지를 규명하기는 어렵다. 또한 사회복지조직에 대하여 제도이론을 통하여서도 설명이 가능한데, 이것은 거시적인 제도 환경 요소들에 초점을 맞추어 사회복지조직이 생존을 위해서 제도적인 규칙을 합법성의 원천이자 자원획득을 위한 통로로 어떻게 활용하는지에 대하여 이해할 필요가 있다. 국가나 전문직 등은 이러한 제도를 통하여 사회가 지향하는 규범적 지향을 이해할 수 있다.

향후 사회복지 프로그램의 개발분야는 사회복지실천의 가장 핵심적인 전략의 하나로 발전될 것이다. 따라서 각 부분의 개념과 실천영역의 적용이 보다 활발히 이루어질 수 있도록 사회복지전문가로서의 기량을 향상시키는 것이 필요할 것이다. 본 교재에서 다룬 기본적인 사항은 현장의 특성에 맞게 응용하고 발전시키는 것은 바로 여러분의 몫이 될 것이다.

Chapter

13 상담 프로그램 예시

본 프로그램은 상담을 적용한 프로그램 예시이다. 여러분도 그동안 학습한 것을 바탕으로 부록 등을 참고하여 프로그램을 작성해보고 발표해보자.

1. 자료수집

1) 클라이언트 소개

(1) 김길선(가명) 가족

관계	나이	학력	직업	결혼여부	성장지역	종교	가정유형	수급유형
본인	76세	대졸	과거 : 화가	사별	서울 도봉구	천주교	독거	기초수급
아들	48세	고졸	×	×	×	×	혼자거주	감경

(2) 김길선 및 가족에 대한 신체 및 행동특징

■ 김길선 : 현재 질병으로 고혈압, 치매, 당뇨가 있으시며 일반사람들과 의사소통이 불가능하며 다른 이용수급자들과 잦은 마찰이 있고, 어르신께서 일상생활이 전혀 안되심. 센터에서 요즘 계속 배회하는 횟수가 늘었으며 어르신께서 다음 날 아침에는 소화가

되지 않아 가슴이 답답하다고 말씀하심.

- 아들 : 현재 간암 말기로 인하여 병원에서 입원 중이며 치료를 받고 있음. 어머니에 대한 기억이 별로 없으며 20대 후반쯤 되서야 어머니의 소식을 접하게 되어 한 달에 1번은 어르신과 직접 통화를 하며 어르신에게 있어서 유일한 보호자임.

(3) 전 상담 경험에 대한 정보 : 없다.

2) 의뢰 과정

3) 제시된 문제

(1) 의뢰인이 제시한 문제

○○주야간보호센터에서 김길선 어르신께서 며칠째 센터에서 배회하는 욕구가 강하여 자주 외출하시고 센터에 돌아오지 않으심. 그리고 다른 수급자와 의사소통이 되지 않아 잦은 마찰이 있으며 어르신께서 약 복용이 제대로 되지 않아 건강관리에 어려움이 있음. 또한 소화가 잘 되지 않는다며 가슴이 답답하다며 소리치심. 어르신의 상태를 지켜본 결과 정기적인 상담이 필요로 보여 2017년 05월 15일부터 2017년 05월 31일까지 총 9회 상담을 실시함.

(2) 클라이언트가 제시한 문제

① 김길선 어르신이 제시한 문제

-소화가 잘 되지 않아서 가슴이 답답하다.
-나가고 싶다.
-아들소식이 궁금하다.

② 김길선 아들이 제시한 문제

-현재 치료를 받고 있어서 건강 악화로 인한 스트레스와 어머니께서 치매가 심하여 무슨 말씀을 하시는 것인지 이해가 안 되고 나중에 어머니를 모실 수 없을 거 같아서 힘들다.

–어머니께서 약 복용을 꾸준히 잘 드실 수 있도록 센터에서 권유를 해줬으면 좋겠다.
–어머니께서 나가시려고 하시면 다른 이야기를 하여서 센터에 되도록 계실 수 있도록 했으면 좋겠다.

③ 문제의 내용과 발생 시기

○○주야간보호센터에서 김길선 어르신께서 평소에 나가고 싶다는 말씀을 자주 하신 적이 있으셨고 4월 중순 쯤 "잠시 집에 다녀올게"라고 말씀을 하시고는 센터에 돌아오지 않으시고 어르신께서 다음날 센터에 오시면 소화가 되지 않는다고 가슴이 답답하다고 소리치심. 이를 알게 된 ○○주야간보호센터 사회복지사가 어르신 집에 방문하던 도중 어르신께서 현재 집 안에서의 일상생활이 전혀 되지 않는다는 것을 알게 되었음.

4) 가족력

(1) 가족체계론적 평가

① 김길선

어르신께서 과거에 화려한 경력이 있고 국어국문학과에 졸업을 하여 초등학생 아이들에게 논술과 수필을 작성하는 방법도 가르친 기억이 있고, 수상한 경험도 많으셨음. 그리고 너무 젊은 나이에 빨리 자식들을 낳게 되어 과부가 된 자신의 삶이 원망스러워 일찍 자식을 내놓았다고 말씀을 해주심. 그리고 세월이 지나 어떠한 큰 충격으로 인하여 다른 사람들과의 일반적인 의사소통을 할 수 없게 되었고 혼자서 살아온 세월이 많아 일상적인 생활을 하지 못하게 되었다가 가끔씩 친아들 사진을 바라보며 이름을 간신히 알고계심.

② 아들

어렸을 시절 어머니에 대한 사랑과 관심을 받고 자란 기억이 없어서 모정에 대해 잘 알지 못했으며 직장을 그만두고 간암 말기라는 진단을 받게 되면서 스트레스를 받았고 현재 자신의 어머니를 모신다고 해도 병원에 장기적으로 치료를 해야 되기 때문에 어머니를 모시기에는 무리가 있어서 아픈 어머니를 어떻게 모셔야 될지 막막하고 많이 힘들다고 함.

2. 사정

1) 김길선의 문제와 상황검토

김길선 어르신께서는 센터에서 나가시려고 하는 욕구가 강하여 자주 외출하시고 센터에 돌아오지 않으며 그 다음날에는 소화가 되지 않아 가슴이 답답하다고 말씀을 하심. 또한 어르신 집에 방문하던 도중 집 안에서의 일상생활이 전혀 되지 않는다는 것을 알게 되었으며. 현재 질병으로 인하여 고혈압, 치매, 당뇨가 있으신데 약 복용이 제대로 되지 않아 건강관리에도 어려움이 있음.

2) 김길선의 욕구파악을 위한 학술적 개입

■ 아들러의 자기모습 파악하기, 즉시성 기법

–자기모습 파악하기 기법이란?

현재 자신의 모습을 있는 그대로 파악할 때 도움이 된다고 보기 때문에 지금 자신의 모습을 있는 그대로 알도록 하는 기법이다. 새로운 행동으로 옮기기 전인 지금 자기의 모습을 파악하도록 하는 연습은 자신에 대한 통찰을 가능하게 하고, 새로운 행동으로의 변화를 가져올 수 있도록 한다.

–즉시성 기법이란?

일상적인 의사소통을 이해하고 개선하도록 조력하여 내담자가 자신의 생활양식의 변화를 꾀할 수 있도록 조력을 하는 기법을 말한다.

–현재 김길선 어르신은 센터에서 나가시려는 욕구가 강하며 다른 이용수급자와 의

사소통이 되지 않아 잦은 마찰이 있고 나가면 센터에 돌아오지 않아서 다음날 소화가 되지 않는다며 가슴이 답답하다며 말씀을 하심. 또한 집 안에서의 일상생활이 전혀 되지 않고 있으며 약 복용 관리도 되지 않고 있음.

따라서 어르신께 아들러 기법을 통하여 자기모습을 파악하고 일상적인 의사소통을 이해하며 현재 문제점을 개선시킬 수 있도록 도움을 준다.

■ 인지치료 및 인지행동치료 - 미술활동

예전부터 그림그리기를 좋아하신 어르신께 미술프로그램, 푸드아트프로그램을 실시하여 심리적 안정과 인지능력을 향상시키고 어르신께서 표현을 나타낼 수 있도록 하고 어르신께서 원하는 욕구 등을 파악하여서 내담자의 나타나는 행동 문제들을 해결해 나가는 치료법을 실시한다.

3) 아들과 어르신의 관계

김길선 어르신 아드님에게 어르신 현재 상태를 말씀드렸으나 처음에는 아드님께서 병원에 장기적으로 입원을 하고 있고 치료를 받고 있는 상태여서 상담을 받기가 어려울 것 같다며 거절을 하셨음. 그러나 어르신의 현재 건강상태, 일상생활이 불가능한 상태의 심각성 등 계속적인 설득을 통해 아드님께서 방문을 하지 못하겠지만 유선으로 전화 상담을 통해 어머니의 문제를 같이 해결을 할 수 있도록 이야기가 됨.

■ 구조적 가족상담

내담자(김길선)의 일상생활능력을 스스로 해결할 수 있도록 상담자가 적극적으로 관심을 가지고 개입하여 아드님에게 현재 어르신의 문제점 등 상태에 대해 앞으로의 이 생활이 계속 유지가 된다면 어떠한 영향을 미치는지 유선통화를 통해 알려주며 어르신께도 충분한 설명을 드리며 행동변화에 고칠 수 있도록 스스로 문제 상황에 잘 대처할 수 있도록 한다.

3. 계획 및 실행

1) 김길선 어르신 개입방법

(1) 목표

김길선 어르신 같은 경우 일상생활이 전혀 되지 않아 복용하고 계신 약을 제대로 드시지 못하는 상황이며, 판단능력이 약하심. 또한 질병으로 고혈압, 치매, 당뇨가 있으시고 어르신께서 센터에서 나가고 싶은 욕구가 매우 강하심. 따라서 어르신께 의료적 서비스를 지원해 드리며 건강관리에 신경 쓸 수 있도록 지원을 해드리며 어르신께서 센터에 나가고 싶은 욕구가 무엇인지 파악을 하며 문제를 해결해 줌으로써 속이 답답한 마음도 회복할 수 있도록 목표로 한다.

(2) 계약내용

어르신께서 의사소통이 잘 되지 않아 주1회 30분 동안 총 9회 정도 심리상담 및 치료를 하기로 하였고 상항에 따라 일정을 조정할 수 있도록 하였다.

(3) 개입과정

회 차	상 담 내 용
1회 2017.5.3.수	어르신과 이야기를 하면서 안정적 분위기에서 센터에서 나가고 싶은 이유가 무엇인지 파악한다.
2회 2017.5.5.금	현재의 어르신 마음이 어떤 상태인지 파악하여 어르신과 대화를 천천히 나누며 스트레스 완화와 유대감을 증진시킨다.
3회 2017.5.10.수	의료지원팀에서 어르신께서 약 복용을 어떻게 관리를 하고 계시는지 집에 방문하여 건강관리를 예방한다.
4회 2017.5.12.금	복지지원팀에서 어르신께서 답답함을 요구하실 때 산책활동을 권유해 드리며 마음에 있는 스트레스를 해소하며 사회구성원들과 유대관계 회복을 위한 사회적응 활동을 제시한다.
5회 2017.5.17.수	전문의와 상담을 실시하고 일상생활동작훈련을 교육하여 치매를 예방한다.
6회 2017.5.19.금	운영지원팀에서 어르신 집에 방문하여 일상생활동작이 가능할 수 있도록 청소업체를 불러 깨끗한 환경에서 어르신이 지낼 수 있도록 제공할 방안을 생각한다.

회 차	상 담 내 용
7회 2017.5.24.수	복지지원팀에서 어르신께 미술활동, 푸드아트테라피 프로그램을 제공하여 어르신께서 답답한 심리적 스트레스를 표현할 수 있도록 프로그램을 제공한다.
8회 2017.5.26.금	생활지원팀에서 어르신께서 센터에 잘 적응할 수 있도록 어르신 자리배치를 조정하여 다른 어르신들과 잦은 마찰을 해결할 수 있는 방안을 생각하며 서비스를 제공한다.
9회 2017.5.31.수	종합평가와 사후 검사지

(4) 서비스 자원 및 연계

- 의료지원팀
  - 어르신 약물 투약 관리
  - 의료진료 서비스 동행
  - 혈압, 체온, 혈당 수시로 체크

- 복지지원팀
  - 어르신 산책 동행
  - 미술치료
  - 푸드아트테라피
  - 상담치료
  - 아들 전화상담

- 생활지원팀
  - 말벗 도움
  - 신체향상 프로그램 서비스 지원
  - 다른 이용수급자와 친목 도모

- 운영지원팀
  - 주거환경 서비스 지원
  - 전문가 상담 서비스 지원

2) 아들 개입방법

(1) 목표

현재 아들은 간암 말기로 인하여 병원에서 입원 중이며 치료를 받고 있는 상태임. 아들과 유선통화를 하면서 어르신의 상태, 행동변화를 주기적으로 유선통화 상담을 실시하여 건강악화로 인한 정신적 스트레스를 해소시켜 드린다.

(2) 계약내용

주1회 10분 동안 총 9회 정도 유선통화 상담을 하기로 하였고 상항에 따라 통화가 불가능하다면 일정을 조정하여 할 수 있도록 하였다.

(3) 개입과정

회 차	상 담 내 용
1회 2017.5.3.수	아들과 유선통화를 하며 현재 건강악화로 인한 아들의 심리상태와 가장 스트레스를 받는 것은 무엇인지 파악하며 상담을 실시한다.
2회 2017.5.5.금	의료지원팀에서 어르신께서 이용하셨던 의료기관에 대해 물어보며 현재 복용하고 계신 약에 대해 앞으로 투약관리를 어떻게 하면 좋을지 상담을 실시한다.
3회 2017.5.10.수	복지지원팀에서 어르신과 같이 산책활동을 하는 것에 대한 보호자 동의를 얻으며 센터 내에서 생활하시는 일상을 간단히 유선통화를 하여 실시한다.
4회 2017.5.12.금	복지지원팀에서 어르신과 아들이 전화통화를 할 수 있도록 지원해 드리며 가족관계를 회복시킬 수 있도록 한다.
5회 2017.5.17.수	아드님께 의료지원팀1명, 복지지원팀1명이 같이 어르신과 전문의와 상담을 통해 일상생활동작훈련을 교육받으며 치매 예방교육을 하는 것에 대한 동의를 얻는다.
6회 2017.5.19.금	운영지원팀에서 어르신 주거환경에 대해 변화를 주고자 한다며 아드님에게 충분한 설명을 드리고 청소업체를 두 달에 한 번 불러서 어르신께서 깨끗한 환경 속에 지낼 수 있도록 하는 것에 대한 서비스 동의를 얻는다.
7회 2017.5.24.수	복지지원팀에서 아드님께서 어르신께 바라는 점은 무엇인지 여쭈어보며 각 지원 서비스를 연계할 수 있도록 협의를 한다.
8회 2017.5.26.금	종결 후에도 어르신의 일상생활에 지속적인 관리가 필요하기 때문에 각 업무 팀에서 신경 쓰도록 하며 아들과 어르신의 관계가 유지될 수 있도록 적극적으로 지원을 한다.
9회 2017.5.31.수	종합평가와 사후 검사지

(4) 서비스 자원 및 연계

- 의료지원팀
  - 어르신 약물 투약 관리
  - 의료진료 서비스 동행
  - 혈압, 체온, 혈당 수시로 체크

- 복지지원팀
  - 어르신 산책 동행
  - 어르신과의 전화 통화 지원
  - 아들 전화상담

- 운영지원팀
  - 주거환경 서비스 지원
  - 전문가 상담 서비스 지원

4. 평가

1) 상담분석 결과

구분	김길선		아들	
	초기	후기	초기	후기
감정 지각 분석	센터에서 나가고 싶은 욕구가 강하며 다음날 아침에는 어르신께서 가슴이 답답하다며 소리치심.	나가고 싶은 욕구가 산책활동을 통해서 줄어들며 각 프로그램에 참여를 하니 다른 이용수급자들과 잘 지내심.	어렸을 적 어머니에 대한 기억이 별로 없으며 현재 어머니께서 치매로 인하여 의사소통이 불가능하여 모시기에 어려움이 있고 현재 자신의 건강악화로 인한 스트레스가 많이 있으심.	전화 상담을 통해 각 운영 지원팀 서비스 제공에 대한 동의를 허락하며 어머니와 자주적인 전화 통화를 하고 나서 어머니에게 관심을 가지심.
의사 소통 분석	다른 이용수급자들과 의사소통이 불가능.	어르신과 지속적인 상담을 통하여 원하는 욕구를 정확하게 말씀하시고 다른 이	어머니와 한 달에 한 번씩 통화를 하면서 의사소통이 되지 않아서 도대체 무슨 말을 하시는	어르신 이야기를 공감해 주면서 전화통화도 자주 하심.

구분	김길선		아들	
	초기	후기	초기	후기
		용수급자들과 간단한 말씀도 나누심.	것인지 몰라서 전화 통화 하시는 것을 어려워하심.	
자기 존중 분석	어떠한 큰 충격으로 인하여 일반사람들과 의사소통이 되지 않고 혼자 지낸 세월이 많아서 일상생활이 불가능한 채 방치하며 살아옴.	어르신께서 스스로 청소도 하시려고 하며 투약 관리도 계속적으로 꾸준히 드시면서 건강관리를 예방하심.	건강 악화로 인한 스트레스와 치매로 인하여 일상생활이 불가능해진 어머니를 보고 앞으로 어떻게 모셔야 할지 막막하며 힘들다고 하심.	행복해 하심.

2) 평가 및 사후 관리

■ 지속적인 관리가 어르신의 건강상태를 예방한다.

자기모습 파악하기, 지속성을 통하여 김길선 어르신이 일상적인 의사소통을 이해하며 현재 문제점을 개선시킬 수 있도록 도움을 주려고 노력하였으며 어르신께서 배회하고 싶을 때 산책활동을 권유하면서 잠깐 산책활동을 다녀올 수 있도록 프로그램을 제공해드린다. 또한 어르신이 좋아하시는 미술활동 프로그램을 진행하면서 자유롭게 어르신 심리적 상태를 표현하도록 하며 어르신께서 원하는 욕구 등 파악하여 문제들을 해결해 나가도록 실시하였다.

그 결과 나가고 싶은 배회 횟수가 산책활동을 통해서 줄어들었고 프로그램에 참여를 하시니 다른 이용수급자들과 간단한 이야기를 하며 잦은 마찰도 사라지며 센터에 잘 지내시게 되었다. 어르신께 계속적인 일상생활 동작훈련을 실시하고 나서 스스로 청소도 하시려고 하고 가슴이 답답하시다는 말씀도 줄어들며 복용하는 약도 꾸준히 드시면서 건강관리를 예방하고 계신다. 김길선 어르신은 앞으로도 계속 꾸준히 일상생활 동작 훈련을 반복하며 상담을 통해서 건강한 삶과 행복한 삶을 살아 갈 수 있도록 지속적인 관심이 필요할 것으로 보인다.

APPENDIX

부 록

Appendix

1 프로그램 예시

본 장은 사회복지 프로그램 개발과 평가에 대한 전반적인 사항을 학습한 이후 학습자가 이를 응용하여 프로그램화할 수 있도록 하기 위한 기본 예시 프로그램이다. 프로그램은 대상자와 욕구와 기간 및 예산에 따라 다양하게 기획될 수 있으며 프로그램의 실시 이후 그에 대한 효과성과 효율성 그리고 만족도 조사 등을 통하여 평가하게 된다.

제1절 사업명

1) 노인 은빛 스타트

- 노인 자원봉사를 통한 심신단련 및 지역사회 참여 프로그램

2) 진로교육 프로그램 설계

3) 청소년 임파워먼트 프로그램 설계

제2절 사업의 필요성–'은빛 스타트'

1. 노인복지 관련기사 소개(신문기사 스크랩)

서울시 2020년 고령사회 마스터플랜 발표

조선일보 | 맛있는 교육
2010.07.12 13:52

'12년 노인인구 100만 시대 진입, '19년이면 고령사회가 되는 서울시가 건강하고 활기찬 100세 도시 서울을 만들기 위해 '2020년 고령사회 마스터플랜'을 발표했다.

시는 나이가 들어도 살기 좋은 '고령친화도시 실현'을 목표로 2011년부터 2020년까지 건강한 노후, 활기찬 생활, 생산적 노년, 통합적 사회, 편리한 환경, 인프라 구축 등 6대 분야 100개 사업에 총 3조 8,000억 원을 투입할 계획이라고 밝혔다.

이번 마스터플랜은 능동적인 노년 사회 준비와 함께 청소년, 예비노인 등 모든 시민이 함께 준비하는 고령친화사회를 만든다는 게 특징이다.

〈6대 분야, 노인권익 증진 등 10대 중점과제 선정해 집중 관리〉

서울시 고령사회 마스터플랜은 ▲건강한 노후(Healthy) ▲활기찬 생활(Active) ▲생산적 노년(Productive) ▲통합적 사회(Integrated) ▲편리한 환경(Environment) ▲인프라 재설계(Redesigning Infra-structure) 등 6대 분야로 구성된다.

고령사회 마스터플랜의 효과성을 제고하기 위해 '노인건강 증진, 사회공헌 및 참여 확대, 일자리 확충 및 고용구조 개선, 노인권익 증진, 세대 통합 장려, 교통(이동) 편의 증진, 고령친화 주거환경 개선, 노인복지 인프라 확충, 고령친화도시 기반조성 및 노인정책 역량강화'라는 10대 중점과제를 선정(세부계획 '별첨1')해 집중 관리할 계획이다.

시는 보다 다양한 노인실태와 욕구를 파악하고 실질적인 정책을 반영하기 위해 지난 3월 서울노인 1천명을 대상으로 실시한 서울노인 욕구조사결과와 매년 서울시내 2만 가구를 대상으로 실시되는 서울서베이 및 시민토론회 제안사항 등을 반영해 전문가의 자문을 거쳐 '서울시 고령사회 마스터플랜'을 수립했다고 밝혔다.

〈저소득층, 홀몸노인, 치매노인 등 대상별 맞춤형 정책 강화〉

욕구를 반영한 미래지향적인 정책 못지않게 현재 취약한 환경에 놓여 있는 저소득층, 홀몸노인, 치매노인 등의 기본적인 사회안전망을 더욱 튼튼하게 하는 대상별 맞춤형 정책도 강화된다.

'홀몸노인'이 사회에서 소외되지 않고 함께할 수 있도록 원격 진료 시스템인 'U-헬스 시스템'과

‘노인 주치의’ 제도의 우선대상자로 하고, 생활지원 등의 필요서비스를 제공하는 ‘노인 돌봄 서비스’와 영상단말기를 통해 실시간으로 안전을 확인하는 ‘사랑의 안심폰 서비스’, 120번 다산콜센터 및 자원봉사자를 통해 수시로 안부전화를 하는 ‘안심콜 서비스’, ‘싱글 어르신 홀로서기’ 등 복지동반자가 확대된다.

‘치매노인’의 가족 부담을 덜어주고 요양할 수 있도록 간병이나 활동지원을 하는 ‘재가 관리사’와 보건소의 ‘노인 건강증진’ 서비스가 강화되며, 26개의 치매지원센터의 프로그램 확충, ‘요양시설’의 지속적인 확충과 품질관리시스템을 도입, 10분 거리에 위치하는 ‘데이케어센터’의 확충 및 인증, 노인성질환 전문치료병원을 권역별로 총 4개소 건립된다.

‘저소득 노인’이 스스로 자립할 수 있도록 노인 일자리를 확대 · 창출하고, ‘기초노령연금’ 확대 지급, 신용카드가 없고 당장 현금이 없어 진료 받지 못하는 사례를 예방하기 위해 ‘병원 진료비 후불제’, 저축액만큼 지원하는 ‘실버 희망 통장’, 결식 우려 노인의 식사 및 반찬 배달, 일시적인 도움을 지원하는 ‘노인 헬프센터’ 운영 등 소득 보전 방안이 확충된다.

‘예비노인’의 노후 준비를 위해 ‘노후대비 교육’, ‘직업교육훈련’, ‘평생학습원 건립’, ‘노인전문대학 설립’, 학교시설을 활용하는 IT교육 등의 노인프로그램 운영 등 교육기회를 확대하고, 충분한 문화생활을 위해 ‘행복콘서트’, ‘실버극장’, ‘청춘 예술 극장’ 및 ‘시니어 스포츠단 운영’ 등 여가활동 영역이 확대된다.

〈노인생애체험센터 등 간접 체험 통해 청소년, 예비노인도 함께 준비〉

특히, 고령사회 도래가 노인들만 해당되는 것이 아니라 모두가 함께 준비해야 되는 점을 고려해 청소년, 예비노인도 함께 준비 할 수 있는 인프라를 구축할 예정이다.

이를 통해 공감대를 형성하고 모두가 행복한 고령친화도시를 만들 계획이다.

미리 노년 생활을 체험할 수 있는 ‘노인생애체험센터’를 통해 청소년, 예비노인들의 이해를 돕고, 2012년 설립되는 ‘효문화진흥원’을 통해 효행 교육, 효 문화 연구 등을 진행할 예정이다.

노인생애체험센터는 현재 효창공원 내에 있는 대한노인회 서울시연합회에서 운영 중에 있다.

예비노인들을 위해서는 ‘노년기 재테크 강좌’, ‘고령자취업센터 운영’ 등을 통해 곧 다가올 노년기를 미리 준비할 수 있도록 도울 예정이다.

시는 이러한 ‘고령사회 마스터플랜’을 추진하기 위해 2020년까지 10년간 3조 8,000억 원을 투입할 계획이다.

분야별로는 ‘건강한 노후’ 분야에 16개 사업 1조114억 원, ‘활기찬 생활’ 분야에 20개 사업 4,085억 원, ‘생산적 노년’ 분야에 13개 사업 5,116억 원, ‘통합적 사회’ 분야에 18개 사업 646억 원, ‘편리한 환경’ 분야에 18개 사업 9,678억 원, ‘인프라 구축’ 분야에 15개 사업 8,436억 원이 소요된다.

특히 주요 투자 사업인 어르신 행복타운 건립에 6,715억 원, 노인 적합형 일자리 창출에 4,076억 원, 데이케어센터 인증 및 설치에 3,700억 원, 실버존 확대 개선에 3,438억 원이 투입된다. 또한 ‘고령사회 마스터플랜’의 효율적 추진을 위해 ‘9988 어르신 프로젝트’와 연계하여 추진하고, 재정수요를 감안해 우선 사업을 집중적으로 지원하는 단계별 성과관리 방식으로 추진된다.

시는 촘촘하고 튼튼한 그물망복지 네트워크 구축을 통해 노인복지의 사각지대를 해소하고, 노인의 소득고용 지원을 통해 노인 부양을 위한 사회적 비용을 감소시켜 궁극적으로 노인의 수명 및 행복수준을 향상시킴으로써 '건강하고 활기찬 100세 도시 서울'을 구현한다는 계획이다.
신면호 서울시 복지국장은 "고령사회 마스터플랜을 통해 노인의 욕구와 특성에 기반한 포괄적인 안전망을 구축해 나감으로써 나이가 들어도 더욱 건강하고 즐겁게 살 수 있는 행복한 서울을 조성하겠다"고 밝혔다.

[출처] 노인복지정책 관련 기사 : 작성자 노벨

2. 노인인구의 증가

지난 30~40년 동안 생활환경과 생활양식의 변화, 의료기술의 발달 등으로 평균수명이 연장되면서 노인인구가 전체 인구에서 차지하는 비율이 크게 증가하여 고령화 사회(aging society)로 들어서게 되었다. 연령계층별 인구구조를 살펴보면 2018년에는 고령사회(14.3%), 2026년에는 초고령사회(20.8%)에 도달할 것으로 전망된다(통계청, 2006 장래인구추계).

〈표 1-1〉 연령계층별 구성비 추이 (단위: %)

	1970	1980	1990	2000	2005	2010	2018	2020	2026	2030	2050
0~14세	42.5	34.0	25.6	21.1	19.2	16.2	12.7	12.4	11.7	11.4	8.9
15~64세	54.4	62.2	69.3	71.7	71.7	72.9	72.9	72.0	67.5	64.4	53.0
65세+	3.1	3.8	5.1	7.2	9.1	11.0	14.3	15.6	20.8	24.3	38.2

출처: 통계청(2006). 장래인구추계.

3. 노인복지의 의미 및 고령화 사회

노인복지란 노인이 인간다운 생활을 영위하면서 자기가 속한 가족과 사회에 적응하고 통합될 수 있도록 필요한 자원과 서비스를 제공하는데 관련된 공적 · 사적 차원에서의 조직적 제반활동이다. 현재 우리나라의 65세 이상의 노인인구는 전체 인구의 11%를 넘어 고령화 사회로 진입하였고, 20년 내에는 15%를 넘어서 고령사회가 될 것으로 전망되고 있다. 따라서 고령사회에 대한 준비가 그만큼 시급함을 의미한다. 이에 따라 사회적인 노인문제에 대한 프로그램이 활성화될 필요가 있다.

〈표 1-2〉 연령 계층별 고령인구 추이 (단위: 천 명, 여자 100명당)

	1970	1980	1990	2000	2005	2010	2020	2030	2050
65세 이상	991	1,456	2,195	3,395	4,367	5,357	7,701	11,811	16,156
성비	70.0	59.7	59.8	62.0	65.8	69.2	75.1	79.1	79.0
70세 이상	563	832	1,294	2,014	2,684	3,546	5,120	8,019	12,776
성비	68.8	51.0	52.6	53.8	57.1	62.0	68.0	73.8	74.9
80세 이상	101	178	302	483	676	952	1,783	2,581	6,130
성비	50.3	33.6	35.8	39.1	41.1	43.2	51.2	57.6	63.5

출처: 통계청(2006). 장래인구추계.

4. 노인문제의 주요 현황

1) 노인질병에 대한 인식과 예방이 필요

(1) 개인적인 문제 원인

신체의 약화 등에 따른 자연적인 현상으로 개인적으로는 소외 및 활동의 저하 등이 있다.

(2) 사회적인 문제

만성질환을 가진 노인들이 증가하고 있지만 핵가족화, 가족규모의 축소, 여성취업의 증가 등으로 노인의 건강악화에 따른 보호, 부양을 가족이나 친지 같은 사적 부양 장치가 전적으로 담당하기는 어려울 것으로 보기 때문이며, 빠른 속도의 고령화와 더불어 노인의 건강유지 및 적절한 보건의료제공이 우리 사회의 중요한 과제로 대두되고 있다.

(3) 국가적인 문제

노인의 건강특성으로 인한 만성질병과 장애의 증가는 의료비용과 부양 부담의 증가를 야기하며 노인을 돌보는 가족 및 사회 전체에 많은 영향을 미치고 있다. 따라서 노인의 주요 건강문제에 대해 파악하고 이에 대한 체계적이고, 합리적인 해결방안을 수립하는 것이 무엇보다 중요하다. 그러한 관점에서 노인의 건강상태, 건강행태의 파악과 더불어 보건의료서비스 이용실태를 확인하여 효율적이고 사전 예방적인 노인 보건복지 정책수립이 필요하다.

(4) 노인의 건강상태에 대한 만족도 조사결과

2008년도에 보건복지가족부에서 실시한 노인실태조사 자료에 근거하여 노인의 건강상태에 대한 만족도를 살펴보면, 본인의 건강상태에 만족한다('매우 만족한다' 2.5%, '만족하는 편이다' 25.9%)는 60세 이상 노인은 28.4%이며, '그저 그렇다' 21.4%, '만족하지 않는다'('만족하지 않는 편이다' 37.6%, '전혀 만족하지 않는다' 12.6%)는 50.2%로, 건강상태에 불만족하는 비율이 훨씬 높았다.

이와 같은 결과를 토대로 볼 때, 주관적 건강상태를 긍정적으로 인식하기보다는 부정적으로 인식하는 노인의 비율이 훨씬 높았다(보건복지가족부, 2008년도 노인실태조사).

2) 노인 심리적 고독 해소방안 필요

현대사회의 산업화, 도시화 등의 급격한 사회변동으로 노인들의 처지와 생활에 따른 많은 문제들이 야기되고 있다. 이러한 노인들의 삶과 관련한 해결해야 할 문제들이 사회적 이슈로 등장함에 따라 우리는 노인문제의 직·간접적인 원인을 규명하고 해결방안을 찾지 않으면 안 될 상황이 되었다. 이러한 노인문제는 기본적으로 현대화라는 사회적 변화에 있다는 인식을 바탕으로 하고 있다. 아울러 노인의 심리적 고독 문제는 생활 전반의 다양한 형태로 나타나는데 여가시간 증가, 역할상실, 수입감소, 건강악화, 고립과 소외의 문제로 연결될 수 있는데, 노인의 자원봉사를 통한 심신단련 및 지역사회참여 프로그램을 활성화하여 이러한 문제점을 해소하는 것이 바람직할 것이며 노인의 심리적 고독 문제를 살펴보면 다음과 같다.

〈표 1-3〉 노인 복지사업 프로그램 현황표

<table>
<tr><th>대상</th><th colspan="2">사 업</th><th>세부프로그램</th></tr>
<tr><td rowspan="12">노인</td><td colspan="2">1. 평생교육지원</td><td>한글교실, 외국어교실, 교양교실, 정보화교육, 역사교실, 예비노인은퇴준비 프로그램 등</td></tr>
<tr><td colspan="2">2. 취미여가지원</td><td>음악(노래교실, 민요・풍물교실, 댄스교실 등), 미술(서예, 수공예, 풍선아트), 원예, 다도교실, 연극, 레크리에이션, 운동, 바둑장기, 당구・탁구 등</td></tr>
<tr><td colspan="2">3. 고용지원</td><td>노인일자리사업, 고령자취업알선, 취업자 사후관리, 공동작업장, 은퇴준비교육 등</td></tr>
<tr><td rowspan="4">4. 건강생활지원</td><td>기능회복지원</td><td>물리치료, 양・한방진료, 작업치료, 운동재활, ADL훈련 등</td></tr>
<tr><td>건강증진지원</td><td>건강교육, 건강상담, 건강교실(건강체조, 기체조, 요가 등), 독거노인지원사업(기존 재가사업), 이・미용, 노인건강운동 등</td></tr>
<tr><td>급식지원</td><td>경로식당(중식서비스), 밑반찬・도시락배달, 푸드뱅크 등</td></tr>
<tr><td>요양서비스</td><td>치매・중풍환자 프로그램, 주간・야간・단기보호, 그룹홈, 장제서비스 등</td></tr>
<tr><td colspan="2">5. 정서생활지원</td><td>접수상담, 노인문제상담, 복지정보 및 상담, 전문상담(경제, 법률, 성 등), 심리상담, 종교행사, 죽음준비교육, 노인자살예방사업 등</td></tr>
<tr><td colspan="2">6. 사회참여지원</td><td>노인자원봉사 활성화사업, 지역봉사활동, 교통안전봉사, 동아리・클럽활동지원, 교통편의서비스 등</td></tr>
<tr><td colspan="2">7. 경로당혁신 프로그램</td><td>경로당활성화사업, 경로당임원리더십강화사업, 경로당주거환경개선사업 등</td></tr>
<tr><td colspan="2">8. 주거지원</td><td>주택수리사업, 주거환경 개선사업(도배 등), 등</td></tr>
<tr><td colspan="2">9. 소득지원</td><td>후원금 연결, 은퇴 후 경제생활 적응, 경제교육 등</td></tr>
<tr><td rowspan="2">가족</td><td colspan="2">10. 가족기능지원</td><td>가정봉사원파견, 방문간호, 노인돌봄서비스사업 등</td></tr>
<tr><td colspan="2">11. 가족통합지원</td><td>가족상담, 가족관계프로그램, 가족캠프, 세대통합프로그램 등</td></tr>
<tr><td rowspan="3">지역사회</td><td colspan="2">12. 지역자원개발</td><td>자원봉사자 발굴관리, 후원자 개발, 외부 재정지원기관 사업 수탁 등</td></tr>
<tr><td colspan="2">13. 지역복지연계</td><td>지역복지기관 연계, 지역협력사업(경로행사, 나들이 등) 등</td></tr>
<tr><td colspan="2">14. 노인권익증진 사업</td><td>정책건의, 노인인권 옹호, 노인인식개선사업, 편의시설 설치, 노인소비자피해 예방교육 등</td></tr>
<tr><td rowspan="3">노인복지관 조직</td><td colspan="2">15. 운영관리</td><td>인사관리, 재정관리, 시설관리 등</td></tr>
<tr><td colspan="2">16. 사업관리</td><td>프로그램 개발, 실행, 점검, 평가, 보완 등</td></tr>
<tr><td colspan="2">17. 연구개발</td><td>사업기획, 조사연구, 실습지도, 출판, 홍보, 자문(운영)위원회, 등</td></tr>
</table>

출처: 보건복지부(2011). 2011 노인보건복지사업안내.

5. 프로그램 적용 위한 주요 문제점 분석

1) 기존 노인복지 프로그램의 문제점 분석

기존 프로그램은 각각 개별적 접근법에 따른 운영의 부조화로 노인들이 경험할 수 있는 프로그램의 한계성을 내포하고 있다. 따라서 금회 프로그램 기획을 통해 노인의 신체건강 · 심리안녕 · 지역사회 활동 프로그램을 통합 관리 및 운영하도록 하여 노인복지의 효율성을 극대화할 수 있도록 계획한다.

노인복지를 위한 주요 문제점에 관하여 살펴보면 다음과 같다.

구분	개인문제	사회문제	발생원인	발생결과
신체적 문제	• 근골격계 변화 • 감각기관(시각, 청각, 미각, 촉각)의 변화	• 노인의 일자리 창출 및 재취업의 한계성 직면 • 건강의 적신호 발생에 따른 의료비용 증가로 노인복지비용 증가요인	• 노화에 따른 파골세포(골분해세포)와 조골세포(골 합성세포)의 부조화로 골손실 발생과 감각기관의 둔화 시작	• 사회활동의 소극적 대응 및 활동성 저하로 사회적 괴리감 발생 • 건강관리에 대한 비용증가로 상대적 빈곤감 증대
심리적 문제	• 지적능력(지능, 기억력, 학습능력, 사고 및 문제해결능력)의 변화 • 성격특성변화(우울증, 내향성 및 수동성, 경직성, 과거성, 의존성 등)	• 사회참여에 대한 노인역할의 부정적인 시각 속에서 자신을 쓸모없는 사람으로 비하할 수 있으며 사회조직에 참여의식이 결여됨	• 뇌용량 감소 및 호르몬 변화 등으로 인지기능의 정확도, 기억의 유지, 학습능력 및 분석능력 저하 • 노년에 대한 심리적 스트레스로 성격 특성의 변화가 찾아옴	• 노인의 대인관계에 있어서 소외의 오해 및 편집증적 반응을 보임 • 주의집중력이 현저히 감퇴로 장시간 복잡한 일에 동시에 반응하는 일은 할 수 없음
활동 및 참여 문제	• 경제적으로 안정된 경우는, 건강을 유지하고, 삶에 대한 보람을 느끼며, 지역사회의 중요한 일원으로 자신들의 역할을 수행하면서 살아가고자 하는	• 집안에서의 TV시청, 혼자 소일하는 소극적인 활동에서 벗어나, 집 밖에서 노인학교, 복지관, 경로당, 각종 모임, 봉사활동, 종교활동 등 다양한 사회활동을	• 건강하고 경제력 있는 노인의 증가로 노인의 사회활동이 왕성해짐 • 젊은 세대의 부양의식 감소로 인해 노인들 스스로 경제력, 심리적, 사회적 자립	• 여가시간을 활용하고자 함, 자기개발을 추구하고자 함 • 역할상실에서 벗어나고자 하며, 급변하는 사회에 적응하기 위하여 여가문화, 교육, 자원봉사 등 다양한

구분	개인문제	사회문제	발생원인	발생결과
	욕구가 증가됨 • 건강하나 경제가 불안정 노인은 재사회화 필요	하고자 함	욕구가 증가됨	활동 및 사회참여를 하고자 함

⇒ 현실적으로 상위 검토결과 신체, 심리, 지역사회참여의 문제가 서로 밀접한 관계에 있고, 상호 원인 및 결과에 대한 상호 유기적인 관계가 될 수 있음을 알 수 있다. 따라서 이와 같은 개별적 문제들을 본 프로그램 기획에서 통합 관리하여 노인복지 프로그램의 효율성을 극대화하도록 하고자 한다.

6. 노인문제에 대한 프로그램의 필요성

우리나라는 2000년에 노인인구가 7.2%를 초과하여 고령화 사회에 접어들었다. 2019년에는 14.4%로 고령사회가 될 전망인데 본 프로그램의 목적은 고령화에 관한 신조어로써 뉴 실버에이지(New Silver Generation) 혹은 핫 에이지(Hot Age)라는 신조어의 등장에 걸맞는 임파워된 노인으로써, 사회에 기여하는 또 하나의 가능성을 생각하게 하는 프로그램을 만들고자 한다. 이것은 노인을 서비스의 수혜자로만 간주하는 것에서 한 걸음 더 나아가 노인을 '주체자이며 생산자'로서 간주한 것이다. 기존의 전통적인 노인복지실천의 초점은 노인이 수동적인 존재라는 전제하에 서비스를 제공하여 노인의 삶의 만족도를 높이는 방식이나 이러한 접근법은 오히려 노인들이 직면한 문제를 증가시키기도 하는 결과를 초래하였다. 따라서 노인 개개인이 자신의 내부의 힘을 찾으면 결과적으로 개인 내적, 대인관계, 정치 및 사회적인 측면에서 변화할 수 있는 힘을 갖게 되고 개인의 긍정적인 변화의 가능성을 통해 자신의 역량을 실현할 수 있게 될 것으로 예상된다.

이에 따라 본 프로그램에서는 건강인식 프로그램과 심리적 건강을 위한 멘토링 프로그램, 그리고 지역사회의 활동 및 참여의 차원에서 자원봉사 프로그램으로 구성될 것이다. 이것은 노년기가 자아통합의 시기라는 점을 감안하여, 노인의 잔존능력과 사회적 능력을 활용하고자 하는 것이다. 또한 이러한 지역사회에 대한 자원봉사활동을 스스로 계획하고 참여함으로써 능동적 주체로써의 경험과 지역사회 참여에 대한 보람과 자기효능감을 고취하고자 하는 것이 본 프로그램의 특성이자 목적이다. 다시 말하여, 본 프로그램의 궁극적인 목적은 심신의 건강과 주체적 존재로써 지역사회봉사참여라고 할 수 있다.

제3절 프로그램 실시대상 지역 및 인원 수[1)]

1. 대상 지역

- 대상 지역 선정사유 : 제천시 노인복지관련 프로그램을 사전 검토한 결과 본 기획프로그램과 같은 노인복지 프로그램의 부재로 노인들이 스스로 참여할 수 있는 사회참여 활동기회가 줄어들고 있다. 따라서 노인 자원봉사를 통한 심신단련 및 지역사회 참여 프로그램이 필요할 것으로 판단되어 다음과 같이 실시하도록 하겠음

2. 서비스 지역, 서비스 대상 및 실인원 수

1) 서비스 지역 : 제천시

2) 서비스 대상

① 제천시 거주 일반집단으로서 전체노인의 집단

② 표적 위험집단으로서 건강과 심리 및 활동성의 문제를 일반가구보다 더 지니고 있다고 조사되어진 독거노인 수

1) 서비스 대상의 선정은 프로그램의 대상을 보다 구체화하고 명확한 프로그램으로 발전시키기 위한 사전작업의 단계이다.

3) 인원수

대상 구분	서비스 대상자 산출근거	단위수(명)
1. 일반대상	제천시 거주 전체노인	만 65세 이상 노인 수 : 총20,437명(남자:8,535, 여자:11,902)
2. 위기대상	위험집단에 속하는 독거노인	65세 이상 전체 노인 중에서 노인 독거비율 24.3%, 4,966명
3. 표적대상	건강과 심리 및 활동성에 문제를 보이는 독거노인	독거노인 4966명 중 건강이 안 좋은 50.2%에 해당하는 2,492명
4. 클라이언트 (실인원 수)	표적대상 중 사회복지관의 프로그램 진행에 출석이 가능한 노인	20명

출처: 제천시청 통계연보(2010.3.31).

제4절 사업 목적 및 목표

목적	산출목표	성과목표	측정지표
◈ 사회적 참여활동(지역사회 봉사활동)			
1. 질병에 대한 인식 및 예방	본 프로그램은 노인질환에 대한 전문가 초빙의 예방교육(기본건강검진 포함) 및 식습관 개선, 심리적 멘토링, 지역사회 참여(자원봉사활동)활동을 위한 교육훈련 및 배치 수행으로 이루어진다. 각각 8회기(1주 2회)로 진행되어 3달 100일의 기간 동안 이루어지는 프로그램이다.	노인의 욕구 중 건강한 식단 및 가정생활에 대한 건강한 신체 및 사고 도출	• 개선된 식단 실행일수 • 건강체크
2. 심리적 고독 해소		가족생활의 상호지원으로써 심리적 프로그램 계획에 따른 황혼기의 가족 상호 간의 능동적 화목성 유도	• 우울증 감소량 • 모임 수 증가량
3. 자원봉사교육 훈련 및 배치		사회참여의식 강화로 여가문화, 교육, 자원봉사 등 다양한 활동 및 사회참여 유도로 활동적 역량 과시	• 성취도 증가량 • 활동성 증가량

제5절 사업내용

1. 프로그램별 사업내용

성과목표	프로그램	사업내용	시행 시기	수행 인력	참여 인원	시행횟수 시간
노인의 욕구 중 건강한 사회 및 가정생활에 대한 건강한 사고 도출	식생활습관 개선 및 전문가 훈련 서비스	• 바람직한 식습관 갖기 • 운동 및 스트레스 해소법 교육(골다공증, 근력약화, 골관절수축 등 지속적인 건강 저감방안 체크)	2012년 2월	복지사 1명 전문가 1명	20명	주2회 (신체, 심리, 사회참여에 대한 각 1개월로 토탈 3개월)
가족생활의 상호지원으로써 심리적 프로그램 계획에 따른 황혼기의 가족상호 간의 능동적 화목성 유도	명상훈련 및 전문상담 서비스	• 명상법 강좌(베푸는 나, 즐거운 인생, 세상의 중심인 나에 대한 자신감 회복) • 심리개선 역할 수행(꽃꽂이, 그림, 노래 및 춤 등)	2012년 3월	복지사 1명 전문가 1명	20명	
사회참여의식 강화로 여가문화, 교육, 자원봉사 등 다양한 활동 및 사회참여 유도로 활동적 역량 과시	신체, 심리적 병약자 지원 봉사 및 기부 서비스	• 건강, 심리적 약자에 대한 연계·통합 자원봉사활동 수행 • 유관기관과 상호정보 교류로 능동적 참여 시스템 도입	2012년 4월	복지사 1명 봉사자 2명 전문가 1명	20명	

2. 사업내용별 구체적 시행방법 및 일정 계획

프로그램명	사업내용	시행방법	시행일정
신체건강	• 바람직한 식습관 갖기	• 하루 세 끼 챙겨먹기 • 여러 가지 음식 먹기 • 짜게 먹기 말기 • 함께 즐거운 식사하기	• 매 식사시간에 맞춰 시행한다.
	• 운동 및 스트레스 해소법 교육(골다공증, 근력약화, 골관절수축 등)	• 시청각 교육(생활운동)	• 첫째 주 2시간
		• 유연성 및 평형성운동	• 둘째 주 2시간
		• 근력강화 운동	• 셋째 주 2시간
		• 유산소운동	• 넷째 주 2시간
심리안녕	• 명상법 강좌	• 웃음 명상법	• 첫째 주 2시간
	• 심리개선 역할 수행	• 꽃꽂이 및 원예 작업	• 둘째 주 2시간
		• 그림 그리기	• 셋째 주 2시간
		• 노래 및 춤추기	• 넷째 주 2시간
지역사회 활동	• 건강약자 보호 및 사회봉사 참여활동	• 장애인 1일 관광 가이드	• 첫째 주 월 · 목
		• 유원지 행락질서 계도	• 둘째 주 화 · 금
		• 동네 야간순찰	• 셋째 주 수 · 목
		• 한자 및 서예 교육	• 넷째 주 월 · 수 · 금

3. 목표에 대한 평가방법

성과목표	목표에 대한 평가방법			
	성과지표	자료원	자료수집방법	자료수집 시기
노인의 욕구 중 건강과 사회 및 경제생활에 대한 건강한 사고 도출	• 식단 조절 후 실제 조절식단 실행 일수 ※ 시행 전 대비 80% 수행목표 • 건강체크(혈당, 고혈압, 고지혈, 골다공) 후 야외 활동 향상률 ※ 시행 전 대비 30% 향상목표	프로그램 참여자 건강 전문가 자체조사	• 식사상태관찰 • 건강 전문가와 수시 체크 • 건강일지 작성	월별
가족생활의 상호지원으로써 심리적 프로그램 계획에 따른 황혼기의 가족 상호 간의 능동적 화목성 유도	• 심리 개선(심리치료, 운동)에 따른 우울증 발생 감소량 ※ 시행 전 대비 25% 향상목표 • 가족 및 지인들과 모임 수 증가량 ※ 시행 전 대비 20% 향상목표	복지관 자체조사	• 참여자의 자료 • 건강센터의 관리자료	월별
사회참여의식 강화로 여가문화, 교육, 자원봉사 등 다양한 활동 및 사회참여 유도로 활동적 역량 과시	• 프로그램 참여 후 사회적 성취도 증가량 ※ 시행 전 대비 30% 향상목표 • 신체, 심리 약자와의 공동 사회참여 활동관계 증가율 ※ 시행 전 대비 15% 향상목표	복지관 자체조사	• 복지관 점검자료 • 전문기관과 개인과의 유기적 점검자료	월별

4. 담당인력 구성

이름 (역할)	담당부서 /직위	투입시간 (단위:1달)	경력(년)/주요업무	자격증 (신청사업 관련)
김주영 (주담당)	생활복지팀 사회복지사	3시간	• 세일 복지관 10년/노인복지총괄	사회복지사 1급
김채연 (부담당)	생활복지팀 사회복지사	6시간	• 햇빛 복지관 5년/노인복지 정책	사회복지사 2급
정창영 (전문가)	전문의	3시간	• 보람병원 18년/노인요양 전문의	전문의

5. 사업진행 일정

내용 \ 기간	1월	2월	3월	4월	5월
• 사업세부계획 수립					
• 대상자 선정					
• 식단조절프로그램					
• 건강체크프로그램					
• 심리적안녕감프로그램					
• 사회참여프로그램					
• 사업평가, 보고서작성					

6. 홍보 계획

대상	홍보방법 및 횟수	활용매체
지역사회 주민	• 노인경로당 전단지 배포 • 지역 동사무소 홈페이지에 업로드 • 아파트 단지 내 부녀회 등 관련단체 홍보 • 지역 주민설명회 실시	홍보지 인터넷
타복지 기관	• 게시판 및 안내데스크에 유인물 배치 • 이메일로 사업소개	홍보지 인터넷
지자체	• 주민생활지원센터 생활원과 분기별 방문 • 대상목표집단에 이메일 우편물 발송	직접방문 팜플렛

제6절 예산계획

(단위: 원)

관	사업비							
항	노인의 신체건강 · 심리안녕 · 지역사회 활동 프로그램 운영 사업비							
목	세목	계	산출근거	예산조달 계획				
				신청 금액	비율 (%)	자부담	비율 (%)	자부담 재원
총 계		22,510,000		13,920,000	61.8	8,590,000	38.2	
직접비	강사비	13,920,000	1급강사 2명×8시간/월×3개월 2인×180,000원×8시간×3월 전문가(특별강사) 1명×8시간/월×3개월 1인×220,000원×8시간×3월	13,920,000				
	소 계	13,920,000		13,920,000	61.8			
간접비	자원봉사 차량운행	1,200,000	주2회×50,000원×12회			1,200,000		자체 예산
	건강개선 프로그램	4,000,000	건강식단 체험 프로그램 (요리, 사례영상보기) 20가족×가족당 30,000원×4회			2,400,000		
			건강상담 및 건강체크 프로그램 (혈당, 고혈압, 고지혈, 골다공) 20가족×가족당 20,000원×4회			1,600,000		
	심리안녕 프로그램	280,000	심리안녕 프로그램 자문비 (심리치료) 4회×70,000원			280,000		
	자원봉사 프로그램	1,760,000	자원봉사자 교통비 자원봉사자 및 대학생 22인×주2회×10,000원×4주			1,760,000		

	소 계	7,240,000				7,240,000	32.2	
	전기료	450,000	야간전기 사용료 월평균 70,000원×3개월 냉방비(에어컨) 월평균 80,000원×3개월			450,000		
	부재료	900,000	프로그램운영 부재료 사용비 300,000원/월×3개월			900,000		
	소 계	1,350,000				1,350,000	6.0	

제7절 향후 운영계획

1. 향후 사업수행방향

노인의 신체건강 · 심리안녕 · 지역사회 활동 프로그램에 중점을 둔 서비스를 노인 개개인 유형별 욕구와 특성에 맞게 제공함으로써 모든 노인들이 동등한 사회 구성원으로 생활을 영위할 수 있도록 사회참여를 증진한다.

2. 관리운영 방향

- 노인의 신체건강 · 심리안녕 · 지역사회 활동 프로그램의 운영 경험과 노하우를 타 노인복지관련 프로그램에 접목하여 새로운 프로그램 개발과 정착 유도한다.
- 노인의 신체건강 · 심리안녕 · 지역사회 활동 프로그램에 풍부한 경험과 서비스 마인드를 갖춘 우수인력을 전문교육 후 본 프로그램의 장기 전담인력으로 배치한다.
- 사회복지관련 기관의 전산시스템 및 사무실 등 기존 인프라를 최대한 활용한다.
- 기관의 재원의 사항을 파악하고 장기적인 계획을 세울 수 있으며 이에 대한 운영이 가능해야 한다.

3. 사업운영 계획

1) 사업 운영계획

- 노인의 신체건강 · 심리안녕 · 지역사회 활동 프로그램을 적용할 노인별 상태와 욕구에 부응하는 최적의 서비스 선택과 제공
- 노인의 특성과 욕구를 고려한 특성별 세부 운영계획 확대 · 개발
- 노인복지 타 프로그램 경험과 인프라 활용, 직원 전문교육을 통한 실질적 케어메니저 양성 및 목적별 필요도와 욕구에 맞는 최적의 서비스를 선택하여 이용정보 제공

2) 연계사업 운영계획

- 노인의 신체건강 · 심리안녕 · 지역사회 활동 프로그램을 통해 구축한 자료 및 시스템을 활용하여 지역사회 노인보건복지사업의 총괄 조정자로서의 역할 수행
- 노인에 대한 인식 개선과 지원확대에 필요한 연구용역 수행, 교육 및 홍보사업의 확대, 노인의 사회참여 기회 확대 노력

3) 모니터링 운영계획

- 노인의 신체건강 · 심리안녕 · 지역사회 활동 프로그램에 대한 상담관리 역량 강화로 업무 효율성과 이용자 만족도 제고
- 프로그램 이용자에게는 상세상담 및 모니터링으로 개별화된 맞춤형 노인복지 프로그램 이용 지원
- 모니터링과 프로그램 이용 만족도 조사를 통한 결과 운영 및 제도개선 추진

Appendix

2 연구과제 1. 진로교육 프로그램 설계도 계획안

• 다음 모형에 대한 프로그램 기획안을 구체적으로 작성해보자

다음은 학교 진로교육 체제의 투입 · 과정 · 산출의 모형이다. 이를 통해 학교의 진로교육 체제는 학생의 개인 및 배경요인과 학교 진로교육의 풍토간의 상호작용으로써 진로의식, 진로포부, 계획 및 결정이 산출됨을 알 수 있다.

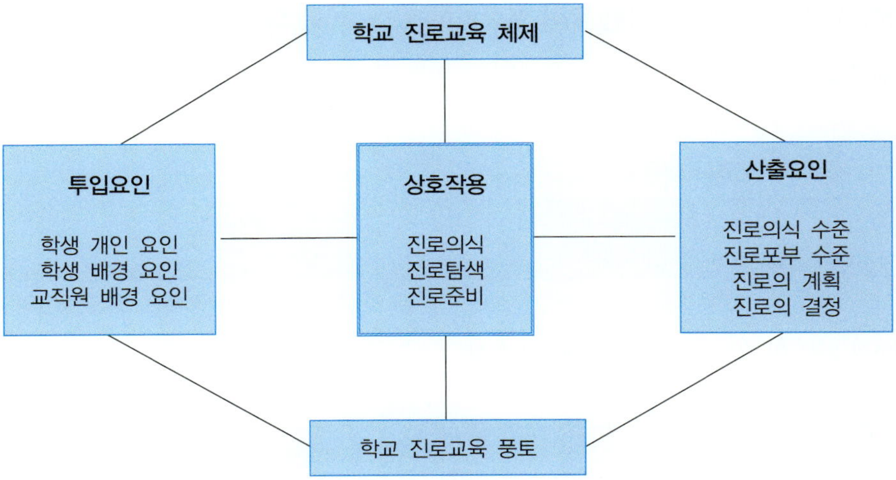

출처: 임용수(1995). 인용.

[그림 2-1] 학교 진로교육 체제의 투입 · 과정 · 산출의 모형

남수정은 진로교육은 다양한 요인들의 영향을 받으며, 개인이 자신에게 맞는 일이나 직업을 선택하기 위해서는 무엇보다 자신의 가치관, 능력, 성격, 적성, 흥미, 신체적 특성에 관한 올바른 이해가 필수적이라고 하였다. 현대사회에서는 복잡하고 다양한 일과 직업의 종류 및 본질에 관한 객관적인 이해가 요구된다(남수정, 2011). 다음의 〈표 2-1〉은 한국능력개발원(2009)이 제시하는 진로교육 영역의 내용에 관하여 설명한 것으로 각 영역의 학습적 특성은 실천적인 경험을 통하여 자신의 적성과 흥미를 알게 하고, 일에 대한 올바른 태도와 습관을 지니게 하여 지신과 미래 일의 세계를 탐색할 수 있게 하는 기회를 갖게 하므로 진로교육에 대한 긍정적인 영향을 미치게 된다는 것을 알 수 있다(정수진, 류창열, 2009).

즉, '자아이해', '일과 직업에 대한 태도와 습관형성', '일과 학습', '진로계획'의 과정 속에서 자연스럽게 진로교육이 이루어질 수 있으므로 이러한 실천적 학습은 일의 세계와 관련한 자신의 특성을 이해하고, 일에 대한 올바른 태도와 가치관을 정립하여 진로계획의 설립 기초가 된다(정수진, 류창열, 2009). 그러나 진로교육에는 각각의 영역이 존재하며 각각 자아의 이해, 일과 직업에 대한 탐색, 의사결정능력, 진로계획, 경제 및 문화적 이해와 긍정적 가치관 등이 포함되어 있다. 이를 다음과 같이 정리하여 제시할 수 있다.

〈표 2-1〉 진로교육 영역의 내용

진로교육의 영역 (한국능력개발원, 2009)	내용
• 자아의 이해 및 긍정적 자아개념, 태도의 형성	• 삶, 진로, 직업, 자아 정체감 및 존중감의 의의 및 확립 • 나만의 특성 및 제반 여건의 이해 • 종합적인 나의 이해와 진로
• 일과 직업의 세계 이해, 진로 정보탐색, 해석 및 활용	• 다양한 직업세계의 이해 • 계속교육을 위한 이해와 탐색 • 다양한 직업인 탐색 • 나에게 적합한 진로의 탐색
• 의사결정능력, 진로계획, 수업, 관리, 실천	• 나의 진로 경력 및 갈등의 진단과 해결

진로교육의 영역 (한국능력개발원, 2009)	내용
	• 합리적인 진로의사결정과정 및 방법의 이해 • 나의 희망직업선택 • 나의 희망 전공계열과 과정의 선택
• 일과 직업의 경제적·교육적 측면의 이해 • 진로 및 개인의 삶의 목표를 달성하기 위한 평생 학습	• 일과 직업의 경제적 측면, 교육적 측면의 이해
• 일에 대한 긍정적 태도 및 가치관	• 일에 대한 긍정적인 직업가치와 태도의 형성

출처: 최지나 · 이용진(2012). 진로교육 수업자료개발.

진로교육은 이와 같이 다양한 활동을 통하여 학생의 소질과 개성을 발견하고 학생들 간의 집단활동을 통하여 작업세계의 탐색과 올바른 진로의식을 형성하도록 하는 것이 중요하다(박재창, 1994). Super(1953)는 15세부터 24세까지를 탐색기로 보아, 이 시기에 학교생활, 여가생활 등을 통하여 자아검증, 역할수행, 직업의 탐색을 시도하게 된다고 하였다. 그는 이러한 시기가 진로탐색을 통하여 자신의 욕구, 흥미, 능력, 가치와 직업 동기 등을 고려하는 시기로 진로탐색의 준비를 강조하였다(Super, 1976). 그리고 Parsons(1909)는 올바른 진로선택을 위한 요인으로 자기 자신의 올바른 이해와 직업에 따라 요구되는 능력과 적성, 기능, 역할 등 다양하나, 무엇보다 자신에게 맞는 직업을 선택하기 위해서는 자신의 가치관과 능력, 성격, 적성, 흥미, 신체적 특성 등을 올바로 이해하는 것이 중요하다고 하였다. 또한 학생들이 진로를 능동적으로 계획하고 합리적으로 선택하고 결정할 수 있도록 진로성숙과 진로정체감을 함양하기 위해서는 학생들이 적극적으로 참여하는 자기주도적인 진로교육이 보다 효과적이다(신임선, 장윤옥, 2012). 그러므로 교사는 학생중심의 수업을 계획하고 이에 맞는 다양한 교수법을 통한 학습자들의 상호작용을 유도해야 한다(윤혜인, 2003). 이를 위해서 강의식 수업보다는 협동학습과 강의수업을 적절히 병행하는 것이 효과적이다(김경태, 2010).

이에 적합한 진로교육의 수업방식에는 커리어 포트폴리오형 진로탐색 프로그램을 예로 들 수 있다. 이것은 학생들이 자신의 진로목표를 달성하기 위하여 활동정보 및 결과물을 수집하고 축적된 자료를 통하여 스스로 평가하는 기회를 가지는 학습자 주도의 진로탐색방식이라고 할 수 있다. 이렇게 학교에서 활용하는 커리어 포트폴리오는 학생들에게 목표달성에 대한 내적동기를 유발하게 한다(정윤경, 이지연, 김나라, 2005). 이러한 커리어 포트폴리오 수업의 장점은 학생들에게 활동의 과정을 통해 자신의 발전과정을 살펴보고 자신이 학습의 주체임을 인식할 뿐 아니라 교사에게는 학생 개개인의 소질을 발견하게 하는 장점이 있다(이종호, 김종운, 2009; 박상순, 2011). 이종호와 김종운(2009)은 이러한 방식의 수업을 전문계 고등학생들을 대상으로 실시한 결과 학생들의 자기효능감 및 진로정체감이 향상되었다고 하였으며, 인문계 여고생을 대상으로 한 분석에서는 진로성숙도에 긍정적 효과가 있다(조한나, 2006). 따라서 이와 같은 프로그램을 적용한다면 청소년들에게 유용한 진로준비에 도움이 될 수 있을 것이다.

1. 진로교육의 실시

다음의 〈표 2-2〉는 이와 같은 취지에 의하여 진로교육의 학교체제에서의 상호작용과 진로교육의 각각의 영역의 활동을 살려 진로교육 프로그램 안을 개략적으로 구성한 것이다. 진로활동을 담당하는 교사는 정해진 회기의 체계적인 계획을 통하여 진로교육의 다양한 활동을 이끌게 되며 학생들의 다양한 활동들을 중심으로 하였다. 이와 같이 개인의 단위보다 집단 진로지도의 효과가 보다 높은 이유는 학생들이 발달 단계상 비슷한 시기에 놓인 친구들과 함께 직업과 진로에 관련된 공통적인 문제를 논의하고 풀어가는 과정을 포함하기 때문이다(손은령, 이순희, 2011). 이는 학교에 따라 보다 장기적으로 실시하게 될 수도 있을 것이다.

박은성(2008)은 진로 집단 프로그램을 통해 집단 지도를 보다 더 효과적으로 하기 위해서는 자기이해의 탐색, 자아개념, 자기효능감, 자아존중감, 진로계획, 진학 및 취학정보, 직업윤리, 의사결정 능력, 협동적 행동, 가치 있는 삶의 의미 등이 교육내용에 포함되어야 한다고 하였다.

이와 같은 취지의 활동을 중심으로 청소년들에게 어떠한 프로그램을 실시할 수 있을까? 프로그램을 실시한 이후 학생들의 자기효능감과 진로성숙의 정도에 의미 있는 변화가 있는지 살펴보는 것은 성과의 측정에 도움이 될 것이라 생각된다.

〈표 2-2〉 학교 실천현장에서의 진로교육 수업 프로그램

진로교육 프로그램 실시내용		
진로지도	회기	학습 내용
오리엔테이션	1	• 진로교육의 필요성과 앞으로의 활동에는 어떤 것들이 포함되는지 안내하고 기본적인 원칙을 소개하며 팀 등을 형성한다.
자기의 이해	2	• 나를 돌아보는 활동 : MBTI 해보기, Holland 검사 및 적성검사 실시－진로 찾기 과정은 나를 알아가는 과정 속에서 알아갈 수 있다. 1) 자기의 장단점 탐색－성격, 흥미, 가치, 적성의 탐색과 준비계획
상호 이해	3	• '학교의 고백' : 나부터 바라보기. 즉, 자신부터 스스로를 보아야 하는데 서로 상대방을 보고 이야기 한다는 것으로부터 활동을 시작한다. 이 시간을 통하여 자신을 돌아보는 시간을 갖은 후, 교우관계나 교사와의 관계에 대한 상대방의 입장을 들어보는 시간, 너 전달법이 아닌 나 전달법을 활용하여 의사소통하기 1) 타인과의 상호작용 이해－사회적 위치에 관하여 성찰하는 시간
시청각 교육	4	• 학습 후 약 20분간 시청각 활용－EBS 프로그램 시청 후 학생 토론심리 프로그램 시간을 가짐 : 인간 다큐 프라임과 인간의 두 얼굴 등을 시청함: 인간에게는 양면성이 있으므로 사회에서 보았을 때, 혹은 부모님의 기대치 등 제3자의 평가와 자신의 모습이 다를 수 있다는 것에서 출발해서, 어떻게 사는 것이 행복한가를 함께 토론하며 고민해보는 활동을 갖는다. 이러한 시청각 활동은 직접적 영향보다는 방향모색에 도움을 주기 위한 것이다.
직업 세계 구상	5	• Life Cycle그리기 : 좋아하는 활동 잘하는 것들을 다 넣어보고, 적성에 맞는 학과 생각해보고 직업의 세계 밑거름 그리기 1) 바람직한 직업관과 윤리의식, 생활습관 개인의 책임감 등을 고려 2) 자신과 직업세계와의 관계를 살펴보고 직업을 구상해본다.
협동 학습	6	• 그룹 활동－협동학습활동 : 다양한 직업의 세계를 조사하고 전지에 그려보고 토론하기 그리고 각 팀 간의 연계에 관해 토론해보기 1) 미래의 직업탐색－삶과 직업에 있어서 일의 소중함을 알기 2) 사회의 변화에 대한 이해와 직업의 세계 탐색 및 태도 구상
진로 나무 그리기	7	• 이를 위한 자기 주도 학습 지도 구상하며 진로나무 그리기. 자기가 가고 싶은 분야로 진학하기 위하여 중학교 때 알아보아야 하는 정보와 고등학교에서 진학한 이후에는 무엇을 준비해야 하는지 어떻게 준비해야 하는지 커리어 포트폴리오 형식으로 만들어 본다. 1) 진로의 목표를 탐색하고 정보수집 · 분석해보기

		2) 합리적 목표달성을 위한 과정에 관하여 생각하기
진로지도	회기	학습 내용
발표의 시간	8	• 발표의 시간. 그동안의 시간에 관한 느낀 점에 관하여 되돌아보고 서로의 이야기를 들어보며 상호 격려하는 시간을 갖는다. 1) 진로계획의 탐색의 결과 어떠한 것이 필요하며 이를 현재의 습관과 비교하여 개선점과 필요한 상호작용에 관하여 발표 후 의견공유하기-상호 제안 및 격려의 시간을 갖는다.

Appendix

3 연구과제 2. 청소년 임파워먼트 프로그램 설계안

- 다음을 가지고 기획안을 작성해보자.

1. 청소년 임파워먼트 프로그램의 필요성

우리나라에서는 2002년 7월 1일에 시행된 청소년기본법 제3조에서 청소년을 9세부터 24세까지의 기간으로 보고 있다. 이 시기는 아동기에서 성인기로 넘어가는 중요한 단계이다. 특히 중 · 고등학교에 해당하는 시기는 13~18세에 해당하는 나이로 이때는 성인이 되기 이전까지 미래를 준비하고 학업을 다지는 중요한 시기이다. 따라서 이들을 위한 임파워먼트 프로그램은 청소년들에게 중요하며 시기적절한 프로그램이라 하겠다.

임파워먼트 프로그램이란, Freire(1970)의 교육철학에서 제시한 것과 같이, 참여, 대화, 경험나누기, 지지, 상호작용, 의사결정 및 문제해결 등의 임파워먼트 전략을 사용하고(Freire, 1970), 실생활에서 유도될 수 있는 맥락적 접근이 가능해야 한다(Chacoff, 1989). 임파워먼트 프로그램이란 자기이해, 강점발견, 대인관계의 향상, 의사소통의 증진 및 문제해결능력의 증진 등을 도모하기 위해 구성되는 프로그램을 의미한다(이광숙, 2003). 또한 임파워먼트 모델을 활용한 집단 프로그램의 특성을 살펴보면, 구성원 상호간 및 진행자 간의 지지를 전제로, 상호의 경험이나 정보교환 및 사회환경에 대한 자유로운 비판적 토론 및 정체성과 권리의식 옹호를 통한 역량강화를 목적으로 한다

(Schofield, 1988; 신영화, 1999; 양숙미, 2000; 최말옥, 2002). 이러한 임파워먼트 프로그램이 효과적이기 위해서는 존중과 신뢰를 가진 만남이 전제되어야 하고, 스스로 선택하고 책임질 수 있으며 발전에 대한 자신감과 희망이 있어야 한다(최미경, 2006). 임파워먼트 프로그램이 가지는 장점은 '자신을 지각하는 긍정적 인식'을 통해 자기효능감이 높아질 수 있는데 이를 통하여 문제해결능력이 증가하고 사회의 참여 및 환경에 대한 통제감이 증가될 수 있다(이윤화, 2000).

임파워먼트의 필수 요소로는 집단 개발과 집단에의 참여를 들 수 있다(Florin & Wandersman, 1990; Labonte, 1994). Wallerstein(1992)은 임파워먼트란 타인과의 상호작용을 통해 통제 및 비판적 사고가 개발되기 시작하는 것이라고 하였다. 또한 비판적 사고는 동기화 및 공감적 경청의 대화를 통한 긍정적 행동의 도출을 포함하며, 이것은 오히려 자기 자신의 변화에 영향을 주기 위한 과정으로 학습자는 참여를 통하여 상호 통합하게 된다(Wallerstein, 1992).

그런데 이와 같이 임파워먼트 프로그램은 교육적인 전략을 근거로 프로그램 개발에 적용되어야 한다(Freire, 1970). 이러한 교육 프로그램에서 교사 및 대상자들 간의 상호작용과 합치된 노력이 기울여져야 하며, 교사는 대상자들을 강요하지 않고 대화와 정보 교환, 그리고 참여의 기회를 제공하는 것이 중요하다(Freire, 1970; Musker, 1997).

그동안 국외의 연구에서는 음주운전, 자살, 알코올 및 약물 중독에 대하여 청소년의 사망률이 높은 지역에서 Freire의 이론을 적용하여 알코올과 약물남용의 예방 프로그램(Alcohol and Substance Abuse Prevention Program: ASAP)을 실시한 결과, 청소년들의 음주운전, 알코올 및 약물복용의 위험성에 관한 인식을 개선시킨 바 있다(Wallerstein & Bernstein, 1988). 국내에서 임파워먼트 프로그램 효과에 관한 선행연구로는 임파워먼트 프로그램을 적용하여 비행청소년의 정신건강을 향상시킨 이광숙(2003)의 연구가 있으며, 이를 통하여 중학생의 자기효능감과 대인관계기술을 향상시켰다(최미경, 2006). 이광숙(2003)은 이에 대하여 비행청소년을 대상으로 한 임파워먼트 프로그램의 운영전략으로 상호-학습자의 참여, 대화, 경험나누기, 상호작용, 문제의 제기 및 해결방안의 모색, 그룹구성원 간의 지지, 의사결정 등을 프로그램 설계에 활용하였다. 프로그램 실시는 총 8회기로써 12명의 인원에게 프로그램을 1주일에 2회기씩 약 2시간씩 진행하여 총 4주가 소요되었으며, 프로그램 이 후에는 양적 설문을 활용하여 임파워먼트의 변화와 정신건강지수를 조사하였다. 그리고 국영희(2008)는 15명의 소년원 가퇴원 비행청소년들을 대상으로 청소년 임파워먼트 프로그램을 실시하였는데 총 8회기로 각 회기는 90분씩 할애되고 질적 연구방법과 함께 실시하였다. 그리고 프로그램 후에는 자기효능감과 자기통제력, 학교생활태도 및 지지 요인 등을 측정도구를 사용하여 양적 연구방법을 통해 분석하였다. 프로그램에는 자신과 타인의 인지 등에 관해 느낀 점, 자신의 긍정도, 변하고 싶은 모습, 역할극, 집중력 게임, 영화시청, 진로계획 이야기 나누기 등을 프로그램 설계에 활용하였다.

주영희(2005)는 1달간 24명의 인터넷 중독 중학생을 대상으로 회기당 60분씩 할애하여 매주 2회 총 8회기의 프로그램을 통하여 자기이해, 대인관계 향상, 자기모습 점검, 시간관리, 자기조절 등을 프로그램화 하였으며 실시 후에는 김희성(2002)의 연구에서 사용한 임파워먼트의 측정도구를 토대로 차이검증을 실시하였다.

그 밖에 안정선 등(2004)은 23명의 사회복지관련 대학생들을 대상으로 1주일 동안 단기로 예비 사회복지사 임파워먼트 프로그램을 실시하고 이들의 자아존중감과 자기효능감 및 대인통제력을 양적 설문조사로 분석하였다. 한편 변귀연(2002)은 집단 괴롭힘 피해학생 5명에게 매회 1시간씩 소요하여 10회기 동안 상호지지, 또래 속의 내 모습 발견, 대인관계 알아보기 등을 활용한 프로그램을 실시하고, 이들의 동기화, 자아존중감, 자원접근의 활용, 상호 지지 등을 양적 조사방법을 활용하여 분석하였다. 한편 유평수(2008)는 전문계 학생 93명을 대상으로 50분씩 총 18회기 동안 임파워먼트를 의미성, 영향성, 역량성, 자기결정성의 하위요인으로 구분하였다. 이를 위한 각 영역의 특성을 함양하기 위해, 자신의 가치파악, 효능감, 변화, 문제해결 및 목표활동에 관련한 자기성찰의 시간을 갖게 한 후 이를 중심으로 한 프로그램을 실시하고 설문조사를 통한 양적 연구방법으로 분석하였다.

상기 프로그램의 분석 결과는 청소년 임파워먼트 프로그램이 대상자들의 임파워먼트 함양에 효과적이었으며 대상자들에게 유익한 활동이라는 것에 그 공통점이 있다.

그러나 대부분 사후 대처적인 측면이 많았으며 연구대상에 대한 예방적 프로그램으로 이것이 설계되고 활용되는 경우는 안정선 등(2004)의 연구와 유평수(2008)의 연구정도에 그치고 있다.

그러나 개인내적 변화에 있어서는 강점사정이, 대인관계적 변화에는 교육적 접근이, 사회 및 정치적 임파워먼트의 변화에는 협력적 관계와 교육적 접근이 영향을 미친다는 연구결과(강덕규, 2007)에서 보듯이, 청소년 임파워먼트 프로그램은 청소년들의 내적 역량강화 및 대처효능감 함양에 꼭 필요한 활동이라 할 수 있다. 청소년기는 신체적, 대인관계적, 인지적, 환경적 변화와 스트레스 증가에 의하여 심리 및 정신건강상의 문제가 발생할 수 있는 취약한 시기이다(Schonert-Reichl & Muller, 1996). 따라서 이 시기를 통한 청소년 임파워먼트 프로그램은 청소년들에게 중요한 의미를 지닌다. 더욱이 일반적인 중·고등학생에게 예방적 차원에서 실시된 집단 프로그램의 연구는 부족하며 이는 전문계 고등학생을 대상으로 한 임파워먼트 프로그램의 효과성 분석 정도가 있을 뿐이다(유평수, 2008). 따라서 이들뿐 아니라 일반 중·고등학생 청소년들을 대상으로 한 청소년 임파워먼트 연구가 다양하게 연구될 필요가 있을 것이다.

청소년기는 자아확립에 있어 중요한 시기이다. 이러한 시각에서 청소년들의 임파워먼트 개념을 활용한 임파워링 활동은 청소년들에게 유용하고 의미 있는 활동이 될 수 있다. 충분히 기능하는 사람에 대하여 Rogers(1961)는 자신의 잠재력, 재능 및 능력을 충분히 활용하고 자신의 체험과 잘 화합하는 사람으로, 개방적이며, 스스로 주변세계에 잘 대처하고, 자유로운 선택 및 결정을 하는 과정에서 자신의 존재가치를 실현해가는 사람들이라 하였다(Rogers, 1961). 또한 Bolton과 Brooking(1998)은 개인이 자신의 내부에서 힘을 찾으면 결과적으로 개인 내적, 대인관계, 정치 및 사회적인 측면에서 변화할 수 있는 힘을 갖게 될 뿐 아니라, 개인의 긍정적 변화 가능성을 통해 결국 자신의 역량을 충분하게 실현할 수 있게 된다고 하였다. 이렇게 역량강화의 활동은 결국 개인이나 집단의 효능감을 고취시키고, 환경에 대한 적응적 접합성을 높이는 것에 유용한 도움이 될 수 있다(Bolton & Brooking, 1998). 그러므로 본 교재에서는 이를 중·고등학생을 대상으로 하여 임파워먼트 프로그램으로 구조화하고 그에 대한 기획안을 만들어보는 것을 주제로 하였다.

본 임파워먼트 프로그램의 설계와 구성은 앞서 살펴본 이론들을 바탕으로 구조화한 것이며, 이를 일상생활 가운데 경험하는 일을 중심으로 개인내적, 대인관계적 측면과 관련하여 비판과 성찰의 상호 토론활동을 설계할 수 있도록 한 것이다. 그 이후 사회 및 정치적 측면의 활동으로써 직업탐색에 관한 프로그램을 설계하고 이에 참가한 청소년들의 임파워먼트 향상을 살펴볼 수 있다. 특히 본 프로그램에서 중요한 것은 또래집단을 활용하였다는 것이며 자신의 느낌이나 생각들을 동료들과 함께 공유하고 이야기 나누도록 설계할 수 있으며 그 밖의 아이디어의 산출도 가능하다. 청소년들의 또래집단 역할이 개인의 행동규범과 성격의 형성 및 사회성 발달에 준거적인 역할을 한다(박지영, 2006). 따라서 본 연구과제에서는 본 연구를 바탕으로 보다 발전된 기획안을 만드는 것을 연구과제로 삼았다.

2. 임파워먼트 프로그램의 개요

1) 임파워먼트 프로그램의 구성 및 내용

본 연구과제에서는 임파워먼트의 측정을 이론적 배경을 바탕으로 하여 개인 내적 측면, 대인관계적 측면, 사회 및 정치적인 세 가지 측면으로 구분하고(Zimmerman et al., 2000), 이에 부합하는 프로그램을 설계하도록 하였다. 본 프로그램은 임파워먼트의 중요한 주요 특징인 '강점관점'을 중심으로 하여 '토론과 참여의 기회'를 활용하였는데, 학생들은 이러한 시간을 통하여 자신과 미래의 직업을 탐색하는 기회를 공유하게 된다. 이는 실생활을 바탕으로 함을 전제로 하므로, 청소년의 일상적인 공통 이슈들에 대해 의견을 나누면서 '자신감과 창의적인 비판의식'에 관해 중점적으로 의견을 나누도록 하였다. 이것은 서로의 차이를 공감하고 긍정적으로 경험하도록 도우며 상호 의견을 교환할 수 있도록 구성할 수 있다. 그러나 현행 중·고등학교의 실정상 학급의 전체 학생들이 공동으로 참여할 수 있도록 시간을 할애하는 데에 시간적인 제약이 따르므로 꼭 필요한 활동들을 중심으로 프로그램을 단기적으로 압축하여 효과적으로 실천 가능하도록 담당 선생님들과의 상의 하에 회기를 구성할 수 있다. 선행연구들을 보면 단기 프로그램의 경우 통상적으로 5회기에서 8회기 정도 구성되므로 이에 준하여 프로그램을 형성할 수 있으나 본 연구기획안에서는 기본적인 과정만을 제시하고자 한다.

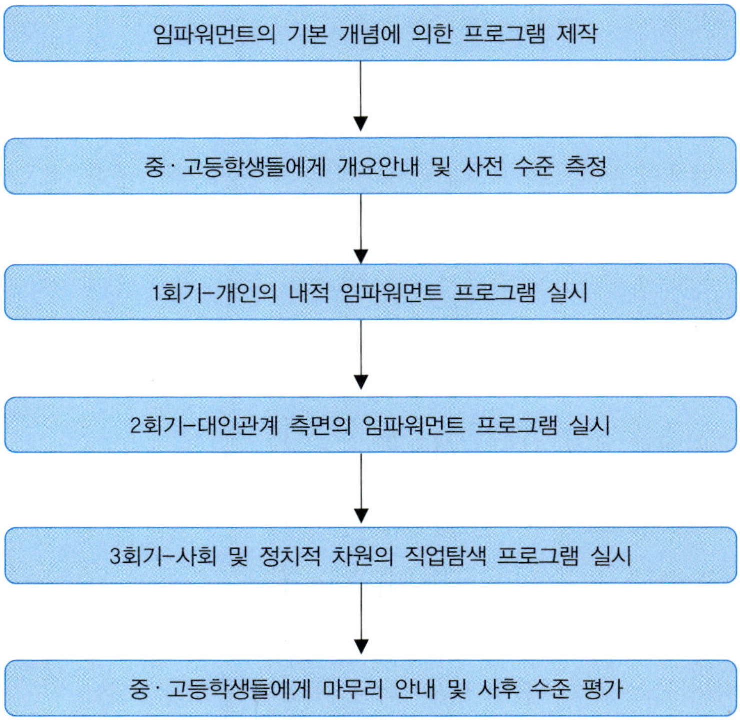

[그림 3-1] 임파워먼트 프로그램의 구성 및 진행

2) 프로그램의 기본 틀

본 연구에서는 중 · 고등학생 청소년을 위한 임파워먼트 프로그램의 진행을 위한 회기는 Zimmerman(1992) 및 Lee(2001)가 제시한 임파워먼트의 차원을 반영하여 개인내적, 대인관계적, 사회 및 정치적인 차원으로 구분하여 구조화하였다. 이는 많은 학자들이 제안하는 바에 따른 것이다.

〈표 3-1〉 학자들의 견해

학 자	임파워먼트의 영역		
	개인	대인관계	사회 및 정치
Zimmerman(1992) 및 Lee(2001)	• 자기성찰 • 비판의식 • 자기수용 • 강점관점 • 자기효능감	• 자기주장 • 상호이해 • 원조의 요청 • 설득력 • 상호협조	• 문제의식 및 해결방안모색 • 주변 자원의 활용 • 지역사회차원의 영향력과 통제감 • 효능감
Gutierrez(1990)	• 비판적 사고 • 자존감 • 자기효능감 • 독립심 • 권리의식	• 자기주장 • 원조요청 • 지식 및 기술습득	• 사회적 환경에 대한 통제감 • 정치적 참여
Parsons(1999)	• 자기인식 • 자기수용 • 자아존중감 • 자기확신 • 자기통제 • 권리소유감	• 비판적 사고 • 자기주장 • 도움요청 • 도움주기 • 자원의 접근 • 문제의 해결	• 자신의 삶에서 일반적 영역의 통제력 • 자원에의 접근 • 타인의 원조를 통한 사회 환원 및 조직의 가입

본 프로그램은 상기와 같은 선행연구의 개념을 바탕으로 하여, 담당교사와 본 프로그램의 취지와 진행방향 등에 관해 충분히 상의한 후 학생들의 실정과 특성을 고려하여 진행하도록 할 수 있다. 다음은 개략적인 프로그램의 목적과 교사의 역할을 정리하여 표로써 제시한 것이다.

〈표 3-2〉 프로그램의 목적 및 교사의 역할

	프로그램의 목적 및 교사의 역할
제목	스타트!! 청소년 임파워먼트
대상	일반계 중·고등학교 재학 중인 청소년
목적 및 목표	1. 청소년기에 있어 중요한 자아확립 및 임파워먼트의 향상에 도움을 주며, 사회구성원으로서의 기반을 다지는 것에 도움을 준다. 2. 교우 간의 토론을 통하여 공감대를 형성할 수 있다. 나아가 강점 관점의 가치관을 기르는 데 도움을 준다.

	프로그램의 목적 및 교사의 역할
교사 역할	청소년들의 자기성찰 및 토론을 진행한다. 프로그램을 통하여 청소년들이 보다 나은 개인의 성장 및 긍정적인 자아관을 형성하고 이를 대인관계에 적용할 수 있도록, 학급의 토론을 이끌어가는 역할을 담당한다. 즉, 기본 과정의 토론과 발표활동을 통하여 청소년들 스스로 질문과 답을 찾아갈 수 있도록 길잡이 역할을 담당한다.
특성	토론을 통한 성찰과 자유토론 및 발표, 그리고 교사주도의 학습적인 게임 등이 활용될 수 있다. 또한 특별활동 수업 시간을 활용할 수 있도록 각각의 회기의 소요시간은 수업시간에 준하여 진행한다.

다음은 본 프로그램의 회기별 세부내용의 소개이다. 본 프로그램의 각 회기 구성은 '성찰을 위한 비판 및 토론'을 임파워먼트의 중요한 과정으로 간주한 Freire(1970)의 주장에 토대를 두고 있다(Lee, 2001). 임파워먼트의 형성은 '자신에 대한 새로운 관점의 명명' 등과 같이 사소한 것으로부터 시작될 수 있음을 참고하여 첫 회기의 프로그램 구성에 반영하였다(2001). 즉, 본 프로그램의 첫 회기에서 참가학생들은 임파워먼트의 주요 활동으로 강점관점에 대하여 간단히 설명을 받은 후, 임파워먼트가 실생활에서 별명의 지칭과 같은 단순한 지칭의 변화로부터 출발할 수 있다는 것에 대한 자각과 함께 프로그램을 시작하도록 할 수 있다. 이를 통하여 학생들은 자신의 생각과 느낌이 관점에 따라 달라질 수 있으며, 이것은 개인의 효능감과 연결될 수 있음을 이해할 수 있다. 즉, 세상을 긍정적으로 바라보고 능동적으로 행동을 취하는 사람이 되기 위하여 먼저 자신부터 긍정적으로 인정할 수 있어야 하는데, 이것이 바로 자기-임파워먼트라고 할 수 있다(유평수, 2008). 또한 이것은 임파워먼트의 기본개념이 성찰과 토론을 바탕으로 출발하는 것임에 주목한 것이다.

두 번째 회기에서는 이러한 강점관점의 개념을 좀 더 자신을 둘러싼 생태체계학적인 차원으로 끌어올려 이를 통해 자신 및 동료를 바라보는 시간을 갖도록 하고, 대인관계적 차원에서 서로 강점관점 차원으로 공감하고 토론하게 할 수 있다. 이러한 토론을 통하여 학생들은 상대방의 입장을 공감하면서 서로에 대한 긍정적 인식을 경험하는 계기가 될 수 있다. 이것은 과거에 가지고 있던 자신의 관점을 성찰하고 임파워링의 차원에서 바라볼 때에 변화되어질 수 있는 점을 중점적으로 상호 토론하고 발표해보도록 함으로써, 청소년들의 사고의 범위가 확장될 수 있음에 주목한 것이라고 할 수 있다. 청소년들은 이 같은 활동들을 통하여 그동안의 대인관계 차원에서 가지고 있던 기존의 관점이 달라질 수 있음을 인식하게 될 수 있다. 또한 이것은 임파워먼트의 개념과도 일치하는 것으로 이론적 배경을 제시하였다.

세 번째 회기에서는 앞서 실시한 두 회기를 바탕으로 사회 및 정치적인 임파워먼트에 관하여 토론하게 할 수 있다. 즉, 몇 가지 직업이나 일들이 진행되기까지에 필요한 과정의 예를 들면서, 이를 토론하고 이 같은 과정을 통해서 강점관점에 근거한 자신만의 진로와 로드맵을 구상하도록 함으로써 스스로 필요한 내적 자원의 접근이 가능하도록 하는 것이다. 이것은 생각의 과정을 좀 더 구체화할 수 있도록 하기 위해 필요한 과정이라고 할 수 있다.

따라서 본 연구과제 프로그램에서는 이론적 배경을 토대로 꼭 필요한 활동을 중심으로 단기적 프로그램으로써 압축하여 실시하도록 제시하였다. 이를 정리하면 다음과 같이 제시할 수 있다.

〈표 3-3〉 회기별 구성과 내용

<table>
<tr><th colspan="3">구분</th><th>주요내용</th></tr>
<tr><td>제목</td><td colspan="3">스타트! 청소년 임파워먼트!</td></tr>
<tr><td>목적</td><td colspan="3">강점관점을 근거로 한 교우들과의 토론을 통하여 개인, 대인관계, 및 사회 · 정치적 임파워먼트의 향상을 도모할 수 있다.</td></tr>
<tr><td rowspan="3">회기별 목표 및 활동</td><td rowspan="3">1 회기
(내안에 이런 면이. 자신을 새로운 관점에서 바라보기)</td><td>도입</td><td>자기효능의 개념을 중심으로 하여 임파워먼트의 기본개념을 간단히 소개한다. 활동규칙을 강점관점의 차원에서 학생들과 함께 정해보는 시간을 갖는다.</td></tr>
<tr><td>활동 1</td><td>과거의 별명에 대한 서로의 느낌을 나누고
강점관점에 근거하여 새로운 닉네임을 정한다. 이에 대한 자신의 의견과 느낌을 서로 나누어 본다.</td></tr>
<tr><td>활동 2</td><td>자신의 단점을 강점관점의 차원에서 재해석해보는 시간을 갖고, 서로의 생각을 나누는 시간을 갖는다. 교사는 이와 같이 자신을 명명하는 작은 시도가 개인적 임파워먼트의 시작임을 인식시켜준다.</td></tr>
</table>

구분			주요내용
내용	2 회기 (나, 너 그리고 우리 -사회에서의 자신의 효능감 파악 및 발휘할 수 있다)	도입	교사는 생태학적 차원의 모형을 간단히 소개하며, 이러한 측면 안에서 개인의 역할 및 기능에 대해 생각해보도록 한다.
		활동 1	강점관점에 근거하여 가정, 학교, 사회에서의 개인적 역동성을 중심으로 하여 자유롭게 그룹의 주제를 선정하고 성찰 및 토론을 통해 발표하게 된다.
		활동 2	사회적 측면에서 자신과 상대방을 강점관점으로 바라보며 자유롭게 토론한다. 이를 그룹별로 토의하고 발표한다. 교사는 이를 취합하여 서로가 강점관점으로 상대방을 볼 수 있도록 한 이후의 변화된 모습을 정리하고 활동의 취지를 설명하며 마무리 한다.
	3 회기 (나의 꿈을 펼칠 거야 -미래에 대한 계획을 스스로 세워본다).	도입	사회 내에서의 직업의 다양성을 이해한다. 또한 이를 보는 외부인식과 내부인식에는 차이가 있을 수 있으며, 무엇보다 자신의 믿음의 체계가 중요함을 간단하게 이야기해줄 수 있다.
		활동 1	직업에 대한, 현 이슈나 간단한 물품이 배달되기까지의 필요한 직업에 대하여 탐색하면서 발표하고 빙고게임을 해 본다. 서로의 생각을 공유할 수 있다.
		활동 2	자신의 미래를 설계해보며 자신만의 로드맵을 구상하여 그려보고 발표를 통해 서로의 꿈과 미래의 이야기를 공유하고 상호 격려하는 시간을 나눈다.

3) 임파워먼트 프로그램의 기대효과 및 특징

본 연구과제 프로그램을 통한 활동의 기대효과는 학생들로 하여금 자신의 생각을 또래와 공유하며 긍정적인 생각의 폭을 넓히고 미래에 대한 구체적인 목적의식 형성을 돕기 위한 것이다. 이러한 기대효과를 정리하고 제시하여 나타내면 다음과 같다.

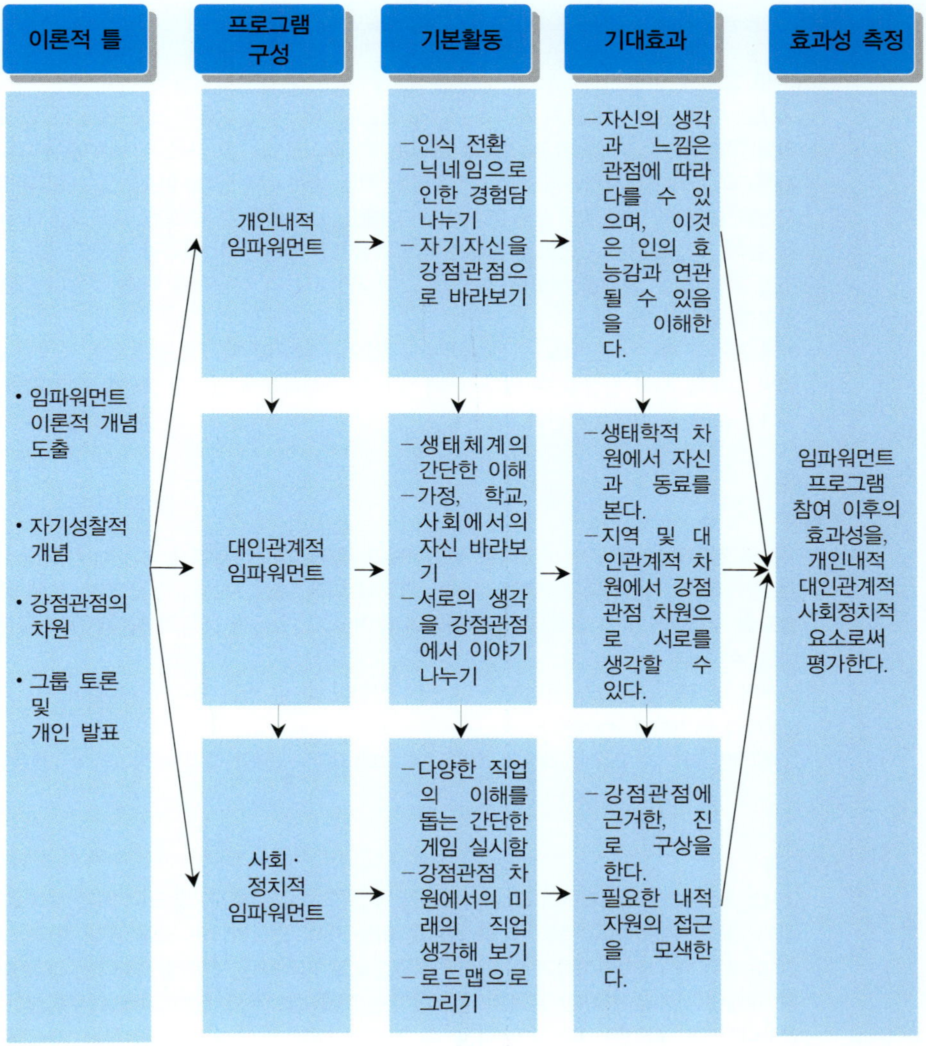

[그림 3-2] **프로그램의 단계별 기대 효과성**

다음은 회기별 상세내역의 예시로 보다 세부적으로 기록될 필요가 있다.

〈표 3-4〉 회기별 상세 프로그램 내용-1회기

구분	프로그램의 진행
1회기	• 도입 및 교사의 역할 —교사는 시작 전에 청소년의 자아효능감의 원천이 어디에서 나올까 라는 질문을 던진다. 이에 대한 학생들의 몇 가지 대답을 들어본 후, 교사는 그것이 자신의 내부에서 그리고 자신과의 대화 및 자기인식에서 시작된다는 것을 이야기해 준다. 이것을 토대로 가볍게 자신을 돌아보며, 자신의 장단점을 이야기 해볼 것을 제안한다. 또한 프로그램의 규칙을 설명한다. 그것은 자신의 단점을 단점으로써만 바라볼 것이 아니라, 장점화 할 수 있다는 것에 대한 생각을 해보는 것이다. 그렇다면 자신의 장단점은 어떤 것들이 있는가 알아볼 필요가 있다. —이에 관한 진행은 개인발표로 진행할 수도 있으며 경우에 따라 진행교사의 재량으로 4명씩 그룹을 지어 진행할 수 있다. 이때 발표한 학생들에게 간단한 코멘트의 지지와 함께 다 같이 공감하는 시간을 갖는다. • 활동 —자신의 장단점에 대하여 10가지씩 생각해보고 적어본다. 이때 자신의 닉네임을 중심으로 한 발표가 가능하다. 별명이 붙여진 경위와 이에 대한 자신의 입장 혹은 느낌 등을 발표할 수 있다. 혹은 앞으로 어떤 별명이 붙여질 수 있을까 등등의 이야기를 자유롭게 나눌 수 있다. —과거의 자신의 단점이라 생각했던 것 중에 장점이 될 수 있는 것이 어떤 것이 있는지를 5가지씩 얘기하고 적어본다. —그렇다면, 자신의 고유한 특성은 무엇이며 그에 대한 자신의 생각을 정리하여 발표한다. • 마무리 —교사는 학생 스스로, 자신의 고유한 특성을 잘 알고 있을 필요가 있으며 이를 토대로 자신의 하루를 잘 계획할 뿐 아니라 컨트롤 하는 것이 필요하다는 것을 말해 준다. 그리고 이에 대한 자신의 생각과 입장을 강점관점으로 인식하는 것이 필요하다는 것과 이러한 개개인이 서로에 대한 존중이 필요하다는 것을 말해주고 한 회기를 마무리한다. —임파워먼트의 시작은 닉네임의 정정, 즉 자신에 대한 인식의 전환으로부터 시작될 수 있음을 이야기해 준다(Lee, 2001).

〈표 3-5〉 회기별 상세 프로그램 내용-2회기 프로그램의 내용

구분	프로그램의 진행
2회기	• 도입 및 교사의 역할 —교사는 지난시간에 이어서, 한 개인은 개인으로서의 존재에 국한하지 않으며 자신을 둘러싼 환경과의 상호작용에 의해 생활하게 됨을 간단하게 설명한다. 그런데 이와 같은 관계는 협조(조화)적인 관계도 가능하겠고 갈등관계도 있을 수 있음을 간단히 이해시킨다. 그렇다면 이와 같은 자신을 둘러싼 사회에 대한 자신의 인식은 어떤 것인가에 관해 간단히 생각을 정리해 보는 시간을 갖도록 한다. —이러한 상호작용에 대한 자신의 생각이 협조(조화)적인 측면인가 갈등적인 입장인가를 생각해보고, 만일 갈등적 입장이라면 그에 대한 대안을 생각해보고 적어 보도록 한다. • 활동의 진행 —본격적으로는 이와 같은 관계적인 측면에서 자신의 장점이 어떤 측면에서 어떻게 발휘될 수 있을까? 하는 점을 몇 가지씩 예를 들어 써 보고 발표해보도록 한다. 즉 자신의 어떤 면이 협조(조화)적인 측면으로 작용하며, 또 어떠한 측면이 갈등적인 요소로 작용하는지 생각해보고 발표해보는 시간을 갖는다. 발표 후 교사는 간단한 코멘트로써 학생을 지지하고 공유하는 시간을 나눈다. —1. 나↔가정, 나↔학교, 나↔기타환경 상호관계에 대한 조화 혹은 갈등의 요소에 대한 개별적 생각을 자유롭게 그룹별로 토의한다. 이때 학생들은 자신의 생활습관이나 성향 그리고 생각 등을 자유롭게 표현할 수 있다. 예를 들어 인터넷 습관 등을 포함하는 생활습관, 학습습관, 생활예절 등 다양하게 일상에서 일어나는 일들을 중심으로 자신이 주체가 되어 다양하게 생각해보고 발표하는 시간을 갖는다. 또한 상호 자기성찰 및 강점관점으로 바라본다. • 마무리 —교사는 다음과 같은 차원에서 질문을 던진다. 이번시간을 통하여 구체적인 질문에 대한 성찰을 통하여 자신을 되돌아보면서 달라진 점이 있는가, 혹은 그동안 단점이라고 생각했던 부분이 장점이 될 수도 있는지 되돌아 볼 필요가 있음을 말해준다. 그리고 개인이 사회 안에서의 존재임과 개성을 통하여 잘 할 수 있는 부분을 극대화하여 자기 자신의 행동에 책임지는 과정이 바로 자기효능을 향상시키는 일이 될 것이라는 것을 말해준다. 그리고 이와 같은 것은 대인관계적인 측면에서 사회 안에서의 조화의 측면과 유대감을 향상시키는 원동력 및 효능을 극대화 하는 시작점이 될 수 있음을 말해 준다.

〈표 3-6〉 회기별 상세 프로그램 내용-3회기 프로그램의 내용

구분	프로그램의 진행
3회기	• 도입 —담당교사는 프로그램의 진행을 통해 어떠한 점을 생각해보았고, 어떠한 점이 달라질 수 있는지에 관해 몇 학생의 간단한 발표를 듣는다. 이를 취합하여 달라진 점이 있는 학생이 있을 수도 있고 그렇지 않을 수도 있으나, 이와 같은 자신의 장점과 단점 그리고 사회와의 상호관계를 바탕으로 미래의 계획 등을 생각해 보는 것이 가질 수 있는 의미를 생각해보도록 한다. 즉, 자기성찰을 통하여 강점관점의 의식이 자신에게 가질 수 있는 의미에 대하여 함께 의견을 나눈다. 이러한 회기를 통해 자신을 언제라도 되돌아볼 수 있으며, 생각의 시작은 자기효능 및 임파워먼트의 시작이 될 수 있음을 이야기한다. • 진행 —3회기의 진행은 다음과 같다. 먼저 간단한 빙고게임이나 퀴즈 예를 들면, 치킨 한 마리가 가정에 배달되기까지, 혹은 긴급상황에 구조대가 파견되기까지 꼭 있어야 하는 장비나 직업에 관해 말해 보도록 한다. 이를 통하여 아무리 사소한 물건이나 활동도 수많은 직업과 준비 및 사전 지식이 필요할 수 있음을 말해 준다. —자신의 장점을 살릴 수 있는 직업은 어떤 것이 있는지 5가지 이상씩 구체적으로 구상하여 적어보도록 한다. —그러한 직업을 달성하기 위해서는 어떤 노력을 기울여야 할지를 적어본다. 이때 구체적으로 어떤 준비과정이 필요한지, 로드맵 등을 자신만의 독특한 방법을 사용해서 그려볼 수 있음을 이야기한다. 그것의 형식은 자유롭게 표현할 수 있으며 이를 바탕으로 학생 개인 혹은 그룹별로 발표를 들어보고 이를 중심으로 간단한 코멘트와 함께 이야기를 공유하고 지지한다. —담당교사는 이와 같이 개인내적, 대인관계적, 사회적(미래를 위한 진로탐색)인 차원에서의 생각이나 토론이 즉, 자신의 장단점을 알고, 사회 안에서의 관계적 차원을 생각하며, 자신의 진로에 관한 생각을 해보는 것의 의미에 대해 생각해보도록 한다. 그리고 이와 같은 개인들만이 가지고 있는 특성은 소중한 자원이며, 또한 미래를 위한 학생들의 계획이 자신이 자신을 어떻게 인식하고 파악하고 있는가 하는 작은 생각으로부터 시작될 수 있음을 말해 준다. —마무리로써 학생들이 발표해왔던 것들을 잠시 돌아보며, 학생들 서로가 서로를 격려해 주는 시간을 갖는다. 즉, 프로그램에 참가한 학생들이 자신과 동료에게 보내는 박수 혹은 그룹 구성원 간에 서로 간단한 칭찬과 격려를 전하는 시간을 갖은 후 3회기를 마무리하게 된다.

사업개요

※ 필히 1Page로 작성

<table>
<tr><td>기 관 명
(신청기관명)</td><td colspan="6">○○종합사회복지관</td></tr>
<tr><td>사 업 명</td><td colspan="6">Community Impact를 활용한 아동사례관리네트워크 사업</td></tr>
<tr><td>사업기간</td><td colspan="3"></td><td>서비스
지역</td><td colspan="2"></td></tr>
<tr><td>서비스대상</td><td>○○구 지역아동센터 실무자 및 아동</td><td>실인원수</td><td>350명</td><td>연인원수</td><td colspan="2">4,620명</td></tr>
<tr><td>서비스 단가</td><td colspan="3">173,228원 (산출식 = 총사업비 ÷ 실인원)</td><td>투입인력</td><td colspan="2">6명</td></tr>
<tr><td>사업목적</td><td colspan="6">1. 지역아동센터 실무자 및 기관역량강화를 통한 아동사례관리 및 아동서비스 질 향상
2. 아동교육프로그램을 통한 교육프로그램 매뉴얼 확보
3. 지역사회자원확보 및 연계를 통한 지역사회 파트너십 구축 및 아동서비스현황 및 서비스 욕구조사를 통한 아동복지서비스 질적 향상
4. 사업 평가를 통한 문제점 보완 및 성공사례 지역아동센터 내 프로그램 및 운영안으로 도입</td></tr>
<tr><td>성과목표</td><td colspan="6">1) 실무자들의 사례관리 실무능력 함양을 통한 아동서비스의 질 향상
2) 아동인권교육을 통한 인권보호의 중요성 강조 및 아동인권보장
3) 서비스수요 및 만족도 조사를 통한 아동서비스욕구 파악
4) 사업 평가를 통한 문제점 보완 및 성공사례 지역아동센터 내 프로그램 및 운영안으로 도입</td></tr>
<tr><td rowspan="5">주요 사업 내용 요약 (프로그램명 및 주요 시행내용)

※성과목표별 주요 프로그램 1개씩 기재</td><td>세부
프로그램명</td><td colspan="5">주요내용</td></tr>
<tr><td>실무자
사례관리교육</td><td colspan="5">• 사례관리실천기관 중 사례관리가 가능한 사회복지사, 실무자 양성교육실시
· 대상 : 지역아동센터, 지역사회교육전문가 30명
· 일시 : 2010년 3~4월(4회) / 9~10월(4회)</td></tr>
<tr><td>아동인권교육
프로그램</td><td colspan="5">• 아동 개인의 인권뿐 아니라 친구, 가정 등의 인권 등에 대해 살펴보고 타인을 존중할 수 있는 교육 진행
• 각 센터당 2회기 프로그램 진행
· 대상 : 사례관리 수행기관 교육을 희망하는 센터
4곳 선정(1센터당 40명/ 총 150명)
· 일시 : 2010년 3~11월(3회×4곳 = 12회)</td></tr>
<tr><td>서비스욕구
조사발간</td><td colspan="5">• 아동서비스 현황 및 아동의 욕구조사
· 대상 : 안산시 단원구 내 지역아동센터를 이용하고 있는 아동
· 내용 : 서비스 만족도 조사 및 욕구조사
· 조사기관 : 2월 - 서비스만족도 조사를 위한 팀구성
3~4월 - 기획 / 5~7월 - 조사
8~10월 - 결과도출 / 11월 보고서 발간</td></tr>
<tr><td>사업보고서 발간</td><td colspan="5">• 1차년도 사업에 따른 사업보고서 발간
• 성공사례 지역아동센터 모델링화</td></tr>
<tr><td>예 산</td><td>총사업비</td><td colspan="2">60,630,000원</td><td>신청금액</td><td colspan="2">47,100,000원</td></tr>
<tr><td rowspan="2">신청금액의
세부내역</td><td rowspan="2">인건비</td><td>12,000,000원</td><td rowspan="2">사업비</td><td>32,800,000원</td><td rowspan="2">관리
운영비</td><td>2,300,000원</td></tr>
<tr><td>25.5%</td><td>69,6%</td><td>4.9%</td></tr>
</table>

사업계획

1. 사업명

Community Impact를 활용한 아동사례관리네트워크 사업

2. 사업의 필요성

1) 대상자 욕구 및 문제점

아동은 신체와 정신이 미성숙한 상태에 있어서 다른 어떠한 생명체보다 장기간에 걸쳐 보호를 받아야 하고, 가정을 기초로 점차 사회화되어 가며, 사회적 인간으로 성장하기 위해 사회환경에 적응할 수 있는 능력을 학습해야 한다(장인협; 오정수, 2001). 또한, 아동기는 신체적, 지적, 심리 사회적 성장이 계속 이루어지는 시기로, 이러한 성장 발달 및 행동에 가장 영향을 미치는 것이 환경적 요인이다. 따라서 지역아동센터는 아동의 긍정적인 성장을 돕기 위한 환경을 제공하는 역할을 해야 한다.

○○지역은 총 61개소의 지역아동센터가 운영되고 있으며, 본 복지관이 위치하고 있는 ○○동의 경우 8개의 지역아동센터가 밀집되어 있다. 그러나 실무자들의 행정력이 약하고 교육의 욕구가 있음에도 불구하고 실시에 어려움이 있으며 전문적인 서비스 제공의 한계로 연합사업 진행의 욕구를 계속해서 표출해왔다. 현재 지역아동센터에서 일하고 있는 실무자들을 보면 대상자들에게 실질적인 서비스만을 제공하다보니 행정적인 측면에서 취약한 모습이 두드러지게 나타났으며, 그에 따른 실무자 교육의 욕구는 강하나 재정적인 문제 등의 이유로 교육이 이루어지지 못하는 상황이므로 실무자들의 역량을 강화하고 대상자들에게 한층 발전된 프로그램을 제공하기에는 한계가 있다. 또한, 교사 1인당 관리하는 아동수가 많은 것이 현실이므로 서비스의 질도 그만큼 떨어질 수밖에 없다. 이에 실무자들의 근무 만족도가 자연스럽게 떨어지게 되며 에너지가 소진되어 이직률이 높아지는 상황이 발생하고 있다.

지역아동센터 실무자 및 기관 역량강화를 통해 아동 사례관리 및 아동서비스의 질을 향상시키고, 아동들에게는 직접적인 교육 프로그램을 제공함으로써 전문 서비스를 강화시키며, 지역사회 자원확보 및 연계사업 실시로 파트너십을 구축하도록 함으로써 위와 같은 욕구와 문제점을 해결할 수 있기에 본 사업이 절대적으로 필요하다.

2) 지역 환경적 특성

지역아동정보센터에서 2017년 12월 말 기준으로 조사한 통계자료에 의하면 전국에 있는 지역아동센터는 3,013개소, 그 중 경기도 소재 지역아동센터는 601개소로 약 20%의 비중을 차지하고 있다. 또한, ㅇㅇ지역에 80개소의 지역아동센터가 운영되고 있는 실정으로 상당수의 아동이 지역아동센터를 이용하고 있다고 할 수 있다.

지역사회 아동의 보호, 교육, 건전한 놀이와 오락의 제공, 보호자와 지역사회의 연계 등 건전육성을 위하여 종합적인 아동보호서비스를 제공하는 시설을 지역아동센터로 정의하듯(아동복지법 제 26조 11항) 다수의 지역아동센터가 위치해 있는 안산 지역이야말로 지역사회 내의 다양한 자원들을 동원하여 지역사회 환경들을 변화시킴으로써 단순히 대상자뿐만 아니라 실무자, 지역아동센터의 서비스 질을 향상시켜야 한다.

3) 경험적 근거

본 복지관은 2015년 한국마사회 ㅇㅇ지점의 지원으로 'ㅇㅇ 지역아동 현장체험학습'을 시행하여 2017년 현재까지 2년간 연속으로 사업을 지속하고 있다. 'ㅇㅇ 지역아동 현장체험학습'은 ㅇㅇ시 소재 지역아동센터와 연합하여 진행하는 프로그램으로 다양한 체험활동과 놀이지도를 통하여 아동들의 사회성과 상상력, 감성 증진의 기회를 기르고 일상에서 벗어난 활동으로 학업에서 받은 스트레스를 해소하며 삶의 활력소를 제공하는 사업이다.

ㅇㅇ 지역아동 현장체험학습의 연장으로 지역아동센터 센터장과 실무자들을 대상으로 ㅇㅇ아카데미(실무자 역량강화교육)을 진행한 경험이 있으며, 2017년 연말에는 위 사업에 참여한 센터들이 'ㅇㅇ동 지역아동센터 연합회'를 출범하여 공식적으로 활동을 계

속하고 있다. 또한, 2017년 여름에는 '○○동 지역아동 연합캠프'를 준비하고 진행함으로써 네트워크를 더욱 강화하는데 주력하고 있다.

2015년 ○○○○재단의 지원으로 실시된 사업 역시 ○○동 소재 지역아동센터와 연합하여 진행 중인 사업이다. 초등학교 1~3학년 수급권자 아동 중 주의력결핍 과잉행동장애(ADHD)가 있다고 판단되는 아동 28명을 추천받아 행동치료적 접근법에 입각하여 프로그램을 진행한다.

정신보건임상심리사가 진행하는 집중력향상&분노조절 프로그램, 집단활동은 사회적응능력과 자기통제능력을 키울 수 있도록 하며, 이는 단순한 프로그램이 아닌 저소득 가정의 아동들에게 심리, 치료, 예술, 문화 등의 다양한 접근을 통한 "주의력결핍 과잉행동장애(ADHD) 전문 치료서비스"를 제공하고자 하는 목적으로 실시되고 있다.

2년 동안의 네트워크사업 진행을 통해 지역아동센터 아동 및 실무자들에게 직접적인 서비스를 지원하여 삶의 질을 향상시키고자 하는 직접적 변화를 추구하였다면, 본 사업을 통하여 지역사회의 환경을 지속적으로 변화시키기 위하여 지역사회의 돌보는 힘을 동원하여 삶의 질을 개선시키고자 하는 커뮤니티 임팩트(Community Impact) 전략을 활용한 접근을 실시하고자 한다.

4) 본 사업과 관련된 지역 복지자원 현황

지역 복지자원	활용내용
8개 지역아동센터	• 컨소시엄기관으로 사업계획 및 진행과정 참여 • 사례관리교육 및 워크숍, 회의 등 실무자, 센터장 참여(30명) • 사례관리아동사례연계(65case) • 긴급사례관리 아동 연계(10case) • 아동대상프로그램 연계(350명) • 사례관리 수행기관 협약(8건)
전국지역아동센터 협의회 ○○지부	• 지역아동센터 운영관련 협의, 자문 • 안산시 지역아동센터 연계협력 • 교육 및 프로그램 관련 논의 및 참여
○○공과대학 ○○대학	• 아동 사례관리 교육 및 사례회의 시 자문(2명) • 대학 내 학생 자원봉사자 파견

지역 복지자원	활용내용
	• 연계, 협력 사업 진행
지자체 및 공공기관	• 기초수급 조사, 상담, 지역사회보호대상 보호계획 및 서비스제공
○○시의사회	• 개인 병·의원 등의 보건의료서비스 연결
○○시치과의사회	• 치과진료서비스(병원별 무료 및 감면)
○○병원외 종합병원	• 아동의뢰 환자 무료진찰, 치료 계약
○○시보육시설연합회	• 보육서비스 제공/맞춤형 보육실시
○○시영양사회	• 안산시 각 시설 및 대상자 영양설계 및 식단구성
○○시간호사회	• 방문보건 자원조직구성
○○시학원연합회	• 아동 교육 지원
○○산시요식업협회	• 문화체험 및 여가프로그램시 급식제공
정신보건센터, 네트워크센터, 청소년지원센터, 건강가정지원센터	• 사례관리 조언 및 제공 프로그램 활용

3. 서비스 지역, 서비스 대상 및 실인원수

1) 서비스 지역 : 경기도 ○○시 ○○구

2) 서비스 대상 : 경기도 ○○시 ○○구 내 지역아동센터 아동 및 실무자

3) 서비스 대상 선정기준 및 방법(과정)

- 일반대상

  ① 네트워크 형성이 원활하게 이루어지고 접근성이 용이한 지역아동센터

  ② 실무자교육, 사례회의 및 사례간담회 참여가 가능한 지역아동센터

  ③ 아동 교육프로그램 운영이 가능한 지역아동센터

- 사례관리대상

  ① 컨소시엄 기관 내 아동으로 긴급 혹은 의료, 생활지원이 필요한 아동(65case)

4) 실인원수

대상구분	서비스대상자 산출근거	단위수(명)
① 일반대상	경기도 ○○시 내 초등학생 * 출처 : ○○시 통계	
② 위기대상	경기도 ○○시 내 초등학생 * 출처 : ○○시 통계	
③ 표적대상	경기도 ○○시 내 지역아동센터(25개소) 이용 초등학생 * 출처 : 지역아동정보센터	
④ 실인원수	컨소시엄 기관 내 아동으로 교육프로그램 참여 가능 아동	350

4. 사업 목적 및 목표

목 적	산출목표	성과목표
1. 지역아동센터 실무자 및 기관역량강화를 통한 아동사례관리 및 아동서비스 질 향상	1) 사례관리 수행기관 8곳 인증	1-1) 네트워크사업에 대한 이해를 높이고 관련기관과의 협력기반 확보
		1-2) 사례관리 수행기관인증(8기관)
	2) 지역아동센터 사례관리 실무자 20명 양성을 통한 역량강화	1-3) 실무자들의 사례관리 실무능력 함양을 통한 아동서비스의 질 향상
	3) 65case 아동사례관리 및 직접서비스, 10case 긴급사례관리를 통한 아동 서비스 질 향상	1-4) 직접적인 사례관리 및 개입을 통한 아동관리 및 사례관리 인프라 구축을 통한 서비스망확보
	4) 사례관리 공통 매뉴얼 작성 및 매뉴얼집 발행	1-5) 사례관리 매뉴얼 및 공통양식 개발
2. 아동교육프로그램을 통한 교육프로그램 매뉴얼 확보	1) 지역아동센터 아동 450명을 대상으로 성교육 12회, 유괴안전 8회, 안전교육 8회를 실시	2-1) 안전교육을 통한 아동의 안전확보 및 지역아동센터 안전에 대한 인식재고
	2) 지역아동센터 아동을 150명을 대상으로 아동인권교육 8회 실시	2-2) 아동인권교육을 통한 인권보호의 중요성 강조 및 아동인권보장

목 적	산출목표	성과목표
3. 지역사회자원확보 및 연계를 통한 지역사회 파트너십 구축 및 아동서비스현황 및 서비스욕구조사를 통한 아동복지서비스 질적 향상	1) 연 1회 연합캠프와 연 8회 현장체험학습 등 지역아동네트워크 사업 지원을 통한 네트워크사업 활성화	3-1) 지역아동센터 네트워크사업 지원을 통한 네트워크망 구축 및 네트워크 사업활성화
	2) 지역아동센터 아동 250명 연 1회 연합운동회 개최를 통한 지역아동 네트워크 사업 구축	3-2) 지역아동네트워크 사업 구축
	3) 자문위원회 분기별 1회 운영	3-3) 자문위원단 구성을 통한 전문적인 사례관리운영기반 확보
	4) 지역사회자원 조사 및 아동서비스 욕구조사를 통한 연 1회 아동서비스욕구조사서 발행	3-4) 서비스수요 및 만족도 조사를 통한 아동서비스욕구 파악
4. 사업 평가를 통한 문제점 보완 및 성공사례 지역아동센터 내 프로그램 및 운영안으로 도입	1) 년 1회 사업평가회 및 사업결과보고서 발행	4-1) 사업 평가를 통한 문제점 보완 및 성공사례 지역아동센터 내 프로그램 및 운영안으로 도입

5. 사업내용

1) 사업모델

현안	투입	산출	과정성과	목표성과
• 사례관리의 인식, 교육 부족과 인력 부족	• 사례관리 코디네이터 • 실무자 사례관리 교육프로그램 • 사례관리시스템구축 • 사례관리슈퍼바이저	• 사례관리교육 • 실무자 및 Co-worker을 활용한 사례관리 • 자문위원단 구성	• 사례관리지식습득 • 사례관리자양성	
• 사례관리를 위한 네트워크망 부재 및 지역아동센터 네트워크 자원활용의 어려움	• 사례관리 코디네이터 • 사례관리 슈퍼바이저 • 지역아동센터 실무자 • 사례관리양식 • Co-worker	• 지역자원현황 • 사례관리자 회의 • 사례관리 매뉴얼 제작	• 지역사회자원 공유 • 지역사회 새로운 자원 개발	• 아동 통합적 사례관리 시스템 구축
• 긴급개입사례에 대한 즉각적인 개입 및 지원의 어려움(인적 · 물적자원부족)	• 사례관리 코디네이터 • 사례관리 슈퍼바이저 • 기관별 사례관리조정자 • Co-worker	• 사례관리자 회의 • 긴급솔루션을 통한 지원	• 즉각적 개입을 통한 위기극복	
• 인적 · 물적자원의 부족과 역량부족으로 인한 지역아동센터 프로그램의 다양화부족(보호, 문화 프로그램 위주로 편성되어 있음)	• 사례관리 코디네이터 • Co-worker • 아동프로그램 • 지역아동센터 업무지원코디네이터	• 자문위원회 구성 • 아동 프로그램 제공 • 아동복지서비스 욕구조사	• 자원공유 • 지역사회 새로운 자원 개발 • 아동서비스에 대한 욕구 파악	• 아동실무자 역량강화를 통한 아동서비스 질 향상
• 지역아동센터별 아동관리 및 서비스 격차발생	• 지역아동센터 업무지원코디네이터 • 아동프로그램 • 네트워크프로그램지원 • Co-worker	• 사례관리 매뉴얼 개발, 작성 • 실무자 역량강화 워크숍 • 사례관리 교육	• 사례관리 매뉴얼 제작	
• 네트워크 필요성을 인식하고 있으나 핵심거점 역할 기관 부재	• 지역아동센터 업무지원코디네이터	• 복지관이 거점 사례관리 센터 역할	• 아동사례관리 네트워크 사업 진행	

2) 프로그램 구성도

지역아동센터 운영목적 및 목표 재정립

- 지역아동센터 고유의 운영목적 재정립
- 지역아동센터 실무자 및 센터장 재인식
- 지역아동센터 운영에 대한 전략도출

↓

지역아동센터 실무자, 조직 역량강화

- 실무자 및 센터장 교육을 통한 역량강화
- 우수기관탐방을 통한 모델링
- 사례회의 및 워크샵을 통한 실제적인 사례관리 기술 습득

↙ ↘

아동서비스 욕구조사

- 아동서비스 욕구조사
- 아동서비스 현황조사

지역사회 자원조사

- 아동서비스 욕구 조사
- 연계기관 확보

↘ ↙

지역아동센터 모델링 프로젝트 사업

- 아동프로젝트사업제공
- 사례회의, 간담회를 통한 사례관리의 실제적인 기술 습득
- 아동서비스 및 욕구조사를 기초로 한 프로그램 개발
- 조직역량강화를 통한 변화 창출을 위한 인프라 구축

↓

성공사례를 통한 모델링

- 1차년 사업 운영을 통해 나타난 문제점 보완 및 모델화
- 성공사례 지식화 / 성공사례 지역아동센터 내 프로그램 및 운영안으로 도입

3) 세부사업내용

성과목표	프로그램명	활동 (수행방법)	시행 시기	수행 인력	참여 인원	시행 횟수 시간
1-1) 네트워크사업에 대한 이해를 높이고 관련기관과의 협력기반 확보	홍보	• 아동서비스 지원체계 홍보 및 아동서비스 자원확보	수시	사회복지사 2		1,000건
	오리엔테이션	• 진행되는 사업 및 네트워크사업에 대한 설명 • 참여기관 및 연계기관 확보	2월	사회복지사 2	30명	1회 30건
1-2) 사례관리 수행기관인증(8기관)	사례관리 수행기관 협약식	• 지역아동센터 및 지역사회교육전문가 배치되어 있는 학교 중 사례관리 수행기관 협약 • 수행기관에게는 아동프로그램 및 네트워크사업에 대한 우선권을 인센티브로 제공함	2월	사회복지사 2	8기관	1회 8건
1-3) 실무자들의 사례관리 실무능력 함양을 통한 아동서비스의 질 향상	실무자 사례관리 교육	• 사례관리실천기관 중 사례관리가 가능한 사회복지사, 실무자 양성교육실시 · 대상 : 지역아동센터, 지역사회교육전문가 30명 · 일시 : 2010년 3~4월(4회) / 9~10월(4회)	3~4월/ 9~10월	사회복지사 4 Co-worker 1	30명	8회 1회 2시간 60건
	아동인권 교육	• 아동인권을 보호하기 위한 기본적인 인권교육 및 프로그램 내 인권보호실현에 대한 교육진행 · 대상 : 지역아동센터, 지역사회교육전문가 30명 · 일시 : 6월	6	사회복지사 4 Co-worker 1	30명	2회 1회 2시간 30건
	코디네이터 교육지원	• 네트워크 코디네이터 교육 지원	수시	사회복지사 4 Co-worker 1	5명	4회
	우수기관 견학	• 우수기관 모델링을 통한 지역아동센터 역량강화모색 · 대상 : 사례관리 수행기관 실무자 및 기관장 10명 · 일시 : 5월 / 10월	5, 10월	사회복지사 2	10명	2회 20건
1-4) 직접적인 사례관리 및 개입을 통한 아동관리 및 사례관리 인프라 구축을 통한 서비스망 확보	아동, 가정 지원서비스	• 사례회의를 통해 필요한 서비스 및 개입 진행	3~12월	사회복지사 2	65case	수시
	실무자 회의 및 사례회의	• 각 센터 및 학교에서 통합적 관리가 필요한 아동 선별, 사례회의 진행 -사례회의를 통한 개입진행	3~12월	사회복지사 4 Co-worker 1	10명	월1회

성과목표	프로그램명	활동 (수행방법)	시행 시기	수행 인력	참여 인원	시행 횟수 시간
	긴급솔루션	• 집중 혹은 긴급한 개입이 필요한 아동사례에 대한 회의진행	수시	사회복지사 4 Co-worker 1	10case	수시
	사례간담회	• 사례관리에 대한 슈퍼비전을 제공할 수 있는 전문가에게 개별 사례에 대한 슈퍼비전 제공	6, 9, 12월	사회복지사 4 Co-worker 1	10명	연3회 30건
	사례관리 워크숍	• 사례관리에 대한 중간점검 및 성공적인 사례를 발표 • 실무자교육 진행	8월	사회복지사 4 Co-worker 1	20명	연1회 (1박 2일) 20건
1-5) 사례관리 매뉴얼 및 공통양식 개발	사례관리 매뉴얼작성	• 현재 기관별로 사용하는 사례관리 지침과 도구가 다르며, 시행하지 못하는 기관이 많으므로 지역아동센터 및 학교에서 사용하기 편리하면서도 아동을 중심으로 가족을 포함한 사례관리 매뉴얼 및 도구 개발	4~9월	사회복지사 2	8기관	1회 200건
2-1) 안전교육을 통한 아동의 안전확보 및 지역아동센터 안전에 대한 인식재고	자기보호 프로그램 –성교육	• 아동 성폭력, 성폭행을 방지하고 신체적 변화를 긍정적으로 받아들일 수 있도록 아동중심 교육 진행 • 각 센터당 3회기 프로그램 진행 · 대상 : 사례관리 수행기관 교육을 희망하는 센터 4곳 선정(1센터당 40명/ 총 150명) · 일시 : 3~11월(3회×4곳 = 12회)	3~11월	사회복지사 1 Co-worker 1	150명	12회 (1회 1시간) 450건
	자기보호 프로그램 –유괴안전	• 납치 및 실종 등 가정과 아동이 분리되는 것을 방지하고 유괴사고를 대비할 수 있는 안전사항 교육 • 각 센터당 2회기 프로그램 진행 · 대상 : 사례관리 수행기관 교육을 희망하는 센터 4곳 선정(1센터당 40명/ 총 150명) · 일시 : 3~11월(2회×4곳 = 8회)	3~11월	사회복지사 1 Co-worker 1	150명	8회 (1회 1시간) 300건
	자기보호 프로그램 –안전교육	• 소방안전교육, 교통안전교육, 가정안전교육 등 일상생활에서 일어날 수 있는 다양한 사고에 대비 • 각 센터당 2회기 프로그램 진행 · 대상 : 사례관리 수행기관 교육을 희망하는	3~11월	사회복지사 1 Co-worker 1	150명	8회 (1회 1시간) 300건

성과목표	프로그램명	활동(수행방법)	시행시기	수행인력	참여인원	시행횟수 시간
		센터 4곳 선정(1센터당 40명/ 총 150명) · 일시 : 3~11월(2회×4곳 = 8회)				
2-2) 아동인권교육을 통한 인권보호의 중요성 강조 및 아동인권보장	아동인권 교육 프로그램	• 아동 개인의 인권 뿐 아니라 친구, 가정 등의 인권 등에 대해 살펴보고 타인을 존중할 수 있는 교육 진행 • 각 센터당 2회기 프로그램 진행 · 대상 : 사례관리 수행기관 교육을 희망하는 센터 4곳 선정(1센터당 40명/ 총 150명) · 일시 : 3~11월(2회×4곳 = 8회)	3~11월	사회복지사 1 Co-worker 1	150명	8회 (1회 1시간) 300건
3-1) 지역아동센터 네트워크사업 지원을 통한 네트워크망 구축 및 네트워크 사업 활성화	지역아동 연합캠프	• 8개 지역아동센터 참여 • 지역아동센터 중 연합캠프 참여를 희망하는 곳의 실무자들과 계획연합캠프 지원	7월	사회복지사 2 Co-worker 1	160명	연1회 160건
	지역아동 현장체험 학습	• 8개 지역아동센터 참여 • 지역아동센터 현장체험학습 지원	연중	사회복지사 1 Co-worker 1	320명	연8회 320건
3-2) 연합운동회 개최를 통한 지역아동 네트워크 사업 구축	지역아동 센터 연합운동회	• 8개 지역아동센터 참여 및 계획, 진행 • 지역아동센터 실무자 참석 연합운동회 계획 및 진행, 평가과정 진행 • 지역내 네트워크 사업으로 확대	10월	사회복지사 2 Co-worker 1	250명	연1회 250건
3-3) 자문위원단 구성을 통한 전문적인 사례관리 운영기반 확보	자문위원단	• 네트워크사업 및 사례관리 등에 자문할 자문위원회를 지역대학교수와 사회복지 자문위원 등을 구성 • 분기별 자문위원단 자문을 통한 사례관리 센터 운영 • 사례관리에 대한 수시 자문 진행	2~12월	사회복지사 4 Co-worker 1	5명	연4회 20건
3-4) 서비스수요 및 만족도 조사를 통한 아동서비스욕구 파악	서비스욕구 조사 발간	• 아동서비스 현황 및 아동의 욕구조사 · 대상 : 안산시 단원구 내 지역아동센터를 이용하고 있는 아동 · 내용 : 서비스 만족도 조사 및 욕구조사 · 조사기관 : 2월 – 서비스만족도 조사를 위한 팀구성 3~4월 – 기획 / 5~7월 – 조사 8~10월 – 결과도출 / 11월 보고서 발간	2~11월	사회복지사 4 Co-worker 1	300명	1회 650건

성과목표	프로그램명	활동 (수행방법)	시행시기	수행인력	참여인원	시행횟수시간
4-1) 사업 평가를 통한 문제점 보완 및 성공사례 지역아동센터 내 프로그램 및 운영안으로 도입	사업보고서 발간	• 1차년도 사업에 따른 사업보고서 발간 • 성공사례 지역아동센터 모델링화	11~12월	사회복지사 1		1회 650건
	평가회	• 사례관리기관으로서의 센터의 거점역할과 실무자교육 및 아동 교육 등 진행되어진 서비스에 대한 평가 실시 · 대상 : 사례관리 수행기관 및 아동교육프로그램 참여기관 등 실무자 15명	11월	사회복지사 3	15명	1회 15건

4) 목표에 대한 평가방법

성과목표	목표에 대한 평가방법			
	성과지표	자료원	자료수집방법	자료 수집시기
1-1)네트워크사업에 대한 이해를 높이고 관련기관과의 협력기반 확보	참여기관수 * 수 또는 %	• 참여자 명단	• 오리엔테이션 진행시 참여기관 점검	3월
1-2)사례관리 수행기관인증 (8기관)	사례관리 수행기관 인증률 * 수 또는 %	• 수행기관인증서 파일	• 수행기관인증서 파악, 기록 및 보관	3월
1-3)실무자들의 사례관리 실무능력 함양을 통한 아동서비스의 질 향상	교육참여율 수료증발행률 * 수 또는 %	• 교육참석자명단 • 수료증발급대장	• 교육진행시 출석점검 • 교육 80% 이상 참여자수료증 발급 • 교육계획서 및 보고서	상/하반기
1-4)직접적인 사례관리 및 개입을 통한 아동관리 및 사례관리 인프라 구축을 통한 서비스망 확보	사례관리수 * 수 또는 %	• 사례관리대장 • 사례회의록 • 참여자 명단 • 인프라 list • 연계활용 대장	• 긴급 혹은 아동지원관련 사례관리 관련 자료 수집, 사례관리대장기록	상/하반기
1-5) 사례관리 매뉴얼 및 공통양식 개발	사례관리 매뉴얼 자료집 * 자료집 제작 수	• 사례관리 매뉴얼 자료집	• 사례관리 매뉴얼 자료집 제작 여부	9월
2-1) 안전교육을 통한 아동의 안전확보 및 지역아동센터 안전에 대한 인식재고	아동교육 출석률 예상실적달성률 * 수 또는 %	• 출석부 • 만족도조사결과	• 교육진행시 출석점검 • 교육이후 아동, 기관대상 만족도조사 실시	분기별
2-2) 아동인권교육을 통한 인권보호의 중요성 강조 및 아동인권보장	아동교육 출석률 예상실적달성률 * 수 또는 %	• 출석부 • 만족도조사결과	• 교육진행시 출석점검 • 교육이후 아동, 기관대상 만족도조사 실시	분기별
3-1)지역아동센터 네트워크사업 지원을 통한 네트워크망 구축 및 네트워크 사업활성화	아동 참여율 예상실적달성률 * 수 또는 %	• 기관, 아동 참여자 명단 • 만족도조사결과	• 프로그램시 참여자 점검 • 프로그램이후 아동, 기관대상 만족도조사 실시	상/하반기
3-2) 연합운동회 개최를 통한 지역아동네트워크 사업 구축	아동 참여율 예상실적달성률 * 수 또는 %	• 기관, 아동 참여자 명단	• 프로그램시 참여자 점검	11월
3-3) 자문위원단 구성을 통한 전문적인 사례관리 운영기반 확보	자문위원단 활동률 예상실적달성률 * 수 또는 %	• 자문위원단 list • 자문위원회의록 • 슈퍼비전 일지	• 분기별 자문위원회 진행 후 자료수집	분기별
3-4) 서비스수요 및 만족도 조사를 통한 아동서비스욕구 파악	서비스 수요 및 만족도조사 * 욕구조사집 발간 수	• 욕구조사집	• 서비스수요 및 만족도조사 보고서 제작여부	12월
4-1) 사업 평가를 통한 문제점 보완 및 성공사례 지역아동센터 내 프로그램 및 운영안으로 도입	참여기관 만족도조사 사업보고서 발간 * 사업보고서 발간 수	• 만족도조사결과 • 사업보고서	• 사업보고서 제작여부 • 하반기 컨소시엄기관 및 연계기관 만족도 조사 실시	12월

5) 사업 진행 일정

내용 \ 기간	1월	2월	3월	4월	5월	6월	7월	8월	9월	10월	11월	12월
홍보	●	●	●	●	●	●	●	●	●	●	●	●
오리엔테이션		●										
사례관리 수행기관 협약식		●										
실무자 사례관리교육			●	●					●	●		
아동인권교육						●						
코디네이터 교육 지원			●	●	●	●	●	●	●	●	●	
우수기관 견학					●					●		
아동, 가정 지원서비스			●	●	●	●	●	●	●	●	●	●
실무자 회의 및 사례회의			●	●	●	●	●	●	●	●	●	●
긴급솔루션	●	●	●	●	●	●	●	●	●	●	●	●
사례간담회						●			●			●
사례관리 워크숍								●				
사례관리 매뉴얼작성				●	●	●	●	●	●			
자기보호 프로그램 - 성교육			●	●	●	●	●	●	●	●	●	
자기보호 프로그램 - 유괴안전			●	●	●	●	●	●	●	●	●	
자기보호 프로그램 - 안전교육			●	●	●	●	●	●	●	●	●	
아동인권교육 프로그램			●	●	●	●	●	●	●	●	●	
지역아동 연합캠프							●					
지역아동 현장체험학습	●	●	●	●	●	●	●	●	●	●	●	●
지역아동센터 연합운동회								●	●	●		
자문위원단		●	●	●	●	●	●	●	●	●	●	●
서비스욕구조사 발간		●	●	●	●	●	●	●	●	●	●	
사업보고서 발간											●	●
평가회											●	

6) 홍보 계획

대상	홍보방법 및 횟수	활용매체	비고
지역사회 주민	○○시 홈페이지 및 각 기관 홈페이지 등 인터넷 홍보를 통한 실무자 인식, 지역주민 인식확산	사이버홍보 (○○시 홈페이지, 각 기관 홈페이지 및 복지홈페이지)	
	지역 대중매체 적극 활용 다각적인 홍보	지역정보지, 지역신문, 지역방송 홍보	
	○○시 24개 동사무소, 지역기관, 단체, 서비스기관 등 안내물 비치 홍보	안내 홍보물 배포	
	주민자치위원장협의회, 통장협의회 회의 정기참석－정기적으로 안내채널확보	지역조직 참여 및 방문홍보	
	정기적인 소식지 발행으로 사업계획 및 진행, 참여에 따른 소식 전달	소식지 발행	
	TV연계 사례소개	TV	
타복지 기관	주기적으로 사업안내를 공문으로 시행	관계기관 정기적인 안내공문	
	지역아동센터 및 초등학교 알림글에 개재 또는 별도 안내문첨가배포 －교육청, 기관주변 학교, 전국지역아동센터협의회 협조요청		
	사업의 효과와 의미를 알리고 공유하며, 더 나은 대안을 만들어내기 위한 사업설명회 및 사업결과보고서 배포	지역내 실무자 및 관계인사 초청 사업설명회	
	정기적인 소식지 발행으로 사업계획 및 진행, 참여에 따른 소식 전달	소식지 발행	
지자체	주기적으로 사업안내를 공문으로 시행	관계기관 정기적인 안내공문	
	○○시 24개 동사무소, 지역기관. 단체, 서비스기관 등 안내브로셔 비치 홍보	안내 브로셔 배포	

6. 예산계획

(단위 : 원)

관	사업비							
항	"Community Impact를 활용한 아동사례관리네트워크 사업" 사업비							
목	세목	계	산출근거	예산조달 계획				
				신청금액	비율 (%)	자부담	비율 (%)	자부담 재원
총 계		60,630,000		47,100,000		13,530,000		
인건비	인건비	12,000,000	Co-worker 인건비 1,200,000원×10월 = 12,000,000원	12,000,000				
	소 계	12,000,000		12,000,000				
사업비	홍보	550,000	홍보물 500원×1,000부 = 500,000원	500,000				
			현수막 50,000원×1장 = 50,000원	50,000				
	오리엔테이션 및 시례관리 수행기관협약	140,000	현수막 30,000원×1장 = 30,000원	30,000				
			다과비 1,000원×30명 = 30,000원	30,000				
			협약증서 10,000원×8곳 = 80,000원	80,000				
	실무자 사례관리교육	2,200,000	강사비 150,000원×8회 = 1,200,000원	1,200,000				
			교재비 3,000원×40권×2회 = 240,000원	240,000				
			식사비 6,000원×35명×2회 = 420,000원	420,000				
			다과비 1,000원×35명×8회 = 280,000원	280,000				
			현수막 30,000원×2장 = 60,000원	60,000				
	아동인권교육	485,000	강사비 150,000원×2명 = 300,000원	300,000				
			교재비	120,000				

관	사업비							
항	"Community Impact를 활용한 아동사례관리네트워크 사업" 사업비							
목	세목	계	산출근거	예산조달 계획				
				신청금액	비율 (%)	자부담	비율 (%)	자부담 재원
			3,000원×40권 = 120,000원					
			다과비 1,000원×35명 = 35,000원	35,000				
			현수막 30,000원×1장 = 30,000원	30,000				
	사례간담회	315,000	간담회비 6,000원×15명×3회 = 270,000원	270,000				
			다과비 1,000원×15명×3회 = 45,000원	45,000				
	코디네이터 교육지원	600,000	교육비 100,000원×5회 = 500,000원	500,000				
			교통비 20,000원×5회 = 100,000원	100,000				
사업비	우수기관견학	468,000	주유비, 통행료 50,000원×2회 = 100,000원	100,000				
			식사비 6,000원×12명×2회 = 144,000원	144,000				
			다과비 1,000원×12명×2회 = 24,000원	24,000				
			진행비 100,000원×2회 = 200,000원	200,000				
	아동, 가정 지원서비스	7,000,000	의료지원 200,000원×5case = 1,000,000원	1,000,000				
			학습, 교재 지원 100,000원×20case = 2,000,000원	2,000,000				
			생활안정지원 100,000원×20case = 2,000,000원	2,000,000				
			기타지원 100,000원×20case = 2,000,000원	2,000,000				
	실무자회의	1,050,000	식사비	900,000				

관	사업비							
항	“Community Impact를 활용한 아동사례관리네트워크 사업” 사업비							
목	세목	계	산출근거	예산조달 계획				
				신청금액	비율 (%)	자부담	비율 (%)	자부담 재원
	사례회의		6,000원×15명×10회 = 900,000원					
			다과비 1,000원×15명×10회 = 150,000원	150,000				
	긴급솔루션	2,000,000	긴급지원 200,000원×10case = 2,000,000원	2,000,000				
	사례간담회	525,000	자문비 70,000원×3회 = 210,000원	210,000				
			식사비 6,000원×15명×3회 = 270,000원	270,000				
			다과비 1,000원×15명×3회 = 45,000원	45,000				
	사례관리 워크샵	1,000,000	숙소비 250,000원×1일 = 250,000원	250,000				
			유류비 50,000원×2일 = 100,000원	100,000				
			식사비 6,000원×25명×3식 = 450,000원	450,000				
			간식비 2,000원×25명×2일 = 100,000원	100,000				
			진행비 100,000원×1회 = 100,000원	100,000				
	사례관리 매뉴얼작성	600,000	사례관리 매뉴얼집 제작 3,000원×200권 = 600,000원	600,000				
	성교육 프로그램	1,230,000	강사비 100,000원× 12회 = 1,200,000원	1,200,000				
			현수막 30,000원×1장 = 30,000원	30,000				
사 업 비	유괴안전 프로그램	830,000	강사비 100,000원× 8회 = 800,000원	800,000				
			현수막	30,000				

관	사업비							
항	"Community Impact를 활용한 아동사례관리네트워크 사업" 사업비							
목	세목	계	산출근거	예산조달 계획				
				신청금액	비율(%)	자부담	비율(%)	자부담 재원
			30,000원×1장 = 30,000원					
	안전교육 프로그램	830,000	강사비 100,000원× 8회 = 800,000원	800,000				
			현수막 30,000원×1장 = 30,000원	30,000				
	아동인권교육 프로그램	830,000	강사비 100,000원× 8회 = 800,000원	800,000				
			현수막 30,000원×1장 = 30,000원	30,000				
	지역아동센터 연합캠프	9,800,000	답사비 100,000원×1회 = 100,000원			100,000		후원금
			준비진행비 200,000원×1회 = 200,000원	200,000				
			숙식비 40,000원×160명 = 6,400,000원			6,400,000		자부담
			버스대절비 300,000원×4대×2일 = 2,400,000원	2,400,000				
			진행비 300,000×1회 = 300,000원	300,000				
			보험료 1,000원×160명 = 160,000원			160,000		후원금
			평가비 6,000원×20명 = 120,000원			120,000		후원금
			예비비 120,000원×1회 = 120,000원			120,000		자부담
	지역아동센터 현장체험학습	6,830,000	버스대절비 250,000원×8회 = 2,000,000원	1,000,000		1,000,000		후원금
			체험비 13,000원×40명×8회 = 4,160,000원			4,160,000		후원금
			간식비			640,000		후원금

관	사업비							
항	"Community Impact를 활용한 아동사례관리네트워크 사업" 사업비							
목	세목	계	산출근거	예산조달 계획				
				신청금액	비율(%)	자부담	비율(%)	자부담 재원
			2,000원×40명×8회 = 640,000원					
			현수막 30,000원×1장 = 30,000원			30,000		후원금
	지역아동센터 운동회	3,000,000	시설대여비 300,000원×1회 = 300,000원	300,000				
			식사비 4,000원×250명 = 1,000,000원	200,000		800,000		자부담
			진행비 1,500,000원×1회 = 1,500,000원	1,500,000				
			준비비 200,000원×1회 = 200,000원	200,000				
사업비	자문위원단	320,000	식사비 6,000원×10명×4회 = 240,000원	240,000				
			다과비 2,000원×10명×4회 = 80,000원	80,000				
	서비스욕구조사발간	2,875,000	설문조사비용 2,000원×300부 = 600,000원	600,000				
			제작비 3,500원×650권 = 2,275,000원	2,275,000				
	사업보고서 발간	2,600,000	보고서 제작비 3,000원×650권 = 1,950,000원	1,950,000				
			발송비 1,000원×650권 = 650,000원	650,000				
	평가회	140,000	식사비 6,000원×20명 = 120,000원	120,000				
			다과비 1,000원×20명 = 20,000원	20,000				
	예비비	112,000	예비비	112,000				
	소 계	46,330,000		32,800,000		13,530,000		
관	업무추진비	400,000	회의비	400,000				

관	사업비							
항	"Community Impact를 활용한 아동사례관리네트워크 사업" 사업비							
목	세목	계	산출근거	예산조달 계획				
				신청금액	비율 (%)	자부담	비율 (%)	자부담 재원
운영비 리			100,000×4분기 = 400,000원					
	여비교통비	440,000	여비교통비 40,000×11개월 = 440,000원	440,000				
	자산취득비	1,000,000	컴퓨터 1,000,000×1대=1,000,000원	1,000,000				
	수용비 및 수수료	388,000	복사기카트리지 110,000×2회=220,000원	220,000				
			사무용품 50,000×2회=100,000원	100,000				
			A4용지 17,000×4박스 = 68,000원	68,000				
	예비비	72,000	예비비	72,000				
	소 계	23,000,000		2,300,000				

※ 사업에 직접 투입되는 비용만 예산계획에 기입

7. 향후운영계획

1) 실무자교육 및 사례관리를 통한 지역아동실무자 인프라 구축
2) 사례관리 및 지역사회자원 인프라 구축을 통한 아동 직접서비스 향상
3) 지역아동센터 네트워크 활성화 및 아동네트워크 사업 구축
4) 아동 욕구조사서를 바탕으로 한 아동프로그램 개발
5) 서비스 욕구 조사 후 향후 프로그램 기획 시 반영
6) 자부담 확보
7) 지역 내 위치한 사회공헌 기업을 통한 (신용보증기금, KT&G, 마사회, 한국가스공사, 홈플러스 등) 후원금 유치

참고문헌

강경심 (2011). 고등학교 기술, 가정 교과서의 진로교육단원 내용분석. 대한가정학연구, 49(8), 113-124.

강덕규 (2007). 정신장애인의 변화동기 분석과 동기향상 프로그램의 효과. 경북대학교 박사학위 논문.

강태룡 (1999). 기획론. 대왕사.

곽미정 · 문신용 (2010). 시민의식 영향요인 연구: 청소년자원봉사활동의 동기, 진로 성숙도, 학업스트레스를 중심으로. 시민사회와 NGO, 8(2), 111-141.

교육학사전편찬위원회 (1995). 교육학사전 대한교육연합회.

국영희 · 김극명 (2008). 비행청소년의 사회복귀를 위한 단기 임파워먼트 프로그램 효과. 한국자치행정학보, 23(1), 397-410.

김경애 (2010). 협동학습과 강의식 수업을 복합적으로 적용한 수업이 중학교 과학 학업성취도에 미치는 영향. 아주대학교 교육대학원 석사학위논문 (미간행).

김경희 (2007). 중학생의 진로의식과 진로상담에 관한 연구. 금오공과대학교 석사학위논문 (미간행).

김복주 (2007). 영상매체를 이용한 학습효과에 대한 비교연구. 예원예술대학교 석사학위논문 (미간행).

김수정 (2008). 빈곤가정 아동, 청소년의 자아탄력성 및 사회적지지가 임파워먼트에 미치는 영향. 한국아동복지학, 2(5), 9-38.

김인희 (2011). 집단상담 진로탐색프로그램이 시각장애 중학생의 자아개념과 진로성숙도에 미치는 효과. 이화여자대학교 교육대학원 석사학위논문 (미간행).

김일환 (1996). 교육개혁안에 따른 초등학교 진로교육 실천방향. 진로교육연구, 5, 47-66.

김장희 · 김계현 (2007). 초등학생의 직업역량 육성에 대한 초등학교 교사들의 인식. 아시아 교육연구, 8(3), 81-114.

김정미 · 김성회(2005). 여성임파워먼트 향상을 위한 인지행동 집단 상담과 게슈탈트 집단 상담과의 비교. 상담학연구, 6(3), 821-835.

김종운 · 박성실 (2011). 대학생의 정서지능, 진로장벽, 진로결정 자기효능감이 진로결정에 미치는 영향. 진로교육연구, 24(4), 209-229.

김창은 (1990). 자기표현훈련프로그램이 대인불안 및 자아존중감에 미치는 효과. 한국교육대학교 대학원 석사학위논문 (미간행).

김충기 (1987). 직업교육과 진로교육. 교육과학사.

김충기 (1995). 교육개혁에 따른 고등학교 직업 · 진로교육의 방향. 기술교육연구, 4, 60-78.

김충기 (2000). 진로교육의 이론과 실제. 교육과학사.

김혜선 (2010). 인터넷을 활용한 진로정보탐색 프로그램이 중학생의 진로의사 결정유형, 진로 정체감 및 진로결정 자기효능감에 미치는 효과. 계명대학교 교육대학원 석사학위논문 (미간행).

김형식 · 이영철 · 신준섭 (2010). 사회복지행정론. 양서원.

김희성 (2002). 빈곤가정 청소년의 자립준비에 관한연구. 이화여자대학교 대학원 박사학위논문.

남수정 (2011). 고교생의 진로교육의 현황 및 진로역량과의 관계연구. 청소년학연구, 18(11), 83-304.

노기숙 (2004). 진로탐색 집단상담 프로그램이 중학생의 진로성숙과 진로결정 자기효능감에 미치는. 효과. 홍익대학교 교육대학원 석사학위논문 (미간행).

류은영 (2007). 진로탐색 집단상담 프로그램이 인문계 고등학생에게 미치는 영향 분석, 의사 결정유형, 진로태도성숙도 및 진로결정 자기 효능감을 중심으로. 중앙대학교 석사학위논문 (미간행).

류종훈 · 김근식 · 김철진 · 배성찬 (2013). 사회복지프로그램 개발과 평가. 청목출판사.

류창열 (2005). 기술교육원론. 충남대학교출판부.

박미은(2001). 정신장애인에 대한 임파워먼트 실천의 필요성과 개입방안에 대한 연구. 재활복지, 5(1), 32-55.

박순희 (2000). 중학생의 내외 통제성 및 학업 성취도와 진로성숙도와의 관계 연구. 동국대학교 석사학위논문 (미간행).

박영신 · 김의철 공역 (1997). 자기효능감과 삶의 질. 교육과학사.

박은성 (2009). 진로탐색 집단상담 프로그램이 여고생의 자아정체감과 진로결정 자기효능감에 미치는 효과. 전남대학교 석사학위논문 (미간행).

박은아 (2005). 청소년의 진로 및 진로교육에 대한 인식. 목포대학교 석사학위 논문 (미간행).

박은영 (1995). 고등학교 청소년들의 스트레스 원인과 그 대처행동에 관한 연구. 이화여자대학교 교육대학원 석사학위논문.

박지영 (2006). 또래 상담자 훈련프로그램이 중학생의 공감적 이해와 의사소통에 미치는 효과. 부산대학교 교육대학원 석사학위논문 (미간행).

배영광 (2013). 장애대학생의 장애정체성과 낙인이 진로성숙에 미치는 영향: 자기효능감의 매개효과. 건국대학교 석사학위논문 (미간행).

변귀연 (2002). 집단괴롭힘 피해학생의 역량강화를 위한 집단프로그램 개발과 효과. 서울대학교

대학원 박사학위논문.

손은령 · 이순희 (2011). 국내 진로 집단지도 및 집단프로그램의 연구동향과 후속 연구과제. 교육연구논총, 32(2), 129-147.

신영화 (1999). 학대받는 아내의 능력고취를 위한 집단사회사업실천의 효과성. 서울대학교 대학원 박사학위논문 (미간행).

신용주 (2005). 정보화교육을 통한 노인 임파워먼트의 모색. 평생교육학연구, 11(4), 33-53.

신익현 (1996). 인력개발 정책과 학교 진로교육의 방향. 진로교육연구, 6, 35-65.

신임선 · 장윤옥 (2012). 커리어포트폴리오형 및 교사주도형 진로탐색 프로그램이 중학생의 진로성숙도와 진로정체감에 미치는 효과. 한국가정과교육학회지, 24(1), 85 -104.

안경애 (2002). 초등학교 실과 교육과정에 반영된 진로교육 내용분석. 안양대학교 대학원 석사학위논문 (미간행).

안세지 · 김세일 · 강은주 (2012). 중학생 진로집단상담 프로그램의 활동내용 분석. 인문학논총, 29, 345-386.

안정선 · 정상원 · 김선숙 (2004). “사회복지전공대학생의 임파워먼트를 위한 훈련프로그램의 효과성 연구” 임상사회사업연구.

안창규 (2003). Holland 진로발달검사 실시요강. 한국가이던스.

양계민 · 조혜영 (2010). 청소년방과후 아카데미 프로그램에 대한 효과성 인식이 참여청소년의 심리사회적응 및 학업성취요인에 미치는 영향. 청소년복지연구, 12(1), 61-92.

양미경 · 김소연 · 여성희 (2005). 제 7차 중학교 과학 교과서에 제시된 진로교육 관련 내용분석. 한국생물교육학회, 33(3), 338-349.

양숙미 (2000). 정신지체 성인자녀의 부모를 위한 역량강화집단 프로그램 개발과 효과. 서울대학교 대학원 박사학위논문 (미간행).

양희산 (2001). 대학교 진로교육 프로그램의 개발과 활용. 진로교육연구, 14, 67-77.

양희진 (2005). 중학생의 진로교육 인식조사 및 중학교 3학년 과학 진로교육 프로그램 개발. 이화여자대학교 석사학위논문 (미간행).

유평수 (2008). 고등학생의 임파워먼트 수준이 학교적응에 미치는 영향분석. 청소년학연구, 15(1), 171-196.

유평수 (2008). 전문계 고등학생의 임파워먼트 향상 프로그램 효과 분석. 청소년학연구, 15(7), 1-21.

육동은 (2005). 중학교 교사들의 진로교육 인식조사 및 중학교 1학년 과학진로교육 프로그램 개발. 이화여자대학교 석사학위논문 (미간행).

윤혜인 (2003). 실업계 고등학생들의 영어 학습 향상을 위한 정의적 특성연구. 홍익대학교 교육대학원 석사학위논문 (미간행).

윤혜인 (2005). 실업계 고등학생들의 영어 학습 향상을 위한 정의적 특성연구. 홍익대학교 교육대학원 석사학위논문 (미간행).

이경림 (2006). 빈곤가족아동의 사회적 지지가 아동 역량에 미치는 영향. 강남대학교대원 박사학위 논문.

이광숙 (2003). 능력증강교육 프로그램이 비행청소년의 능력증강과 정신건강에 미치는 효과. 전남대학교 박사학위논문 (미간행).

이상준 · 남영옥 (2008). 가정폭력경험 청소년의 임파워먼트가 학교적응유연성에 미치는 영향. 미래 청소년학회지, 5(2), 63-82.

이승길 (2003). 경찰공무원의 임파워먼트가 직무만족에 미치는 영향. 한국경찰학회보, 6, 243-269.

이영대 (2002). 제7차 교육과정과 진로교육강화방안. 경제교육연구, 8, 221-241.

이윤화 (2000). 역량강화적 접근의 효과성에 관한 연구: 지역사회복지관의 자립지원프로그램을 중심으로. 연세대학교 박사학위논문.

이인재 (2006). 저소득층 가정 청소년 탈빈곤 정책에 관한 연구: 한국사회의 신빈곤. 한국 도시연구소 엮음. 한울 아카데미.

이재창 (1994). 진로교육 발전방안 탐색에 관한 연구. 한국진로교육학회, 2, 80-119.

이태곤 (2009). e-커리어포트폴리오를 활용한 진로교육 프로그램이 초등학교 고학년 아동의 진로의식성숙에 미치는 효과. 동아대학교 교육대학원 석사학위논문 (미간행).

이현림 (2007). 진로상담. 양서원.

이혜경 (2007). 지역아동센터 아동의 사회적 지지 및 임파워먼트와 심리사회적적응. 숙명여자대학교 대학원 박사학위논문.

이혜경 (2010). 임파워먼트가 치과 의료종사자에게 미치는 영향. 한국치위생교육학회, 10(2), 297-310.

이효선 (2003). 사회복지윤리와 철학의 이해. 학지사.

이희순 · 김희진 · 윤성혜 · 천성문 (2010). 중학교 기술 · 가정교과와 연계한 진로교육 프로그램의 구안과 적용. 직업교육연구, 29(3), 247-263.

임미옥 · 정연옥 (2010). 교과통합 진로교육 프로그램이 초등학생의 진로성숙도와 자아존중감에 미치는 영향. 한국실과교육학회지, 2, 379-398.

임용수 (1995). 학교 진로교육 체제의 조직과 운영방안: 진로교육 강화를 위한 사회체제 접근의 탐색적 고찰. 진로교육연구, 4, 36-59.

임은미 · 장선숙 (2002). 인터넷을 활용한 진로정보탐색 프로그램이 중학생의 진로성숙도에 미치는 영향. 청소년상담연구, 10(2), 161-174.

장석민 (1994). 미래사회에 대비한 진로교육의 방향. 진로교육연구, 2, 1-25.

장석민 (2001). 진로교육목표 및 내용 체계화연구. 한국직업능력개발원.

정금자 · 이은영 (2010). 유아교육기관 교사의 임파워먼트가 직무만족도와 조직 헌신도에 미치는 영향. 한국영유아보육학, 62, 125-146.

정무성 (2001). 사회복지 프로그램 개발과 평가. 양서원.

정무성 (2005). 사회복지프로그램 개발론. 학현사.

정무성 (2014). 사회복지 프로그램 평가 매뉴얼. 정민사.

정미경 · 안남규 (2001). 초등실과교과에서의 진로교육 내용분석에 관한 연구. 대구 교육대학교 초등 교육연구논총, 17(3), 103-125.

정수진 · 류창임 (2009). 중학교 기술교과 교육과정에서의 진로교육 내용분석. 기술교육연구, 28(1), 25-42.

정영진 (1996). 학생 개개인의 다양성을 중시하는 진로교육 방안. 과학과 교육, 4, 221-233.

정윤경 · 이지연 · 김나라 (2005). 중·고등학생용 커리어포트폴리오. 한국직업능력개발원.

조성심 · 주석진 (2010). 체험활동중심 진로교육 집단 프로그램이 고등학생의 진로 준비행동에 미치는 효과분석. 진로교육연구, 23(3), 41-64.

조용선 (2009). 중학생을 위한 컴퓨터 시뮬레이션 활용 학교집단 상담프로그램 개발. 한국 교원대학교 대학원 박사학위논문 (미간행).

주애란 (2006). 중학생의 인터넷게임중독 예방을 위한 임파워먼트교육 프로그램의 효과. 전남대학교 대학원 박사학위논문.

주장훈 (2006). 중학교 학생·교사의 진로인식 및 진로교육 실태분석. 강원대학교 석사학위논문 (미간행).

진미경 (2000). 대학생의 진로결정수준과 진로준비행동에 따른 진로유형화와 심리적 변인과의 관계. 숙명여자대학교 대학원 석사학위논문 (미간행).

천정웅 · 김미옥 · 최영민 · 노혜련 · 이용교 (2009). 강점관점 청소년 개발 레질리언스. 신정출판사.

최균식 · 임경희 (2010). 진로탐색 프로그램과 영상매체 진로교육이 고등학생의 진로성숙도에 미치는 효과 비교. 상담평가연구, 3(2), 31-45.

최말옥 (2002). 정신장애인의 임파워먼트 증진을 위한 자기옹호프로그램의 효과. 부산대학교 대학원 박사학위논문 (미간행).

최미경 (2006). 능력증강교육프로그램이 중학생의 자기효능감과 대인관계 기술에 미치는 효과. 경성대학교 석사학위논문 (미간행).

최봉주 · 김희정 (2010). 영상매체를 활용한 중학생의 진로자기효능감 향상 집단 상담 프로그램 개발. 중등교육연구, 58(2), 127-156.

최영민 (2007). 임파워먼트와 사회복지실천. 나남출판, 27-32.

최정인 · 박미진 · 유계식 (2001). 대학생의 진로결정수준과 진로탐색 자기효능감과의 관계. 아주대학교 학생상담센터.

최지나 · 이용진 (2012). 정보통신 기술과 생활 단원에서 진로교육 수업자료개발. 대한공업교육학회, 37, 145-164.

하진의 (2003). 대학생을 위한 진로탐색 프로그램 개발. 백록논총, 5(2), 229-251.

홍봉선 · 남미애 (2010). 청소년복지론. 공동체. 19-42.

황성만 (2007). 진로교육 프로그램이 초등학생의 자아개념과 진로성숙에 미치는 효과. 국민대학교 교육원 석사학위논문 (미간행).

황성철 (2009). 사회복지 프로그램 개발과 평가. 공동체.

Baldwin, J. H., Rawlings, A., Marshall, E. S., Conger, C. O., & Abbott, K. A. (1999). Mom empowerment, too!: A program for young mothers involved in substance abuse. *Public Health Nursing, 16*(6), 376-383.

Bandura, A. (1977). Self-efficacy: Toward a unifying theory of behavioral change. *Psychological Review, 84*, 191-215.

Bandura, A. (1977). *Social Learning Theory*. Englewood Cliffs, New Jersey: Prentice-Hall.

Bandura, A. (1982). Self-efficacy mechanism in Human Agency. *American Psychologist, 37*, 122-147.

Bandura, A. A., & Wood, R. E. (1989). Effect of perceived controllability and performance standards on self-regulation of complex decision making. *Journal of Personality and Social Psychology, 56*, 805-814.

Bender, K., Thompson, S. J., McManus, H., Lantry, J., & Flynn, P. M. (2007). Capacity for survival: Exploring strengths of homeless street youth. *Child Youth Care Forum, 36*, 25-42.

Betz, N. E., & Hackett, G. (1981). The relationship of career-related self-efficacy expectations to perceived career options in college women and men. *Journal of Counseling Psychology, 28*, 399-410.

Bolton. B., & Brookings J. (1998). Development of a measure of intrapersonal empowerment. *Rehabilitation Psychology, 43*(2), 3-21.

Chacoff, A. (1989). *(Bi)literacy and Empowerment: Education for Indigenous Groups in Brazil, Working Papers in Educational Linguistics*, 43-62. Philadelphia: Language Education Division of the University of Pennsylvania.

Cohen, B. Z. (1999). Intervention and supervision in strengths-based social work practice. *Families in society, 80*(5), 460-466.

Conger, J. A., & Kanungo, R. N. (1988). The empowerment process: Integrating theory and practice. *Academy of Management Review, 13*(3), 475, 471-482.

Coopersmith, S. (1967). *The Antecedents of Self-esteem*. W. H. Freeman.

Cox, K. F. (2006). Investigating the impact of strength-based assessment on youth with emotional or behavioral disorders. *Journal of Child and Family Studies, 15*(3), 287-301.

De Jong, P., & Miller, S. D. (1995). How to interview for client strengths. *Social Work, 40*(6), 729-736.

Delgado, M., & Barton, K. (1998). Murals in latino communities: Social indicators of community strength. *Social Work, 43*(4), 346-356.

Early, T. J., & GlenMaye, L. F. (2000). Valuing families: Social Work Practice with Families from a Strengths Perspective. *Social Work, 45*(2), 118-130.

Florin, P., & Wandersman, A. (1990). An introduction to citizen participation, voluntary organizations and community development: Insights for empowerment through research. *American Journal of Community Psychology, 18*(1), 41-53.

Forrester, R. (2000). Empowerment: Rejuvenating a potent idea. *The Academy of Engagement Executive, 14*(3), 67-80.

Freire, P. (1970). *Pedagogy of the oppressed*. The Continue Publishing Corporation.

Ginzberg, E. (1951). *Career Maturity Inventory Theory to General Theory*. New York: Columbia University Press.

Gribbons, W. D., & Lohnes, P. R. (1964). Relationship among measures of readiness for vocational planning. *Journal of Counseling Psychology, 41*, 13-20.

Gutierrez, L. (1990), Working with women of color: An empowerment perspective. *Social work, 35*(2), 149-154.

Harren, V. A. (1979). A model of career decision-making for college students. *Journal of vocational behavior, 14*, 119-133.

Holyday, M., & Cronin, R. (1990). Families first: A significant step toward family preservation. *Families in Society*, 303-306.

Johnson, M. J., & Rhodes, R. (2000). Advancing a strengths perspective in the study of vulnerable populations: Seeing resilient victims in a context of adversity and oppression. *The Journal of Baccalaureate Social Work, 6*(1), 53-66.

Kaplan, L., & Girard, J. (1994). *Strengthening High-risk Families*. New York: Lexington Books.

Labonte, R. (1994). Health promotion and empowerment: Reflections on professional practice. *Health Education Quarterly, 21*(2), 253-268.

Lal. S., Saini, R. K., Khanna, P., & Malik, J. S. (1991). Empowerment you girls for health and development. *Indian Journal of Pediatrics, 58*, 357-362.

Lamb-Parker, F., LeBuffe, P., Powell, G., & Halpern, E. (2008). A strength-based, systemic mental health approach to support children's social and emotional development. *Infants and Young Children, 21*(1), 45-55.

Lazarus, A. A. (1971). *Behavior Therapy and Beyond*. New York: Mcgraw-Hill.

Lazzo, D. A. (1993). The relationship between undergraduates' locus of control and career development. *Journal of College Student Personal, 34*(3), 227.

Lee, J. (2001). *The Empowerment Approach to Social Work Practice*. New York: Columbia University Press.

Lent, R. W., & Hackett, G. (1987). Career self-efficacy: Empirical status and future directions. *Journal of Vocational Behavior, 30*, 347-382.

Musker, M., & Byrne, M. (1997). Applying empowerment in mental health practice. *Nursing Standard, 11*(31), 45-47.

Nabors, L. A., Weist, M. D., & Tashman, N. A. (1999). Focus group: A valuable tool for assessing male and female adolescent perceptions of school-based mental health service. *Journal of Gender, Culture and Health, 4*, 39-48.

Parsons R. (1999). Assess Helping Process And Client Outcomes in Empowerment Practice. In W. Shera, and L. M. Wells (Eds.), *Empowerment Practice in Social Work* (p.401). Canadian Scholars' Press Inc.

Parsons, F. (1909). *Choosing a Vocation*. Boston: Houghton Mifflin Company.

Poole, D. (1994). *Empowerment-oriented Social Work Practice with the Elderly*. Newbury Park, CA: Sage.

Rogers, C. R. (1961a). *On Becoming a Person*. Boston: Houghton Mifflin Company.

Rogers, C. R. (1970b). *Carl Rogers on Encounter Groups*. Harper & Row.

Schofield, R.(1998). Empowerment education for individuals with serious mental illness. *Journal of Psychosocial Nursing, 36*(11), 35-40.

Schonert-Reichl, K. A., & Muller, J. R. (1996). Correlates of help-seeking in adolescence. *Journal of Youth and Adolescence, 25*, 705-732.

Sherer, M., Maddux, J. E., Mercandants, B., Prentice-Dunn, S., & Jacobs, B. (1983). The self-efficacy scale: Construction and validation. *Psychological Reports, 51*, 663-671.

Souse, L., Ribeiro, C., & Rodrigues, S. (2006). Intervention with multi-problem poor clients: Towards a strengths-focused perspective. *Journal of Social Work Practice, 20*(2), 189-204.

Spreitzer, Gretchen, M. (1995). Psychological empowerment in the workplace: Dimensions, measurement, and validation. *Academy of Management Journal, 38*(5), 1442-1465.

Staples, H. (1990), Powerful Ideas about Empowerment. *Administration in Social Work, 14*(2), 29-42.

Super, D. E. (1953). A Theory of vocational development. *American Psychologist, 8*, 185-190.

Super, D. E. (1957). Applications of self-efficacy theory to the understanding and treatment of career indecision. *Journal of Vocational Behavior, 22*, 63-81.

Super, D. E. (1976). *Career Educational and the Meaning of Work Monographs on Career Education*. U. S. Office of Education.

Thomas, K. W., & Velthouse, B. A. (1990). Cognitive element of empowerment: An interpretive model of intrinsic task motivation. *Academy of Management Review, 15*(4), 666-681.

Tipton, R. M., & Worthington, E. L. (1984). The Measurement of generalized self- efficacy: A study of construct validity. *Journal of Personality Assessment, 48*, 545-548.

Wallerstein, N. (1992). Powerlessness, empowerment and health, implications for health promotion programs. *American Journal of Health Promotions, 6*, 197-205.

Wallerstein, N., & Bernstein E. (1988). Empowerment education: Freire's ideas adapted to health education. *Quarterly, 15*(4), 379-394.

Weick, A., Rapp, C., Sullivan, W., & Kisthardt, W. (1989). A strengths perspective for social work practice. *Social Work, 34*, 350-354.

Zimmerman et al. (1992). Self-motivating for academic attainment: The role of self-efficacy beliefs and personal goal setting. *American Educational Research Journal, 29*, 663-706.

Zimmerman M. A. (1990). Toward theory of learned hopefulness. *Journal of Research in Personality, 24*, 71-86.

Zimmerman M. A. (2000), Empowerment Theory: Psychological, Organization and Community Levels of Analysis. In J. Rappaport, and E. Seidman (Eds.), *Handbook of Community Psychology*, 44-63.

저/자/소/개

곽미정

상명대학교에서 2013년 행정학 박사학위를 취득한 이후, 경기대학교에서 2015년 사회복지학 박사학위를 취득하였다. 그 밖에 단국대학교 행정학 학사, 한양대학교 사회학 석사, 성신여자대학교에서 사회복지학 석사학위를 취득하였다. 사회복지개발원의 수석연구원으로 활동하였으며, 현재 김포대학교 교수로 재직 중이다. 주요 관심 분야는 사회복지실천, 행정 및 정책 분야이다. 주요 저서로는 『노인복지론』(2016)과 주요 논문으로는 “청소년 임파워먼트 프로그램의 효과성 분석”(2014) 외 다수가 있다.

김정훈

2010년 광운대학교에서 “결혼이주여성의 사회자본과 사회적응에 관한 연구”로 행정학박사학위(2010)를 취득하고 현재 오산대학교 실용사회복지과 교수로 재직 중이다. 주요 관심 분야는 다문화복지, 청소년복지, 청소년상담 분야이며, 주요 논문으로는 “사회적협동조합 구성원의 조직몰입이 생활만족도에 미치는 영향에 관한 연구”(2018) 등 다수가 있으며, 저서로는 『비영리조직운영관리론』, 『사회복지실천기술』 등이 있다. 그 밖에 사단법인 한국다문화복지협회 상임이사로 있다.

홍희석

숭실대학교에서 2007년 사회복지학석사학위를 취득하고, 현재 김포대학교 교수로 재직 중이다. 사회복지공동모금회 평가지원단으로 활동하고 있다. 주요 관심 분야는 사회복지행정이며, 주요 활동으로는 사회복무요원 교재(2008)와 지역아동센터 교육 매뉴얼을 개발(2010)한 바 있다. 1998년부터 사회복지실천현장에서 노인복지, 지역복지분야에서 활동하였으며, 2010년 사회복지 유공자로 장관상을 수상하였다. 주요 논문으로 “노인의 여가만족이 성공적 노후에 미치는 영향에 따른 지방자치행정의 개선방안” 등을 연구하였다.

김재원

단국대학교에서 2004년 “국민연금 장기재정 예측시뮬레이션 연구”로 행정학(복지행정)박사학위를 취득하고, 현재 서정대학교 상담아동청소년학과교수로 재직 중이다. 주요 관심 분야는 사회복지, 청소년 행정 및 정책 분야이며, 주요 논문으로는 “청소년교육복지 다각화 및 활성화방안 연구”(2018년) 등 다수가 있으며, 저서로는 『사회복지법제론』, 『인간행동과 사회환경』, 『가족복지』 등이 있으며, 그 밖에 용산구 공유재산심의위원으로 있다.

박연희

원광대학교에서 2005년 "노인장기요양보장제도에 관한 비교연구"로 사회복지전공으로 박사학위를 취득하고, 현재 조선이공대학교 사회복지과 교수로 재직 중이다. 주요 관심 분야는 사회복지실천, 사회복지정책분야이며, 주요 논문으로는 "사회복지사의 임파워링 리더십이 조직시민행동에 미치는 영향", "신체동작프로그램이 사회복지사들의 직무스트레스와 자율신경계 변화에 미치는 영향" 등 다수가 있으며, 저서로는 『사회복지학의 이해』, 『시회복지법제』 등이 있으며, 그 외 사회복지시설의 자문위원과 광주광역시 동구청 사회복지정책위원 등으로 활동하고 있다.

성시한

2014년 한성대학교에서 "우리나라 공공조직과 민간조직 구성원의 공정성 인식이 조직시민행동에 미치는 영향에 관한 연구"로 정책학박사학위(2014)를 취득하고, 현재 강원관광대학교 사회복지과 교수로 재직 중이다. 주요 관심 분야는 사회복지조사, 행정 및 정책 분야이며, 주요 논문으로는 "한국산업복지 정책의 발전 과제에 관한 연구"(2016) 등 다수가 있으며, 저서로는 『노인복지론』, 『사회복지정책론』, 『사회복지법제론』, 『사회복지행정론』 등이 있다. 그 밖에 태백시 보육정책위원과 장애인 직업재활시설자문위원으로 활동하고 있다.

이영희

1990년 충남대학교에서 "노령층 농촌부녀자 생활실태와 복지방안에 관한 조사연구"로 경제학석사, 경제학박사(2000), 청주대학교에서 "사회복지기관장의 서번트리더십이 사회복지사의 직무만족 및 조직몰입에 미치는 영향"으로 사회복지학박사(2007)를 취득하였으며, 2000년부터 대전과학기술대학교 보건복지과 교수로 재직 중이다. (사)한국자원봉사인재개발원 이사장, 한국자원봉사실천학회 회장, 등급판정위원회 위원장, 장애인수급심의위원회 위원장 등을 역임하였으며, 저서로는 『사회복지개론』, 『노인요양기초 및 실습』, 『사회복지조사론』, 『사회복지법제론』, 『사회복지정책론』, 『사회복지행정론』 등이 있다.

장원태

1998년 고려대학교에서 "남북한 화폐통합에 관한 연구"로 경제학 박사학위(1998)를 취득하고, 현재 경복대학교 의료복지과 교수로 재직 중이다. 주요 관심 분야는 사회복지자료분석, 사회복지조사 분야이다. 주요 논문으로는 "북한감성이 통일비용지불의사에 미치는 영향 분석"(2012), "노인운동프로그램이 노인들의 정서변화에 미치는 영향 분석"(2012), "한국 노인의 실버주택 결정요인에 관한 연구(2016) 이며, 저서로는 『노인복지론』, 『자료분석론』 등이 있다.

사회복지 프로그램 개발과 평가

1판 1쇄 인쇄 – 2019년 1월 10일
1판 1쇄 발행 – 2019년 1월 15일

저　　자 - 곽미정 김정훈 홍희석 김재원
　　　　　박연희 성시한 이영희 장원태
발 행 인 - 강 철 원
발 행 처 - 양 성 원
주　　소 - 경기도 파주시 검산로 173번길 29-20
전　　화 - 031-946-3861(代)
팩　　스 - 031-946-3864
이 메 일 - tnwpub@naver.com
홈페이지 - tnwpub.co.kr
출판등록 - 2015년 8월 31일 제 2015-000211 호

ISBN 979-11-6126-161-4

정가 18,000원